遗迹里的中国史

曲长涛 著

新世界出版社
NEW WORLD PRESS

CONTENTS　　　　　　　**目　录**

第五章　马王堆传奇：解密西汉贵族生活

第六章　黄金冢物语：勘破海昏侯起伏人生

第一章

殷墟之下：走进商朝历史

1. 青铜器中的少女头颅

1984 年，河南殷墟遗址出土了一件青铜甗（yǎn），由一个年轻的考古队员在发掘中偶然发现。甗是商代时的炊具，有上下两部分，上半部分叫甑，用来放食物；下半部分叫鬲（lì），用来装水。当底部用炭火加热的时候，里面的水就会变成蒸汽，把上面的食物蒸熟。它的原理和我们今天的蒸笼、蒸锅一样。但是，安阳殷墟的这件"蒸锅"非常特殊，它里面装的不是馒头，而是人头。

考古专家们也是第一次见到炊具里出现人头的情况。有人认为，这是一种偶然的巧合。因为当时的随葬品、殉葬者都埋在一起，难免互相混杂，可能一名殉葬者的头颅恰好就埋在这件青铜甗旁，经过长年累月的地壳运动和地下水的冲击，甚或掩埋者的搅动，人头碰巧滚落进去。

这件青铜甗长年深埋地下，上半部分已被填土挤压变形，人头被死死地卡在里面，无法取出，所以当时的专家无法做深入的检验和研究，再加上这只是一例孤证，因此，"巧合说"占了上风。但 15 年后"人头甗"再次面世。

1999 年，殷墟又出土了一件装着人头的青铜甗。这说明，"人头蒸锅"绝不是孤立事件，其中必定大有文章。于是，专家们开始进行全面的调查。第二件青铜甗保存完好，没有任何的破损和变形。所以研究人

图 1　1984 年出土的装有人头骨的青铜甗

员能够顺利地取出头骨并进行检验。这次检验的目的，是要解决三个疑问：第一，这个青铜甗内的人头是意外滚入的，还是被人故意放在里面的，或者就是用来蒸煮的？第二，死者究竟是什么身份，为何被如此残酷地对待？第三，如果这个人头真的被蒸煮过，用意何在？

研究人员从头骨上取下一小块骨片拿到实验室化验，结果显示，和殷墟其他地方发现的骨骸相比，第二件青铜甗头骨中的钙含量很低。这就说明，头骨并不是在掩埋时或掩埋后意外滚进青铜甗里的，而是被特意放在沸水上蒸煮过，以致头盖骨中的钙大量流失。那么，头骨究竟来自谁？

经检验，头骨来自一名女性。从牙齿的磨损和发育程度判断，她死时仅15岁，还是一名少女。但仅这些还远远不够，专家希望从头骨上发现更多的考古线索。因此，他们又取下一颗牙齿，准备对它进行锶的同位素含量分析，以确定这名少女到底来自何方。

锶是一种微量元素，通过饮食进入人体后，会取代骨骼中的钙，最后沉积在骨骼上。因不同地区的气候、水源、土壤和食物结构存在差异，各地居民体内四

图2　1999年出土的装有人头骨的青铜甗

种锶的同位素含量也大不一样。因此，一个人在某地生活久了，骨骼中锶的同位素比例就会和当地人趋于一致。

但有一处例外，那就是人的牙齿。牙齿最外层的部分叫牙釉质，坚固而稳定。人到了 12 岁左右，牙釉质发育成熟，内含锶的同位素比例就会固定下来，一生都不会改变。以后不管他迁移到哪里，在那里生活多久，这个比例都会被永远"锁定"。基于这个原理，专家对少女的牙齿做了锶的同位素鉴定，结果显示，这名少女并非河南安阳本地人，她很可能是被殷商军队掳掠来的。

经过氧的同位素测定，专家发现这名少女牙齿中氧 –18❶的含量要远高于殷墟中其他的遗骸。在中国大陆性季风气候的影响下，越靠近大海的地方，氧 –18 的含量越高；越深入内陆的地方，氧 –18 的含量明显降低。所以相对于殷，女孩的家乡应该更靠近大海，也就是河南安阳的正东、东北或东南方向。

历史学家发现，青铜甗出土的地层年代属于殷墟第四期，年代接近商朝灭亡。而根据收藏于故宫博物院和北大图书馆的甲骨文记载，正是在这个时期，殷商军队在安阳东南的"六"，也就是今天的安徽六安地区进行了一场大规模的军事行动。这场战争打了大约一年，最后殷商军队得胜还朝，并带回了大量战利品，包括战俘。专家对以上线索进行汇总分析之后，推断青铜甗中的少女就是俘虏中的一员，她来自安徽六安，而这里的确比安阳更靠东、更近大海。

那么，少女在被俘前是士兵、军属，还是普通的百姓呢？这可以从她口腔的健康情况来判断：如果一个人长期吃素，所摄入碳水化合物❷的比例就会较高，它们在口腔里被淀粉酶水解成葡萄糖，而葡萄糖会被微生物转化成有机酸，使口中酸度增加，增加牙齿磨损和龋齿的风险。

但是，青铜甗中的少女并没有严重的龋齿，这说明她平时的食物结构中碳水

---

❶ 氧的重同位素，天然氧 –18 只占氧气含量的千分之二，可用于示踪。

❷ 碳水化合物是植物的主要结构成分，约占植物干重的 80%。对人类而言，每天摄取的糖、纤维和淀粉均为碳水化合物。

图3　一处殷墟遗址的地层年代划分。用于说明商代文物隶属年代的鉴定办法，从而确定相关历史事件发生时间

化合物的比例较低，而蛋白质的比例较高。在当时，碳水化合物的主要来源是谷物等素食，而蛋白质的主要来源是肉类。肉在商代是奢侈的食物，所以，被献祭的少女很可能来自一个生活富足的贵族家庭。3000多年前，少女所在的部落或方国遭到了商朝军队的猛烈攻击而灭亡，而她则被商军俘虏，头颅被砍下放进青铜甗中蒸熟，献祭给殷商先祖。

　　不同朝代的文物，具有其独特的时代气质。秦汉的文物古朴厚重；两晋的文物飘逸潇洒；唐代的文物奢华浪漫；宋代的文物简约典雅；元朝的文物粗犷豪放；明清后的文物向华丽精致的方向发展。但商代文物中却散发着一种神秘而狰狞的特质，给人带来不适感，例如猛兽吃人的图案和龇牙咧嘴的青铜面具，甚至商代图腾鸱鸮的形象也被刻画得十分阴郁冷酷，这是商人在刻意突出鬼神的威恐和人类的卑微，因为殷商是一个极端信奉鬼神和巫术的王朝。

图 4　典型晚商风格的兽形觥，2018 年出土于山西闻喜。商代造型独特的青铜器，呈现商代独特的审美

　　甲骨文中有很多关于活人祭祀的简短记载。商王朝经常对周边的少数民族部落实施军事打击，而大多数战俘会被残酷处决，剩余的一小部分被献祭给天地和鬼神。考古证明，大量殉葬的人牲均来自河南以外地区，包括遥远的陕西、甘肃和宁夏。商代人数最多的一次献祭，竟然杀了 500 多人。

　　至于为什么献祭之前要把人头放在青铜甗中蒸煮，答案很简单：古人祭祀用的祭品必须在献祭前煮熟，才供祖先食用。

　　商代统治者对天地鬼神非常虔信，相信是鬼神在主宰着世界上的万事万物。从甲骨文中可以看出，商代统治者认为风调雨顺、粮食丰收、狩猎成功、战胜敌人甚至顺利分娩都是上天和鬼神赐予的一种奖励，而这促使商代统治者不断地通过祭祀去获得这种奖励。但是，为什么崇拜鬼神、获得奖励就一定要残忍地献祭活人呢？

商代统治阶层认为，用活人献祭有三个好处。第一，可以节省宝贵的生产资料，尤其像牛、羊这类既能生产劳动又能食用的祭祀品，它们在农田的开发和耕种、皮毛原料的提供等方面比人要重要得多；第二，商代食物匮乏，即便是王公贵族的食品供应也不甚充沛，更不用说奴隶和俘虏。用生产力低下的活人祭祀会削减一些人口，也就会减少粮食的消耗，在一定程度上解决了食物短缺的问题；第三点，也是最重要的一点，活人祭祀可以一劳永逸地解除战俘反抗的风险。

商代人牲的来源只有一小部分是奴隶，绝大多数是征战中抓获的俘虏。虽然俘虏可以转换成奴隶，但商代统治者认为，本国奴隶多是奴隶的后代，处在长期的管制之下，比较顺从；而由战俘刚刚转化来的奴隶成分复杂，尚有自由的余温，其反抗心最强，也最为危险，最好的办法就是把他们用作人牲，发挥战俘们最大的"剩余价值"。

殷商统治的近600年，是一个用活人献祭的恐怖时代。而殷墟祭祀坑出土的青铜器，记录了一个远古少女的香消玉殒，揭开了一段血腥的历史。其实，这只不过是商代祭祀文化的一个缩影，而另一件青铜甗中的"头骨往事"还在等待人们去解读和诉说，更多的真相仍被时光掩埋在地层之下。

2. 被打死的马车夫和被活埋的管理员

在中国，有这样一座博物馆，建立在一片 36 平方千米的遗迹之上，遗迹中则埋有几万具遗骨，这就是位于河南安阳的殷墟博物馆。在这里，到处可见数量庞大的人殉和人祭痕迹。

在商代，人殉和人祭并不是一个概念。人殉用于为贵族殉葬，殉葬者就埋在死者身边，可以是他生前的妻妾、亲近的随从和信任的侍卫，当然也包括大批的奴仆。这些人都是死者在另一个世界的"人力资源"，因此保留完整的尸身非常重

图5　遍布殷墟各个角落的祭祀坑和殉葬坑

图 6　殷墟宫殿区大门前殉葬
的持戈士兵遗骸

图 7　殉葬的王宫卫士遗骸，其身前置有长盾

要，逼迫他们自缢和服毒是最普遍的处死方式。商王把都城迁到殷之后，至少有万人被残酷处决。仅 1976 年，殷墟就挖出了近 200 个殉葬坑，殉葬者的数量达到几万之多。

在殷墟宫殿遗址的大门旁有许多小型的穴坑，里面都是殉葬的士兵。只见他们手持长戈，凛然跪坐，死前还保持着战备的姿势。

在紧挨着宫殿柱础❶的一个穴坑里，也有一名王宫卫士的遗骸，不同的是，他面前多了一块盾牌。这名士兵的上半身笔直挺立，一副警戒的样子，嘴巴张得很大，看上去表情十分惊恐。经检查发现，他生前是被捆绑固定在立柱上，摆好姿势后，被活埋致死。其实这些小型的穴坑并非殉葬坑，而是宫殿地基中的柱础，商代统治者就是用这些士兵的尸骸来守卫王城、夯实地基的。

即使在车马坑中也有真人陪葬。目前殷墟已经发掘的车马坑有 40 多个。单单在一座小车马坑内，就埋葬了 4 部马车，每辆马车前的两匹驾马已变成累累白骨。而在每辆车后，都横躺着一具车夫的遗骸。车上有弓有箭、有刀有戈，数量还不少。看来贵族的车夫还兼具警卫的功能。

像这种有车夫殉葬的车马坑还有很多。当时奴隶的价值还没有马高，一匹拉车的马可以换两个奴隶。专家在一具马车夫的尸骸上发现多处骨折的痕迹，这说明他是在殉葬前被活活打死的。专家在一驾马车上还发现了一名男童的遗骸，这是为贵族殉葬的"车童"，展现出商代统治者的极度残忍。

殷墟里出现一支"车马队"并不算稀奇。在王陵区 1001 号大墓里，殉葬着墓主人生前的一支田猎队，拥有 18 匹骏马和至少 68 名"猎手"。殉葬的田猎队队长也是贵族出身，因此还专门为他配备了 2 名殉葬者。

1999 年，殷墟出土了一座中等级贵族的墓葬，里面有 6 个人和 1 条狗。在当时，狗的繁殖率不高，需要通过猎捕和驯化野犬来填充不足，而奴隶的来源广泛，如战俘、罪犯、奴隶的子女、掳夺来的平民，甚至贵族的债户。在奴隶主看来，

---

❶ 承受屋柱压力的垫基石。

图 8 殷墟的车马坑里车夫的遗骸

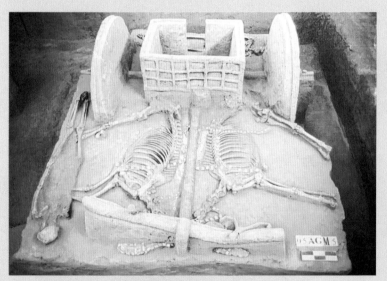

图 9 只有商代贵族的墓葬才能拥有车马坑

狗比奴隶更稀缺，所以奴隶的价值还不如一条狗。因此每次殉葬的时候，动物的数量都远远小于奴隶。

在殷墟中，不但殉葬者数量众多，殉葬的姿势也有很多变化。比如有两具骸骨姿势统一地跪着，被称为箕跪殉。说是跪，其实是把双腿分开，两脚尖相对，臀部坐在自己的双腿上。正常情况下，这样的姿势会使人的骨骼折断或关节脱臼，在人活着的时候很难做到，必然是殉葬者被杀后，尸身被强行掰出的造型。

殷墟里的殉葬者无处不在，即使在埋藏甲骨的窖穴中也有活人殉葬。但殉葬的不是别人，正是一名管理甲骨文的基层官吏。商王把他活埋进3米深的地下，让他到"另一个世界"去继续管理这些有关商王朝重大事件的历史档案。

说完人殉，再说人祭。人祭是用活人来祭祀祖先和鬼神的仪式。

自1928年殷墟发掘以来，共挖出2500多座祭祀坑，有数以万计的活人被当

图10　被埋在甲骨文窖穴中的基层官吏遗骸

作祭品惨遭杀戮。仅在北组宗庙祭祀坑，就发现了201具尸骸。殉葬者最多的是王室宗庙祭祀坑，有近600人殉葬，连一两岁的婴儿也未能幸免。他们中绝大多数是人牲，都是在祭祀仪式上被当场斩首和肢解的。

从这里可以看出，商王朝非常重视对先王举行频繁而隆重的祭祀，但是在重视程度上区别很大。他们对直系先王的祭祀非常隆重丰厚，尤其是先父、先妣、先祖等；但对旁系的先王，在仪式和祭祀品上就简略得多了。商王每年要拿出100天专门用来祭祀。当然，不是很重要的祭祀他不必亲自参加，派一名身份显赫的王族成员做代表就行了。

殷墟还出土了一批用来陪葬的奇怪人偶，人偶的双手都戴着枷锁。刚开始，考古专家们还觉得奇怪：戴着枷锁的奴隶如何到另一个世界为他们服务呢？其实，人偶代表的是战俘或刑徒——不像殉葬的奴仆要在"另一个世界"照顾主人的饮食起居——它们是永远的囚犯、十恶不赦的罪人，即使随墓主到了另一个世界也不会得到宽恕，会在那里被敬献给祖先做"人牲"。

既然战俘是人牲的主要来源，那么这么大量的战俘是从哪里得来的呢？专家对殷墟祭祀坑内出土的头骨和牙齿进行锶同位素鉴定，结果显示，他们中的大部分都是商王朝的邻居古羌人，是今天羌族人的祖先。他们本来生活在陕西、河南地区，而后被强大的殷商军队赶到西北。

这个检测结果具有普遍性。在发现后母戊鼎（曾称为司母戊大方鼎、司母戊鼎）的大墓墓道里，整齐地排放着22个人的头骨，至今保存完好。统一的面部朝向，让人感觉它们似乎在守望着什么。经牙齿的锶同位素检测发现，他们也是古羌人。而对2000片甲骨文的统计显示，在殷墟14000名人牲中，有8000人是古羌人，他们是人牲的"主力"。

2017年，在殷墟遗址东北部的豫北纱厂出土了大司空158号祭祀坑，坑里有两具遗骸，均为跪姿，头顶上各扣着一个陶甑，这种葬式在殷墟考古史上还是首例。甑是古代的炊具，但在这里肯定不是用来蒸煮人头的，而是用作一种祭祀方法和惩罚手段的工具。

在一个椭圆形的古代垃圾坑里，考古队员发现了16具姿势不一的人骨。这里

图 11 位于殷墟宫殿宗庙遗址的祭祀坑

图 12 1976 年出土的殷墟兽祭坑，里面甚至有猴、狐和河狸的遗骸

图 13　被摆放在大墓墓道里的 22 个人头骨

既有成年人，也有未成年人；有尸骸完整的，也有无头的，还有一具仅剩盆骨以下半个身体的。更有一些人被残忍地肢解，然后被堆积叠压在灰坑的一旁。他们都没有挣扎的迹象，应是被集中处死后进行人祭。❶

　　一个王朝的兴亡，总伴随着人类的血泪史。但文明终究战胜野蛮，历史的车轮必然滚滚向前。而殷墟中的血泪呐喊，只会给人类以警醒，指引未来的路该如何前行。

❶　参见牛世山：《河南安阳市殷墟北纱厂 2011—2014 发掘简报》，《考古》2019 年第 3 期。

3. 一个王朝崩溃的真相

殷墟里的小型墓葬，绝大多数属于商代平民，作为人口最多的一个阶层，他们的健康水平可以直观地反映出整个王朝的社会发展情况。专家对小墓里的尸骸进行了检测，检测结果表明亡者曾患一种发病率很高的疾病，医学上称其为多孔性骨肥厚。这种头骨损伤是缺铁性贫血造成的，表现为头骨的前部、顶部、后部和两侧都有很多的孔洞。那么，这种疾病的发病率有多高呢？

专家提取了38名男性样本，其中患病的有37个，患病率超过了97%；而在30名女性样本中，患病的有24个，患病比例为80%；总体患病率接近90%。专家还在这些遗骸上找到了另一个更直观的证据：普遍存在牙釉质发育不全的现象，比例接近80%。造成这种缺陷的主要原因就是营养不良。这说明，整个商王朝的食物供应长期处于匮乏状态，营养不良的现象普遍存在。

商代定都于殷之后，曾经有一段时期气候非常温暖湿润，那个时候，中原大地还是一片亚热带雨林，久已绝迹于河南的犀牛和大象，当年却在殷商王朝的疆域里四处驰骋，甚至和当时的商代民众密切相处。

商代虽已开始农业生产，但农业技术水平低下，且高产作物还没有被引进中国，因此靠天吃饭成为常态。在温暖、潮湿的环境中，农作物往往有更好的收成，王国会有更多的粮食储备，也能养活更多的人口、劳动力和更大规模的军队。因此，殷商王朝在中后期四处征战、迅猛扩张，两轮战车四处驰骋，一批又一批俘虏被抓回都城斩首祭神，整个王朝信心满满，坚信祖先和鬼神会永远保佑自己。

然而在公元前11世纪左右，中原地区遭遇了漫长的干旱和严寒。从甲骨文的记载来看，"烄"字频繁出现在商朝后期的一些卜辞里。甲骨文"烄"的外形是一个人被放在火上炙烤，含义是"焚人"，即用活人来献祭求雨。它的记录越来越多，说明商代后期的气候已经严重干旱，焦虑的统治者不断将人烧死献祭，以求降雨。

图 14　河南安阳出土的商代动植物遗存，这些动植物曾是商朝居民食物的主要来源

图 15　殷墟窖坑中一片带有
"烄"字的甲骨

图 16　位于今河南淇县的古朝歌遗址，殷商王朝最终在这里戛然而止

从那时开始，商代因粮食减产造成的食物匮乏已成为一种常态，这导致了整个王国的民心涣散和军队后勤的崩溃。同时，被饥饿逼入绝境的各方国、诸侯也铤而走险，试图挑战商王权威，饥民的起义也此起彼伏，军队开始四处镇压。

就在商代统治者为应付内忧外患而焦头烂额之际，居住在陕西周原一带的周

部落认为时机已到。在武王姬发的带领下，周部落联合早就对殷商不满的各路诸侯，讨伐商军而决战于牧野。由于商军的主力部队正在今山东、安徽、江苏一带同东夷部落激战，无法回援，因此纣王不得不将奴隶武装起来，仓促地投入战场。

然而，纣王犯了一个巨大的错误。他忘了自己是如何对待那些奴隶的了，他忘了那些奴隶被斩首和肢解之前绝望的哭喊，忘了他们的血肉之躯是如何被献祭给鬼神的。在联军大军压境之际，这些长期被践踏和侮辱、被肆意剥夺生命和自由，而后又被当作炮灰的奴隶，整齐划一地临阵倒戈，刹那间让殷商王朝灰飞烟灭。绝望之下的纣王站在他所修建的宫苑建筑鹿台（位于今河南淇县）上，将自己焚于熊熊烈火之中，成为商王朝覆灭之前的最后一个祭品。

从考古证据上看，气候和环境的巨变导致资源匮乏，引发了一系列连锁反应，最终使殷商灭亡。但是，商王朝野蛮血腥的杀戮，以及越来越不得人心的奴隶制度、人祭制度才是其覆灭的根本原因。它被更先进、更文明的王朝所取代，是历史发展的规律。

殷商覆灭后，周人建立了新政权，之前那些血腥的恐怖回忆已和殷商一起被彻底埋葬。从周代开始，中国人吸取商朝灭亡的教训，逐渐摆脱了对天地鬼神不计代价的疯狂崇拜，转而用道德和礼制来约束和引导社会。此后3000年，中国社会中的世俗力量一直牢牢占据着主宰地位，这一点，我们应该感到庆幸。

4. 无敌国王夫妻档和战斗家族养成记

殷商曾因内乱多次迁都，但仍未能拯救衰微的国势。盘庚是商朝的第19任君王，为了王朝的未来，他力排众议、突破层层阻力，把都城从山东的奄（今山东曲阜）迁往河南的殷（今河南安阳）。据《史记·殷本纪》记载："殷民咨胥❶皆怨，不欲徙。"看来当时反对迁都的人非常多。

盘庚召集臣民，采取"胡萝卜加大棒"的政策，一方面对臣民明以大义，晓以利害；一方面威胁说反对者将被除灭宗族。盘庚迁都的果敢举动成功化解了王国内部的矛盾，使一个困顿的王朝走出了困境，最终赢得"殷道复兴，诸侯来朝"的局面。

盘庚迁殷的史实在殷墟中得到了印证。考古显示，殷成为都邑的时间在公元前14世纪末，这正是盘庚在位的时间。在此之前，殷还只是一个小型的聚落，看来古之史书《尚书》和《竹书纪年》的记载真实可信。公元前13世纪，在盘庚迁都之后，安阳就成了商朝后270余年的王国中心。

在殷墟西北冈的王陵区，有一座被多次盗掘的大墓，墓内的大宗文物早已不知去向。但考古显示，它是9座

❶ 咨：嗟叹。胥：互相。

图 17 殷墟宫殿遗址和司（后）母戊大方鼎发现地

图 18　甲四基址只是殷墟王宫遗址中的一小部分

图 19　商代晚期的殷墟宫室复原图

王墓中年代最早的，这就把指针指向了盘庚。除非他死后没有安葬在王陵区，否则，这里就是这位沉稳果敢，挽狂澜于既倒、扶大厦于将倾的君王最终的魂归之所。

盘庚死后，王位相继传给了他的两位弟弟小辛、小乙。但小乙在临终前终究没把王位还给盘庚之子，而是传给了自己的爱子武丁。虽然这种行为有悖祖制、违背义理，然而历史证明，他的选择是正确的。

《尚书·无逸》中记载，武丁继位后沉默不语，静观朝野动向。3年后，他处理国务有条不紊，朝政大权尽在掌握。他任用出身卑微的甘盘、傅说为相，治国安邦，政绩卓越，因此深得民心。武丁励精图治，使商王朝由衰转盛，国力复兴。他的故事比春秋时代楚庄王的"三年不鸣，一鸣惊人"更传奇。

武丁的一生是战斗的一生。他在位59年，前后讨伐、征服和剿灭的方国、部族有几十个。为谋发展、求稳定，他和自己的爱姬妇好夫唱妇随，对周边的几十个方国和异族发动多次大规模战争，并最终取得了决定性的胜利。

武丁先是平定藩属国叛乱，继而扫清周边小国，去除后顾之忧。据甲骨文记载，武丁先镇压了让（位于今河南三门峡陕州区）、亘（位于今山西南部）等国的反叛势力；又陆续扫灭甫、衔、缶、蜀（均位于今山西南部）等邻国，将之纳入王朝版图；同时用武力迫使沚方、周方❶、羌方、宙方、下危等小国臣服。

接下来，武丁开始啃"硬骨头"，对实力较强的方国用兵。甲骨文记载，他先剿灭了龙方（位于今山西河津）和芍方（即荀方，位于今山西西南部），并多次发兵征讨实力较强的危方（位于今河南永城和安徽宿州之间），最终擒杀其首领；但在征伐小方国宙方的时候，癸亥日商军一战失利，经撤回整顿后次日再战，武丁征调步兵配备战车进攻，于是一举击败宙方的军队。这是历史上步车协同作战的开端。

这个时期，势力逐渐强大的东夷各国开始蠢蠢欲动。他们曾在武丁父亲小乙

---

❶ 周王国前身，位于今关中盆地和陇东高原交界处。

的征伐下俯首称臣，但此时却拒绝向商廷纳贡，且时常侵扰边境。武丁亲自率军攻破夷方❶，震慑了反叛的东夷人。

东方既定，武丁开始大举讨伐南方的荆楚。荆楚位于今天的江汉地区，此处山林水泽纵横交错，行军艰难。武丁指挥商军突破荆山天险，攻打归方❷，夺取雩方。《诗经·殷武》记载："挞彼殷武，奋伐荆楚，深入其阻，裒荆之旅。"此战征服了南方众多的方国。最为关键的是，武丁击败了荆楚地区最为强大的劲旅虎方❸，并抓获众多俘虏，一举消除了南方的威胁。

接下来的目标是西南的巴方❹。武丁和女战神妇好配合默契，出演最强"战斗二人组"和"战术夫妻档"。据甲骨文记载，战前二人谋划，妇好预先埋伏在敌军西面，而武丁率精锐从东面攻击巴军，将之驱赶到妇好的埋伏圈中全歼，结果巴方被吞并，大量俘虏被祭天，这可以说是中国最早的"伏击战"。

但商王朝最危险的敌人在西北方，其中最为强大的三个敌国是位于山西汾河流域的土方、位于陕甘地区的羌方和位于晋陕地区的鬼方。武丁对它们毫无畏惧，绝不手软，"三战"定乾坤。

第一战：吞并土方。根据甲骨文卜辞显示，土方是商朝北方一个强悍的游牧部族，多次劫掠商国边境。有专家考证，土方实际上就是夏朝的余部，位于今晋陕高原。这一年，土方军队又悍然来犯，攻克了商朝的两座城邑，并抢夺庄稼、掳掠人口。武丁亲率5000商军迎敌，妇好则在侧翼协同。经过多年战争，商军终于大败土方并吞并其地。土方是否被完全剿灭不得而知，但此后不再有关于它的记录。

第二战：碾压羌方。羌方位于商王朝西北方，军事实力十分强大。他们经常

---

❶ 又称人方、尸方，位于今山东、江苏、安徽交界地区。

❷ 即古夔国，位于今湖北秭归地区。

❸ 位于今安徽南部和江西赣江流域。

❹ 位于今湖北西南部。

袭扰商王朝边境，大肆劫掠。甲骨卜辞记载，妇好统率3000人的直属部队进击羌方，武丁不放心，又派遣了10000名援军划归妇好指挥。这13000人的部队几乎是当时商朝军队的一半，足见双方战争规模之大，对方战力之强。

妇好不辱使命，率领这支讨伐部队完全碾压羌方，前后共俘虏羌军上万人。商人深受羌人袭扰，因此对待他们十分残酷。这些上至贵族、下至平民的羌人战俘，均被充当人牲献祭给商王的祖先和神灵，余部逃亡青海。

第三战：进击𢀛方（也被称为邛方、舌方和曷方）。𢀛方位于今甘肃、内蒙古地区。由于𢀛方实力强大，商王武丁对其极为重视。他亲自征集兵员并御驾亲征，参战的商军人数在20000人左右。进击𢀛方之战是武丁时代参战人数最多、战争规模最大，也是持续时间最长的战争。

其实，𢀛方和商王国并不接壤，那么它又如何侵扰商朝的边境呢？原来，𢀛方有一个盟友和帮凶。每次𢀛方来犯，或向它借道，或和它联合，这个"嘚瑟"的方国就是鬼方。它从来不单打独斗，总是"摇人"侵扰。

鬼方在商代崛起，对商王朝构成巨大威胁。公元前13世纪进入晋北、陕北和内蒙古以西地区，经常联合其他游牧民族侵扰商王朝边境。据《周易·既济》记载，武丁曾多次率军出征鬼方，用三年时间消灭了鬼方，使其成为商朝领土。

对于鬼方是何种族，长期以来众说纷纭。有学者认为鬼方是一个黄、白混血的种族。而王国维依据唐朝司马贞的《史记索隐》❶，考证鬼方就是汉代匈奴人的祖先。更有观点认为鬼方是东进印欧人❷的一支，即雅利安人，他们向东进入甘肃、内蒙古地区，不承想被强大的商军迎头痛击而狼狈逃窜，之后转而向南，灭掉了达罗毗荼人建立的古印度，并取而代之。

甲骨卜辞显示，鬼方被击溃后远遁。中、蒙和苏联三国的考古研究表明，鬼方可能远迁到南西伯利亚一带，即贝加尔湖和巴尔喀什湖之间。如此说来，武丁

---

❶ 唐司马贞汇集唐以前文献训诂、校勘、考证《史记》的注本。

❷ 即印度欧罗巴人，印欧语系民族的统称。

图20　矗立于河南安阳妇好墓前的妇好像

和妇好不但维护了商王朝的主权，更维护了中华文明的血脉不致中断。

在商王朝的鼎盛时期，几代商王合力打造出一支强大的、战无不胜的军队。从征伐过东夷和鬼方的小乙算起，他的哥哥盘庚、儿子武丁都经历了战斗的一生，这一家子称得上是晚商时期名副其实的"战斗家族"。其实，在这个家族中还有一位低调的女战士，她在史书上没留下记录，直到一片甲骨文的出现。

5. "女战神"妇好的真容

妇好虽是武丁的王后，但在商代诸多的对外战争中，她常常担当全军的统帅和战场总指挥。她所参与的都是万人以上的大规模战役，如对羌方、土方、巴方和夷方的战争，均立下赫赫战功。这样一位传奇的"女战神"，会不会是甲骨文里杜撰出的神话人物？她的传说虽然美丽，但在历代史书上却从未有过她的身影。

1976 年，在安阳殷墟出土了一座高等级的商墓。墓穴的面积只有 22 平方米，但却是殷墟中保存最完整、出土文物最丰富的墓葬。墓室中有殉人 16 个、殉狗 6 只。随葬的青铜器 468 件，重达 1.6 吨；另有玉器 755 件、骨器 564 件、宝石制品 47 件、海贝近 7000 枚，这在当时都是珍贵的宝贝。

考古专家还在墓里发现了精美的骨刀、铜镜和大量的玉笄❶、玉梳、玛瑙珠等女性专用装饰品，还有袖珍的石壶、石罐等弄器❷，说明墓主人是一位成年女性。但是，让人感到不解的是，墓中还有 100 多件青铜兵器，特别是两件重 9 千克、铸有双虎噬人头纹的大铜钺。女性的墓中，怎么会出现兵器呢？

根据甲骨卜辞和青铜器上的铭文得知，这是墓主人生前使用的武器，说明她必然武艺超群、力大过人。其实，钺除了用于战斗，也是古代军权和王权的象征，这说明墓主人可能是一位指挥千军万马的将军。那么，她到底是谁呢？

专家发现，在随葬的 400 多件青铜器中，有 109 件铸有铭文"妇好"二字，原来她就是商王武丁的爱妻妇好。这位非凡的女性在长眠 3000 年后再一次走进世人的视野。

---

❶ 一种玉制的簪子。

❷ 用于把玩的器具。

图 21　随葬有大量的青铜器却唯独没有墓主人遗骸的妇好墓

除了殉葬的 16 名奴隶和战俘外，妇好墓中还有大量的武器，如青铜战斧、战钩、铜铲、铜戈、箭镞等。尤其是两件大铜钺，一件龙纹、一件虎饰，令人眼前似乎浮现出妇好一手一把 20 斤重的战斧，在战斗中左劈右砍的威武形象，"女战神"的称号绝非浪得虚名。

妇好墓中还有一件深绿色的玉扳指，背面有一条凹槽。它并不是件饰品，而是用来扣弓弦的。经现场试验，它可以戴在身高 1.75 米的男子手指上，这足以说明妇好的身材高大且强壮。

想了解妇好的具体身高，可以对照她的墓中出土的另一件文物——跪坐玉人像，这尊玉像是以妇好的形象为蓝本刻制的。根据人像中的配饰比例推测，她的身高超过 1.75 米。在这尊玉像的身后有一个巨大的云纹突出物，酷似玩偶身上的发条钥匙。考古专家曾对它到底是什么有许多猜测，例如装饰品、权杖等，直到

图 22　妇好墓中出土的"双虎噬人头"图案青铜钺

图 23　妇好墓中出土的跪坐玉人像，其身后的突出物
其实是一件武器

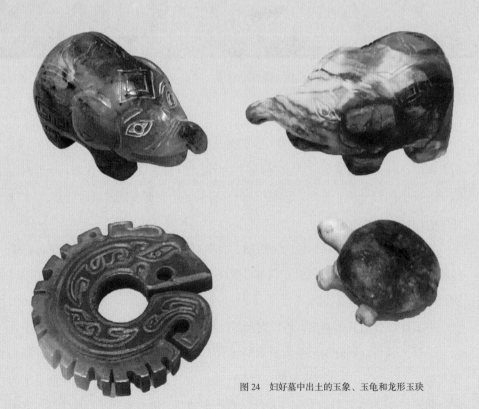

图 24　妇好墓中出土的玉象、玉龟和龙形玉玦

妇好墓中另一件文物的出土，真相才水落石出。实际上，这是她随身佩戴的武器青铜铲，属于斧钺的一种。墓中出土的，正是同款。

妇好墓中出土的精品文物很多，青铜器占有很大的比重，其中不仅有祭祀的礼器，还有日用品。妇好墓中出土了一个青铜的三联甗，里面有箅子，结构相当于今天的三连灶汽蒸锅。它的三个炉灶可以同时工作，蒸汽循环共享，一次可以蒸煮多种食物。看来，妇好生前也喜欢美食，愿意在烹饪方面花更多的时间。

妇好墓中还出土了三件象牙杯，杯身镶嵌着珍贵的绿松石，雕琢精致，堪称国宝。其中一件高 42 厘米，是全世界现存最高的象牙杯。这三件精美象牙杯的发现，从侧面说明了在 3500 多年前的商代，中原大地的气候还比较温暖湿润，大象在野外是比较常见的动物。

妇好墓中还出土了许多青铜酒器，比如铜方斝（jiǎ）[1]、铜觥[2]、铜爵[3]等，其中鸮尊[4]和偶方彝[5]是精品，看来妇好生前喜欢豪饮。除此之外，还有产自新疆的青玉、来自南海的红螺、出自马来半岛的龟甲和产自红海地区的阿拉伯贝币，不知它们是来自远方的贡品还是战争的战利品。丰富的陪葬品反映出妇好生前尊贵的身份和商王对她的宠爱。

妇好不仅仅是一位驰骋沙场的女将军，她的职权远不止于此。甲骨卜辞显示，除了率军征讨，妇好还有征兵的权力。为了表彰战功，武丁还特赐给她独立的封地。

"国之大事，在祀与戎"。除了对外用兵，祭祀是商王朝最重要的政治活动。祭祀仪式一般由商王亲自主持，但据甲骨文记载，妇好多次主持祭祀、宣读祭文，其中包括祭天、祭祖、祭神泉等，她还主持宾祭、禳疾祭、燎祭和杀人祭，俨然

---

[1] 古代的温酒器。

[2] 古代的盛酒器。

[3] 古代的饮酒器。

[4] 鸮形盛酒器，1976 年出土于妇好墓。

[5] 大型盛酒器，1976 年出土于妇好墓。

成为王朝的大祭司。

甲骨卜辞显示，妇好还是解读"天意"的卜官。商王每遇大事都会占卜，用以判断吉凶，决定事情是否可行，在对外作战前更是如此。所有的人都会遵从占卜的结果，商王也不例外。国之大事"祀"与"戎"已尽在妇好的掌握之中。

不仅如此，武丁还把一些政务交给妇好处理。据甲骨文记载，妇好经常协助大臣处理政务、外出察访民情、寻访耆老，甚至组织力量抓捕逃跑的犯人。

除了正妻王后外，商王武丁还有 60 多个王妃，她们在甲骨文中被称为多妇。现藏于加拿大皇家安大略博物馆的甲骨显示，妇好在外出征战之余，曾召集所有的后宫嫔妃，让她们听从"本王后娘娘"的训导。

甲骨文记载，妇好的鼻子、牙齿和脚趾都有疾病，应该是长期骑马征战落下的毛病。武丁为此特意去祭祀祖先，祈求缓解和康复之法，一次就使用 10 只羊、10 头猪和 10 个人牲，足见两人相爱之深。但是，这位干练且功勋卓著的女子还是先于武丁辞世，被武丁以隆重的礼仪厚葬。

妇好的众多陪葬品中，最为贵重的重器是后母辛方鼎。该鼎是妇好之子为纪念母后而制，而"辛"正是妇好死后使用的庙号。甲骨卜辞显示，武丁虽妻妾众多，但法定的正妻只有 3 人，她们是妇妌（jǐng）、妇𡚬（yì）、妇好。而后代对她们祭祀的庙号分别为妣戊、妣癸和妣辛。

众所周知，体量巨大的后母戊鼎（曾称为司母戊大方鼎）是国之重器，作为国宝被写进历史课本。它高 1.33 米、长 1.1 米，重 832.84 千克，鼎耳的两只猛虎虎口相对，含着人头。该鼎是妇妌之子为祭祀母后所铸，妇妌的庙号为妣戊，故名"后母戊"。与妇好不同，妇妌在甲骨文中很少出现。这是否说明她是一位贤淑稳重、温和低调的王后呢？

恐怕事实并非如此。甲骨卜辞显示，妇妌曾独自率军征讨王国西北部的龙方。这说明，武丁这一家子中，能战的女人不仅有战神妇好，更有女将妇妌，这是一个真正的战斗家族。那么，这两位正妻到底谁更受武丁的宠爱呢？我们可以从她们留下的遗迹中找到线索：妇妌墓的体积是 630 立方米，而妇好墓只有 140 立方米，前者是后者的 4 倍多；妇妌墓中有一条墓道，而妇好墓没有。从规格来看，

图25　妇好墓中方鼎上的铭文"后母辛"是确定妇好身份的主要依据

妇妌墓更胜一筹。

　　再看陪葬品。妇妌墓中的后母戊鼎不但体积硕大，重量也是后母辛鼎的7倍。更重要的是，妇妌墓位于王陵区，而妇好墓位于宗庙区的西部。虽同是商王配偶，但从死后的待遇看，妇妌明显比妇好的地位高一些。

　　但是，三人的受祭顺序却是妇好、妇嫨、妇妌。商代的祭祀顺序有严格的规定：直系先王优先，旁系先王次之。再加上妇好享堂被甲骨文称为"母辛宗"更可佐证，妇好是所有后世商王的直系先妣。就是说，她的儿子、孙子、重孙……都是商王。武丁有三个嫡子，长子祖己❶早亡，次子祖庚继位，而后三子祖甲继位。之后的商王，都是祖甲的直系子孙，很明显，妇好之子只能是祖甲。

---

❶　在文献中被称为孝己。

033

图 26　建于妇好墓上的享堂遗址，这里在甲骨文中被称为"母辛宗"

甲骨卜辞和妇好墓中的祭器铭文显示，妇妌、妇嫀均死于妇好之前。因此专家断定，武丁的第一位正妻是妇妌，生祖己。祖己被立为太子，称为"小王"。妇妌早亡，祖己为母亲铸造了体量巨大的后母戊鼎，它是目前发现的先秦最大的青铜器，这是原配王后的特殊待遇，后来者不可僭越。妇妌去世后，武丁又娶妇嫀为正妻，她生下祖庚后不久死去；之后武丁又娶妇好，生祖甲。

据《尚书》和《史记》记载，武丁的长子祖己非常孝顺，他每晚要起床 5 次，看父母是否睡得安好。因其史籍中的孝子形象，他又被称为孝己。作为太子，他劝谏父王修行德政、力行节俭。但据《孔子家语》和西晋史料《帝王世纪》的记载，祖己的生母妇妌去世后，武丁受到后妻的迷惑将祖己放逐，不久，祖己忧郁而死。

那么，给武丁进谗言的后妻是谁呢？武丁只有三个正妻，显然不是妇嫀就是妇好。据《尚书郑注》❶记载，祖己死后，武丁又听信谗言要废年长的祖庚，立幼子祖甲嗣位，祖甲认为不义而逃奔民间。可见，进谗言的只能是祖甲的生母妇好。妇好能力超群，深通军事、政治、祭卜，深受武丁宠爱。但她并未因此放弃后宫政治、轻视后宫力量，她为子谋利，积极参与"宫斗"。

武丁在位 59 年，妇好终没熬过长寿的丈夫而去世。武丁死后，祖庚、祖甲两兄弟先后即位，也算完成了妇好的遗愿。她死后，原属妇嫀的 28 件青铜器被放入了妇好墓中，真是"人走茶凉""帝王善遗忘"。

关于妇好的死因，学术界有两种说法。一种是根据妇好第 4 次怀孕时武丁占卜的卜辞，推断妇好因难产去世，此时的妇好已经 30 多岁，佐证是妇好墓中陪葬的 4 个儿童。还有一种说法是妇好牺牲在战场上。一块甲骨上的卜辞显示："出贞，王，于母辛，百宰，血。"妇好似乎在战场上受伤不治而亡。佐证就是妇好墓中，根本没有妇好的尸骨。

在离妇好墓不远的小屯东北有一座商墓，属于武丁时期。墓中有棺有椁，暗

---

❶ 由东汉郑玄注疏的《尚书》。

图 27　妇好鸮尊　　　　　　　　　　　　图 28　后母辛青铜觥

图 29　商妇好爵

红色的椁板上还绘有黑漆纹饰。墓中有殉葬的人 5 个、狗两条，随葬有大量的青铜器。这一切都说明，墓主人的身份非同一般。墓中的青铜器铭文显示，墓主名为子渔。在甲骨文中，子渔的身份非常特殊，他可以祭祀商朝宗庙"大示" ❶，这是君王和王子才有的资格。但他重病缠身，武丁为他举行攘灾仪式也未能挽救其生命，他先于武丁离开人世。

据我国著名历史学家、甲骨学家董作宾（1895—1963）考证，子渔正是武丁的长子祖己，墓中出土的 5 套觚爵与他王子的地位相契合。他埋进母亲妇妌墓中的后母戊鼎是所有王后墓中最大的，这尊鼎所象征的地位是妇好永远取代不了的，算是对妇好无声的蔑视和最后的声讨。

---

❶　所有商朝先祖的宗庙。

图 30 1939 年出土于安阳武官村的后母戊大方鼎

6. 商朝人种之谜

传说有娀氏❶女子简狄吞下玄鸟蛋而生契，而契就是商人的始祖。他因辅佐大禹治水有功，被舜任命为司徒。直到契的第十四代继承人汤推翻了夏的统治，建立了商王朝。有关玄鸟❷是商人始祖的传说并非后人杜撰，因为在殷墟就出土了不少玉质的玄鸟，甲骨上玄鸟也很常见。可见，玄鸟崇拜贯穿了整个商人族群的精神世界。

当然，传说不能作为考古依据，商族人的起源问题还需要更科学合理的解释。一些专家通过甲骨文上的记录推断，商族先民发祥于太行山东麓的古漳水流域，也就是今天河北、山东、河南三省的交界区域。然而，人类学家却试图用人种鉴定来揭开商人的起源之谜。

在 1997 年之前，学术界确定人种的手段是体质人类学，即根据骨骼的特征来确定人种类别。1928—1997 年，安阳历经了 15 次考古发掘，出土了几千具人骨。人类学家对其中的 410 个头骨进行了测量，确定它们属于蒙古人种的中国北部类型。但是，纯粹靠测量的数据来确定，难免会有一些偏差。而且，检验结论完全取决于所选的样本。果然，一名美国人类学家在两具女性的头骨中发现了高加索人种❸的特征，还有一些短头颅的头骨属于布里亚特人❹。不过，绝大多数仍是蒙古人种，当时这种异常的情况并没有受到普遍的重视。

---

❶ 上古族名，故地在今山西永济。

❷ 传说中类似燕子的神鸟，出自《山海经·大荒北经》。

❸ 白色人种的体质人类学名称，该人种主要分布于欧洲大部、北非、西南亚等地。

❹ 蒙古人的一支，属黄色人种西伯利亚类型。

图 31　2001 年出土于郭家庄 5113 号墓的玉鸟，其背上还有一只幼鸟

　　1992 年，考古人员发掘了殷墟新安庄墓地的 100 多座商墓，并对墓中的人骨进行测量和鉴定。结果发现，这些商代成年男子的身高中位数只有 1.62 米左右。考古人员根据体质特征对比，确定他们属于蒙古人种东亚类型。人类学家通过遗骨鉴定得出的结论是，他们的外貌和现代的华北人没什么差异，是典型的蒙古人种，他们起源于燕山以南的环渤海一带。

　　这个结论也有一些旁证。商代人对东北方位非常敬重，比如祭祀、占卜都朝向东北；另外，纣王的叔父箕子❶在商亡之后，带领一批遗民来到辽宁地区，后来建立了箕子朝鲜❷。有学者认为，箕子没有南下、西进，是因国破后想到的第一件

---

❶ 商王文丁之子，与微子、比干并称为"殷末三贤"。

❷ 存国时期为约公元前 1120 年—公元前 194 年，后于西汉时为卫氏朝鲜取代。

图 32　殷墟的新安庄墓地。考古学家、中国社会科学院考古研究所研究员唐际根对商代人骨的研究从这里开始

事就是回归故土，那里是他们最熟悉也最可依靠的地方，是部族的"龙兴之地"。但是，事实果真如此吗？现代科学技术为判定殷商人种提供了可能。

从1992年开始，更多商代人骨的出土为考古学家提供了更多的样本。也就是说，专家们有了项目研究的"大数据"。此时，历史学者、中国社会科学院历史研究所研究员杨希枚（1916—1993）率领的科研团队对此进行了深入的研究。杨希枚早年就跟着中国考古学之父、人类学家李济（1896—1979），专门研究殷墟出土的遗骸。杨希枚测定了殷墟祭祀坑内的近千个头骨，建立了庞大而有说服力的样本库，最后得出了惊人结论：殷墟内的人种成分其实十分复杂，大致可以分为五类。

第一类是典型的蒙古人种，也就是东亚的黄色人种。根据遗骸牙齿的锶同位素鉴定结果，这些头骨绝大部分来自古羌人；第二类是蒙古人种中的因纽特人，外貌和今天我国东北的鄂伦春人非常类似。目前，这两类头骨从综合特征上看，最接近今天居住在海南岛上的中国人，以及居住在北海道和琉球的日本人。

第三类比较离奇，居然属于黑色人种！不过他们属于太平洋的尼格利陀人❶，与今天的大洋洲巴布亚人❷十分类似，严格意义上说属于棕色人种。最让人震惊的是第四类，在殷墟人骨的样本里居然有1%的高加索人种，他们属于地中海类型，和今天居住在中东和环地

---

❶ 东南亚的古老人种，现零散分布于菲律宾、马来半岛和印度安达曼群岛。

❷ 生活在太平洋西部新几内亚岛上的土著民族。

中海地区的白种人同源。第五类是一个尚不能确定类别的神秘人种，具有小头、小脸的外貌特征。除此之外，样本中还有 7% 的头骨带有明显的印加人的骨骼特征。

这是个让人震惊的结论，也不得不面对一个让人错愕的猜想：难道堂堂中华民族，竟然被外来异族入侵同化了吗？这种猜想似乎还有一些旁证：殷墟出土的很多青铜兵器，如戈、矛、战斧、宽刃花纹削刀等，只有戈是在中国本土诞生和发展的，其他兵器均独立出现在欧洲；殷墟出土的战斧上常常铸有大象的形象，这些都是西亚和印度常用的动物符号；殷墟里还出土了战钩❶，只有地中海的沿海民族才会使用这类武器。

但是，这很难让人信服。且不说殷商的文化传统和文字的使用与西亚格格不入，仅从殷墟挖出来的商代人像来看，全是高颧骨、内眼角，属于典型的蒙古人种相貌，没有一例具有西亚人或高加索人的外貌特征。殷墟中出土的近 30 件人体圆雕、浮雕、半浮雕和平面图像都具有蒙古人种的典型特征；而用于制作人面像的陶范，其眼旁的"蒙古褶"❷ 清晰可见。这些作品是商代人对自我形象的表达，它们完全不支持"商族人可能是西亚人或高加索人"的结论。

但是，必须认清这样一个事实，不是所有的殷墟人骨都来自商族人。之前用来鉴定的骨骸都来自祭祀坑的人牲，或大墓中用于殉葬的殉人。他们都是商朝人俘获的战俘或掠夺来的异族平民，都不是正宗的商族人。看来，样本的选择非常重要，检验用的人骨不能再来自祭祀坑，而是要找一些商代的平民墓葬来调查才合理。

1997 年，在殷墟西部商墓聚集区的黑河路发掘了 100 多具商代人骨。它们来自中小型的平民墓葬，可以代表商族人的主流。而此时的鉴定技术已有了很大的变化。中国考古研究所和美国明尼苏达大学合作，对这些人骨进行了 DNA 检测。

❶ 出土于妇好墓的钩形器，外形类似船锚。

❷ 内眼角的上眼皮盖住下眼皮的眼部特征，为蒙古人种所独有。

图 33　殷墟妇好墓中出土的铜多钩形器，在商代用于作战

图 34　殷墟出土的陶人面范展现出商代人的外貌特征

图 35　位于新疆罗布泊西岸的楼兰遗址，埋藏着许多神秘的往事

检测的结果令人震惊：商族人的确具有西亚人或高加索人❶的基因特征。

这并非个别现象。1980年，考古专家在新疆发现了一具中西混血的女性干尸，即"楼兰美女"。她的相貌、体形均体现出白人特征。后来又在新疆相继出土了高加索人种的干尸。这说明在3600年前的殷商时代，高加索人就到达了新疆、青海、宁夏等地，文献所记载的大月氏人就属高加索人种。

商王朝在历年的征战和民族融合中，中、下层平民的人种已难以保证血统纯正。但商代贵族为了保证王室血统的纯正，极少出现和异族杂婚、通婚的现象。因此，骨骸的样本应在商王室墓葬中选择。但是，殷墟的王陵大墓很早就被盗掘一空，20世纪30年代又被挖了一次，遗骸的丢失和破损都很严重。如今找到"商王"基因的机会已趋近于零。目前最好的办法，就是多找一些商代大墓，其中所葬之人大概率属于商代贵族。

2004年，中国社科院考古研究所对6具保存完好的商代尸骸进行了DNA检测，这些尸骸均来自贵族墓集中的大司空墓葬区❷。结果显示，它们分属4个不同的人类Y染色体单倍型类群：D、D4、D5❸、Z❹、N9a❺和B5b❻，这说明殷商贵族阶层以蒙古人种为主，但确实混进了一些邻族人种的基因。主要集中在中国西北地区的新疆、青海、宁夏三省区，以新疆混入程度最高，自河西走廊向东逐渐降低。而中原地区如殷墟的基因混入程度很低，但也有7%的出现率。

由此可见，在丝绸之路开辟之前，中原地区并非完全孤立的地理单元，西亚文明通过中国西北方向的哈萨克草原传到蒙古高原，再由蒙古高原上的游牧民族传到中原地区，这是一条相当通畅的道路。如今，与商族人有相同基因类型的人

---

❶ 均为欧罗巴人种的地中海类型。

❷ 商代遗址集中区，位于安阳西北郊的洹河东岸。

❸ 分布于东亚。

❹ 分布于东亚、中亚、西伯利亚和北欧。

❺ 分布于亚欧大陆北部。

❻ 分布于亚欧大陆东部。

图36 在殷墟M 1550号大墓墓道台阶上整齐排放的头骨

口已经广泛地分布在东亚和中亚各地，并密集地分布在中国的南方。这可以说明殷墟与三星堆、新干大洋洲文化 ❶ 的密切关系，他们很可能就是同一批人。

中国自古就是多民族国家，虽然基因的主干源自中国本土，但也会逐步吸收部分外来基因。今天中国西北的很多少数民族都存在和高加索人相似的基因，如维吾尔族、藏族、哈萨克族等。当然，吸收不是被同化，更不是被消灭，中华民族的主体基因并没有改变。我们的祖先建立了灿烂的中华文化并延续至今，但这一切并非"岁月静好"，而是"有人替你负重前行"。中华民族能源远流长、生生不息，未被异族基因所吞噬，还要感谢一名伟大女性的付出。

---

❶ 新干大洋洲商代大墓，位于江西新干县大洋洲镇。

图 37　殷墟博物馆广场上的青铜人面。殷墟出土的诸多人面像依然保持着蒙古人种的外貌特征

　　商王武丁的"战神妻子"妇好是一名战无不胜的优秀统帅，她曾征伐土方、羌方，并且平定了鬼方的叛乱。在她俘获的战俘当中就有白人，其墓中殉葬的头骨显示出雅利安人❶的明显特征。考古显示，他们中的很多人在死前遭受折磨，并被钝器击打致死。

　　那么，鬼方到底来自何方，是何种族呢？在妇好四处征战的时期，正是雅利安人从西北方向大肆入侵印度的时间。经过几百年的征战，他们消灭了灿烂的古印度文明，把土著达罗毗荼人当作奴隶，建立了将雅利安人置于至高地位的种姓政权。

---

❶　古印欧人的一支。

这里出现一个让人费解的谜团：公元前 13 世纪后半叶的雅利安人为何没有选择东进，而非要翻越喜马拉雅山脉去征服印度次大陆呢？专家推断，雅利安人遭到商王武丁的迎头痛击与 3 年的征伐，"女战神"妇好起到了决定性的作用。

公元前 1296 年 3 月 14 日，鬼方与土方勾结，从东、西两路同时进犯。经过 9 个月的动员准备，战争在河套地区（指河套平原，位于今内蒙古和宁夏境内）打响。到夏季，战争日趋激烈。据甲骨文记载，3 个月间，武丁共征兵 7 次，总计发兵 23000 人。此时，武丁的王后妇好亲率大军出征，与鬼方的主力决战。

据《竹书纪年》记载：三十四年，王师克鬼方。强大的商军在此役中大败雅利安部队，将这架"文明粉碎机"逐出境外。被击溃的雅利安人不得不转而进攻羸弱的古印度，妇好由此成为 3300 年前拯救中华文明不灭的功臣。唯一令人遗憾的是，如果妇好墓的发掘不是在 1976 年，而是今天，或许专家能够提取到妇好的 DNA，从而得到更多有价值的基因信息。

不过，用基因频次和单倍群来测定人种很可能会出现偏差。比如，东亚最古老的部族——中国的白马藏族是高频的 D 系单倍群，而同样的 DNA 种群在日本阿伊努人中也存在。但白马藏族是典型的蒙古人种，而阿伊努人具有许多棕色人种的特征，因此"商代人骨基因工程"的结果只能作为参考。

从殷墟出土的诸多人面像来看，它们依然保持着蒙古人种的外貌特征。

中华文明是由多个区域文明逐渐汇流而成的，这一点毋庸置疑。我们没必要纠结于狭隘的人种纯正性，因为博采众长的，总会更加强大。

7. 头骨被射碎的士兵和独臂将军

1998 年，考古人员在位于殷墟保护区西部的白家坟墓地发现了一个奇怪的头盖骨。这个头盖骨的左侧有一个大洞，从左侧太阳穴一直延伸到上颌骨。也就是说，整个左脸几乎都没有了。什么武器会导致这样致命的伤口呢？专家仔细检查后发现，头骨内有一枚箭镞。很明显，一支利箭射中了他的左侧太阳穴，刺穿了他的头骨。由于是近距离的劲射，导致他头骨的一侧破碎。

其实他的伤口不止这一处：可以清晰地看到头骨的顶部嵌入了一块金属——一截断掉的青铜戈尖，它已经穿透了颅骨，镶入骨内，导致颅内的骨质脱落，从而形成了一个大凹坑。类似的致命伤还有三处：一处在后脑，一处在头颅左侧，一处在眉骨下方，均为刀伤。除此之外，在他的左臂肱骨（上臂骨）和躯干上也有几处严重的砍伤。

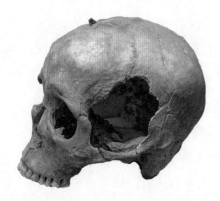

图 38　出土于殷墟黑河路 745
号墓的受伤士兵头骨

经鉴定，这名伤痕累累的死者是一名男性，年龄在 30 岁左右。从骨骼的情况来看，他生前体魄强壮，1.75 米的身高在当时绝对算得上是高个子。那么，他到底是谁？为何会遭到如此的虐杀呢？

图 39　殷墟出土的商代青铜戈

图 40　殷墟 745 号墓中受伤士兵身上的箭镞

其实，这是一名 3000 年前的商代士兵。他在一场激烈的交战中英勇冲杀，被敌人的流矢射中，受了重伤，他的战友没有抛弃他，而是将他运回祖国。因伤势太重，他在痛苦中死去，死后被埋葬在家族的墓地里。不过，这位无名战士的墓葬只有 2 米长、半米宽，深度还不足 3 米。尸骸虽被装在涂有红、黑两种颜色的漆木棺内，但随葬品只有一枚蚌壳和一枚贝壳。

那支刺透士兵天灵盖的青铜戈是商代最常见的兵器，戈头的长度在 22 厘米到 26 厘米之间。士兵在使用这种武器杀敌的时候有多种攻击方式：既可以选择用戈援的刃部横扫敌人的身体、钩砍敌人的首级，也可以选择用戈锋的尖端啄击敌人的头部，而这位战死的士兵正是被从头上落下的戈尖深深刨中。由于戈尖刺入脑部太深，敌军士兵一时竟无法拔出，在用力改变方向时将戈尖折断，戈尖最终留在了这位士兵的头骨里。这一留，就是 3000 多年。

在这名士兵尸骸内，还残留着多得数不清的青铜箭镞。可以想象，在激烈的战场上，这名头部已经受伤的士兵同他的战友们冒着箭雨冲向敌阵，最后被乱箭穿心的惨烈景象。那支射穿士兵太阳穴的青铜箭镞，则给了他致命一击。

在殷墟遗址，也不乏商代将军的墓葬，在某将军墓中出土了一只奇怪的青铜手。它五指弯曲，做工精细，手背处雕刻着兽面纹，形状、比例都和人手一致。这是目前中国考古史上出土的唯一一只假手。那么，它和墓主人有什么关联，又是做什么用的呢？

2000 年 12 月，在殷墟祖庙集中之处的殷墟花园庄，中国社科院考古研究所的工作队发现了一座商代墓葬，命名为 54 号大墓。在考古发掘过程中，专家们发现了大大小小的盗洞和密密麻麻的盗沟，担心大墓早已被盗掘一空。但考古队越往下挖，盗洞就越少，最后挖到墓口才发现，这是一座保存完好的大墓。墓中的一棺一椁早已腐朽，但棺盖上鲜艳的红漆、精美的夔龙纹饰以及贴在棺沿上的金箔，都在证明着墓主人不凡的身份。

与士兵墓的寒酸不同，54 号大墓的棺椁之间随葬了很多的青铜礼器，如鼎、爵、觚、方尊、方彝等，总数达到 265 件；戈、矛、钺等青铜兵器则被散放在东西两侧；铜簋里有烹饪过的谷物，陶罐中还存有残留的梅子羹，甚至当时流行的防腐"神器"花椒也出现在墓中；墓中还有殉葬的人和狗遗骸各 15 具。不过，墓主人的尸骸已和棺木、泥土以及一些随葬品挤压在一起，无法剥离和辨识。

本来，专家没有在这座大墓中找到任何能证明墓主人身份的文物，但一个意外的出现让一切水落石出。当时还在读博现已成为中国社会科学院考古所专家的刘煜想了解出土的青铜器内部的构造及损伤情况，于是她用变频 X 射线探伤机逐一扫描了这些青铜器，却意外地发现有 131 件青铜器的内部刻有铭文。其中尤为重要的 6 件青铜钺和一件牛尊上铸刻的"亚长"两字，正是墓主人的身份信息。

在商代，"亚"是指带兵打仗的武官，"长"是其家族的姓氏。可见，墓主人属于当时有名望的长氏家族，被商王任命为军队的高级将军。考古人员发现，这个亚长并不简单，从他墓葬的位置、规模、殉葬的人和动物的数量，以及随葬的青铜器、玉器的质量来看，他的级别仅次于大名鼎鼎的"王后将军"妇好。既然

图 41　殷墟出土的商代"亚长"牛牺尊，是一件祭礼用的酒器

亚长生前的身份如此显赫，那么他到底是出身高贵，还是战功卓著呢？

殷墟出土的青铜器铭文显示，很多将军并非出自贵族世家，而是从最卑微的基层官吏做起。例如殷墟 M 1713 号大墓，墓主人是一名来自鱼氏家族的成员。

图42 殷墟亚长墓中的青铜手形器

图43 殷墟亚长墓中出土的青铜钺

他墓中有一尊青铜爵上刻着"辛卯，王赐寝鱼贝"，说明此时的他还只是一名负责商王寝宫事务的寝官，负责打扫卫生、收拾房间以及传达送往。王赏赐他的贝，是当时人们使用的原始货币。但另一件青铜器上的"壬申，王赐亚鱼贝"表明，他在40天后便被升任为亚字级的高级将领。可见，商王的"身边人"会有更多的机会得到升迁，亚长可能也是如此。

中国社会科学院考古研究所科考中心研究员、体质人类学家王明辉对亚长残存的头骨和四肢骨骼做了体质人类学分析，确定墓主人的年龄在35岁左右，同时发现了一个不正常的现象：这位将军采用的是"俯身葬"，也就是脸朝下趴着下葬。根据商代的习俗，只有非正常死亡的人才会采取这样的葬式。

果然，王明辉在亚长的遗骨上共发现7处大的伤痕，6处集中在身体的左侧，手臂、大腿和盆骨位置均被刀、斧一类的利器砍伤。武器直接砍透皮肉深入骨面，有几处伤口根本没有愈合的迹象，这说明墓主人在伤愈前就去世了。可以想象，在与敌人的白刃肉搏战中，亚长将军身先士卒，率军冲锋，不幸身体右侧中箭受伤，他本能地把身体左侧暴露给了敌人，于是被蜂拥而上的敌军士兵乱刀毙命。

亚长将军英勇杀敌、战死沙场后，尸身被运回国都。商王为他举行了盛大的葬礼，把他安葬在商王宫殿附近，并陪葬了大量的宝物，殉葬了很多的奴隶和动物。但是，由于亚长的右手在战斗中被砍断并遗弃在战场上，为了让这位功臣将领全尸下葬，商王专门命人为他打造了一只假肢，以保持其身体的完整。

在这些商代将军的墓葬中，最常见也最有分量的兵器就是铜钺，亚长墓、亚鱼墓中均有出土。铜钺最初的用途是在祭祀仪式上砍断战俘的头颅，这从铭文"钺"的象形结构上就可以看出来，后来它成为象征军权和王权的礼器，体量也就越来越大，经常在祭祀仪式或大典上使用，以凸显政权的合法性和君主的威严。

8. 步兵弯刀和古人的身高

这三种军事装备目前收藏在江西省博物馆。第一件是商目雷纹青铜钺，其实就是一把3200年前的青铜战斧，1989年出土于新干县大洋洲镇的一座商墓。

从这把青铜钺的钺面上看，只见一只怪兽张开大口，嘴角上翘，上下各露出一排尖牙利齿，好似在狞笑着待饮壮士血。钺重12斤，上有三个孔用来捆绑固定钺柄。在古代，钺除了用作代表权力的礼器外，同时也用来斩首，而镂空的"血盆大口"则是为了防止钺刃被人颈部的皮肉吸住。

这把青铜钺刚出土的时候是由织物包裹着的，那是钺的保护套，具有三个作用：将利刃入鞘，防止误伤自己；对武器进行保养，防止因风吹、雨淋、日晒而腐蚀生锈；古人讲究凶刃出鞘必见血，必夺他人性命，因此在不战斗杀敌时，必须"刀斧入库"。

第二种军事装备是几把式样独特的青铜弯刀，同样出土于新干大洋洲墓地。弯刀本是为适应骑兵的速度和高姿砍杀而设计的，历史上的古代埃及、波斯、阿拉伯和土耳其骑兵都善使弯刀。商墓中竟然出土了类似的弯刀，这并不符合商代之后周、秦、汉以及后世"平原武器"的设计思路。到底是"外来文化入侵"，还是商人独特的军事和审美视角？我们还不得而知。

商墓中除了这两种进攻武器，还有"防守神器"。一件外形奇特的青铜器在刚刚出土时布满铜锈，看起来像个铜"缸"，专家还以为它是用来盛放食物的容器。但是，这个"缸"的"底座"浑圆突出，根本不能平稳地放在桌案平面上。

专家经过仔细辨别，最后确认，这是一顶青铜头盔，文物名为商兽面纹青铜胄。只见它正面刻兽面纹，双目怒睁，虎视眈眈，头部中央的凸脊高高隆起，双侧均有耳脊垂直居中，现代某卡通人物的形象倒是和它十分酷似。

青铜胄的顶部有一个用来插帽缨的小圆管，胄的两侧各有一小孔用以穿绳系

图 44　出土于江西新干的商目雷纹方内青铜钺

图 45　出土于江西新干的商兽面纹青铜胄

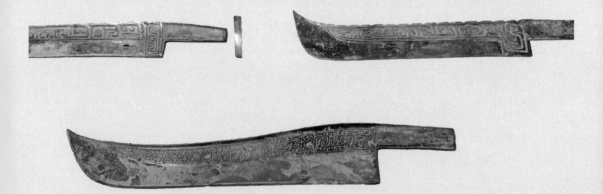

图 46　出土于江西新干的夔纹翘首青铜刀

于颌下，耳脊上方还各有一个小透气孔。青铜胄的设计既满足了防护功能，也兼顾了外表美观和佩戴方便：它重约 4 斤半，插上红缨，戴在头上既威武雄壮，又轻便舒适。它是存世最漂亮的青铜胄，称得上军事装备中的精品。

商代的军士们都戴什么材质的头盔呢？之前很多专家认为，商代的铸造业并不发达，金属原料产量极低，因此大多数士兵不装备头盔，重要将领至多佩戴皮质盔甲，1990 版电视剧《封神榜》对商周双方的军备状况就是如此展现的。但这件青铜胄的出土，改变了人们的认知。

在中国历史上，最原始的胄用藤条或兽皮制成；商周时期，军队开始使用青铜胄；战国时期更重视轻步兵和骑兵，因此多使用熟皮胄；到秦汉时，军队已大规模使用铁胄。

这件青铜胄还揭开了古人的身高之谜。史料中常说某英雄"身高八尺"，《荀子·劝学》中言人是"七尺之躯"，正史《三国志》记载诸葛亮、许褚、马腾和刘表均"身高八尺有余"，而《三国演义》中的关羽"身高九尺"，更有"神奇"的乌戈国国主兀突骨"身长丈二"。无论按秦尺❶还是汉尺❷的标准，这些古代英豪们的身高很可能有 1.9 米，而关羽甚至可能超过 2 米。若按作者罗贯中所处时代的明尺❸来计算，关羽就达到了 2.8 米以上，成为史上第一巨人，这实在令人难以置信。至于《三国演义》中的兀突骨，则已经脱离了人类身高的范畴。那么，古人的这些记载可信吗？

专家征集了一些标准身高的男性志愿者试戴这顶青铜胄，却发现他们的头部都比青铜胄小一圈，戴上后会松动。这是否说明，商代人的头比现代的人大，而按头躯体的比例推算，他们的身高也比现代人高许多呢？

专家随后注意到一个细节，实验中的志愿者戴上青铜胄时表情都比较痛苦，

---

❶　一尺约 23.1 厘米。

❷　汉代不同时期略有区别，一尺合 21.3 ~ 23.7 厘米。

❸　明尺有三种尺寸，一尺合 32 ~ 34 厘米，和今制相差不大。

仔细检查后才发现，是青铜胄内部的凸起刺痛了志愿者的头皮。青铜胄是给将士们在战场上使用的，在头部如此痛苦的情况下，他们如何能在战场上激烈拼杀呢？

专家仿制了一顶同样大小的头盔，并在其内部垫上了一层柔软的衬里。这一回，实验者不再露出痛苦的表情，反而觉得很舒适，青铜胄不再松动，转头也非常灵活。专家这才恍然大悟，青铜胄原来就有盔衬，只是已腐烂成灰，加了衬底的青铜胄正好适合现代人的头部尺寸。

专家们据此推断，商代人的体形，包括脑容量、身高和现代人相差不大。人类从原始人到现代人，经历了200多万年的进化，而从商代至今不过3000多年，这在人类进化的历史长河中只是白驹过隙。

9. 星空里的时间密码

牧野之战最令人质疑的地方在于交战双方的兵力。司马迁在《史记》中记载："誓已，诸侯兵会者四千乘，陈师牧野。帝纣闻武王来，亦发兵七十万人距武王。"如此算来，双方参战人数达到了 74 万。而据甲骨文和史料推算，商朝全国的总人口也不超过 800 万。以商代的生产力和人口，仅朝歌一城，恐怕连 70 万人口都没有，更别说 70 万奴隶了。

据甲骨文记载，商朝最大的一次军事行动，发生在商朝军事最强盛的武丁时期，规模最大的军队也不过 1 万人。而且，能在一天内动员并武装 70 万奴隶，似乎是天方夜谭。即使在现代，以几千万、上亿的人口基数，要动员 70 万预备役参战，加上发放武器、集结整编、基本训练，也不太可能在一天内完成，何况是在3000 多年前河南的一座城池中呢？这让人难以置信。

这个数字太过夸张，所以一些研究商周文化的学者认为，历史上根本没有牧野之战，这是周代贵族为了提升政权的合法性而编的故事。然而，1967 年出土的一件青铜簋，为司马迁《史记》的可信度做了保证。

这件青铜簋出土于西安市临潼区，是迄今为止发现的最早的西周青铜器。武王灭商后，有一名叫利的官员得到周武王赏赐的青铜，于是铸造了这件铜簋作为永世的纪念，故名利簋。簋本是古代盛放食物的盛具，后来也作为重要的礼器，在祭祀或宴请的时候配合鼎使用：鼎用来装肉，而簋主要用来盛放主食、蔬菜或水果。

青铜利簋目前存放于中国国家博物馆，其内壁刻有 33 个字的铭文，记载了甲子日清晨武王伐纣这一重大历史事件。铭文的内容和中国古代文献的记载完全一致，这就无可争议地证明了牧野之战确实发生过。利簋见证了延绵 500 多年的殷商王朝的覆灭，也见证了周王朝 800 年江山的开辟，因此又被称为"武王征

图 47　1976 年出土于西安临潼区的西周利簋

商簋"。

　　虽然铭文中并没有记载牧野之战的具体参战人数，但却驳斥了一些人提出的"牧野之战是编造"的观点。利簋内壁上的铭文显示："武王征商，唯甲子朝。"意为在甲子日的清晨，武王率军伐纣。在这八个字的后面有两个字十分关键，因为打开牧野之战时间的密码就隐匿其中。其中一个字的外形很特别：它长有一个大脑袋，上有两耳，下面伸开四条腿，看上去就像一只加菲猫。但这个字不是"猫"，而是"鼎"，意为"正当中、正值最高"，如"鼎盛"就是正处兴盛之意。

　　在这个"鼎"字之前是一个"岁"字，"岁"在古代指木星。木星绕太阳公转一周的时间大概是 12 地球年，与地支相符，它走一圈后就又到一个人的本命年了，因此古人称它为岁星。岁鼎就是木星运行到天空的正中央，即天球上的最高位置。因此利簋上这段铭文的意思就是："在武王伐商的清晨，木星运行到天空的最高位置。"这是个非常重要的时间线索，因为天体的运行是有规律的，如果使用数学模型去回溯，就能推算出岁鼎这一天文现象出现的具体时间。

图48　利簋上的铭文中暗藏着牧野之战
的时间密码

考古专家先用碳-14测年法对西周早期的一个遗址做了定年，把商、周交会的时间大体框定在公元前1050年到公元前1010年之间，随后天文学家再对这40年内的天象进行了回溯和分析，考古专家再综合利簋铭文里的线索及相传为左丘明所著的《国语》对此历史事件星宿位置的记载，把牧野之战指向了一个时间点：公元前1046年1月20日。

这天清晨，东征讨伐商王的周军在灰暗无垠的苍穹之中，看到了木星正当中天的景象。想不到中国上古时期一次灭国之战的时间线索，竟然隐藏在星海之中，被我们的祖先铭刻在一件青铜器上。

10. 甲骨文破解的离奇凶杀案

据《诗经》和《史记》记载，女子简狄吞玄鸟蛋而生契，契就是商人的始祖，因此商人把玄鸟作为图腾来崇拜。后来考古专家在殷墟的一些甲骨中，果然发现了大量的玄鸟图案。甲骨卜辞显示，只要有"王亥"二字的出现，就会有玄鸟的图案与之相伴。

王亥在甲骨文中被称为高祖，是祭祀仪式最隆重的商朝先公❶，商王武丁用祭天的规格来祭祀他，动辄使用 50 头牛。这笔祭品在当时可不是个小数目，可见王亥在商人心目中的崇高地位。不过，任你翻遍史书，寻遍商朝的历史，也找不到这位王亥的踪迹。他到底是何方神圣？

其实，线索就藏在中国的上古奇书《山海经》中。据《山海经·大荒东经》记载，因民国的王亥善于驯养牛群，他把自己的一群牛托付给有易国❷管理，但有易国的国君见财起意，杀了王亥，并抢走了牛群。当然，有易国的国民也为此付出了惨痛的代价，他们被前来复仇的商族人击溃后，连夜潜逃到野兽出没的荒蛮之地定居、建国，并把国名改为有摇国。

还有另一条线索：屈原在长诗《天问》中也提到过王亥。诗中不但讲述了王亥在有易国❸牛群被抢、人被杀的故事，而且揭出了一个惊天的秘密：王亥之所以被杀，是因为他在该国和一名女子发生了奸情。

这简直就是一件离奇而又疑窦重重的桃色凶杀案。《天问》中透露：在接待晚

---

❶ 即隶属夏朝的商部落首领，商朝建国后追之为先公。

❷ 夏朝属国，位于易水流域，今河北省境内。

❸ 《天问》中称之为有扈国。

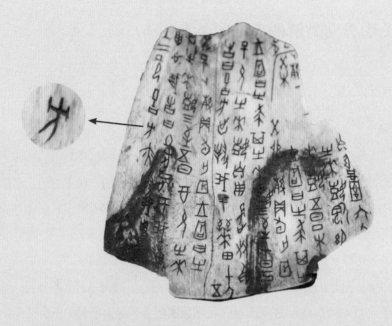

图 49　殷墟出土的刻有"亥"字样的甲骨

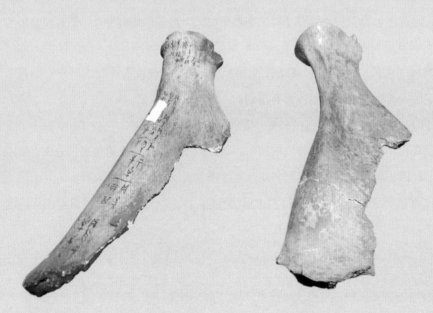

图 50　殷墟中一片刻有"王"字的牛肩胛骨

宴上，王亥当众秀起了自己的盾牌舞，被一名体态丰腴的有易国女子❶看中。王亥禁不住诱惑与其通奸，结果事情败露，被有易国国君杀死在床榻之上。同行的王亥胞弟王恒经苦苦哀求才得以脱身，于是他们赶来的那些牛自然成了有易国国君的"精神赔偿费"。

屈原同时也提到，几年后王亥的儿子上甲微率大军攻灭有易国，为父亲报了仇。这些记载和《山海经》的内容基本一致。不过，在屈原的这首长诗中，还爆出了一个更让人瞠目结舌的"猛料"，即："昡弟并淫，危害厥兄。"王亥的亲弟弟王恒，居然也和那名有易国女子有染。怪不得有易国国君会大发雷霆，这种行为在当时也是违背传统和不能容忍的丑行。

不过，之前绝大多数学者认为，地理志怪类的古籍《山海经》带有神话色彩，而屈原的《天问》难免充斥着诗歌的浪漫主义情怀，因此都不足信。直到晋武帝太康二年（281），战国时期魏安釐王墓一组竹简的出土，才揭开了这段尘封的历史。这是成书于春秋时代的《竹书纪年》，它清晰地记载了王亥事件的前后经过：夏帝泄❷十二年，殷侯王亥在有易国因淫乱被杀，同行的人被放回。4年之后，王亥之子上甲微率军讨伐有易国，最终灭其国，杀国君绵臣。

目前来看，《竹书纪年》算得上是一部比较严肃的正史，很多后来的考古证据都证实了它的真实性。虽然它在内容细节上和《山海经》《天问》略有区别，但重要情节完全一致：事发有易国、祸起淫乱、王亥死于绵臣之手，以及上甲微的复仇，等等。

但是，王亥其人在所有的历史文献中却无一星半点的记载。《史记》对商代先公都有很明确的记录，但并没有王亥这个人。按《天问》和《竹书纪年》上的说法，上甲微是王亥之子。而在《史记》的商代先公世系表中，确实有上甲微在列。不过，表中的上甲微却是振之子，而非王亥之子。因此，史学界对王亥是否存在

---

❶　有文献记载为有易国国君的妻子或女儿。

❷　夏朝国君，帝芒之子。

图 51 位于河南商丘的王亥塑像，他被人们誉为"华商的始祖"

普遍持否定态度。

　　直到安阳殷墟甲骨文的出土，考古学家们才从一堆甲骨中找到了王亥这个名字。王亥是夏朝时期商部落的第 7 任首领，他正是《史记·殷本纪》中所记载的上甲微之父振，振是王亥的别称。

　　从殷墟甲骨文中得知，王亥不但是商代先公，而且在商族人心中占据着不可替代的崇高地位。在甲骨卜辞中被称为高祖这一尊号的只有三人：一个是商王朝人的始祖契，一个是商王朝的建立者汤，还有一位就是王亥，而且只有他的名字才配和玄鸟同书。

　　那么，王亥为何在商人心目中有如此崇高的地位呢？据甲骨文卜辞和史料显示：王亥在位期间，发展和壮大了商族的畜牧业，并首次使用牛车作为运输工具，与各部落进行贸易活动，有效地解决了农牧产品过剩的问题，开商业贸易之先河，

图 52　甲骨文发现地

让商族迅速强大起来。所以后世尊王亥为中国畜牧业和商业的始祖，这也是今天"商人"一词的由来。

据《史记》记载，王亥死后，其继承人是他的儿子上甲微，但殷墟甲骨文却显示：王亥死后的继位者是他的弟弟王恒，之后王恒才传位给上甲微。这就使《天问》中所记载的"王亥事件"蒙上了一层阴谋论的阴影，而最值得怀疑的凶手，就是王恒。

很多学者对屈原《天问》中的"眩弟并淫，危害厥兄"等内容有另一种解释：有易氏首领绵臣之妻私通王亥，却遭到王恒的嫉妒。于是王恒联合一名卫士，趁着王亥大醉用斧头将其暗杀。也有学者认为是王恒向绵臣告密，借绵臣之手杀死了王亥。但不管细节如何，绵臣立即侵吞了王亥的牧人和牛群，然后赶走了如丧家之犬的王恒，回国后的王恒篡取了哥哥的君位。

但是，历史真相不容杜撰和假设。后来出土的甲骨文显示，王亥确被有易国国君所杀，而非王恒。同时也确认了上甲微杀死有易国国君为父报仇的史实，殷墟甲骨文洗清了"王恒阴谋杀兄篡位"的冤屈。

一段连《史记》都没有记载的历史，其线索却零散地出现在一本古代地理志和一首诗歌之中。而近1800年前出土的《竹书纪年》和90多年前出土的殷墟甲骨，则揭开了那段历史的新篇章。

11. 甲骨文的秘密

至今为止，殷墟出土的刻字甲骨至少有 15 万片。尤其是 1936 年在小屯北发现的 YH127 甲骨窖穴，出土了 17000 多片刻字甲骨；1973 年在小屯南发现的甲骨窖坑，出土了 5000 多片刻字甲骨。这些珍贵的史料，堪称一部了解商代真实历史的国家档案和百科全书。

最初整理这些甲骨的是民国时期的甲骨学家、史学家胡厚宣（1911—1995）及历史学者高去寻（1909—1991）等人。因为当时河南正处在抗日的烽火之中，所以他们千里迢迢地把这批珍贵的甲骨转移到昆明的龙头村，在极为艰苦的条件下，为这些甲骨编号、分类，并进行了初步的研究和释读。

经过辨识和整理，发现了大约 4000 多个甲骨文字，但至今能够释读出来的只有 1500 个左右，其中一些还存在着争议，不过这些成果已经足够让我们了解商代的概貌。到目前为止，并没有商代历史文献流传下来，后世史书如《诗经》《尚书》《史记》等的记载，都是只言片语、语焉不详。一些史料记载不符逻辑，另一些史料只是商王世系关系或简短的大事记。所以毫不夸张地说，甲骨文是我们了解真实商代历史的唯一途径。

首先，通过甲骨文上的祭祀记录，考古专家纠正和补齐了《史记》中的商代历朝先公的名单，填补了王亥和王亥的弟弟王恒，他们在《史记》中原本都是缺失的。根据甲骨文才知道，这两位先公是在冥之后、上甲微之前相继继位；甲骨文还纠正了商代先公的辈分错误，如《史记》上所记的上甲微之子报丁，实际上是上甲微的重孙，因此代序要向后挪三位。

有了殷墟甲骨，历史学家就可以绘制出商汤立国后完整的商王世系表。我们看到，除了《史记》中记录的帝辛和他的父亲帝乙，其他商王的名字和继位顺序都在甲骨文中得到了验证。殷墟甲骨之所以未记录帝乙和帝辛，是因为帝乙时期

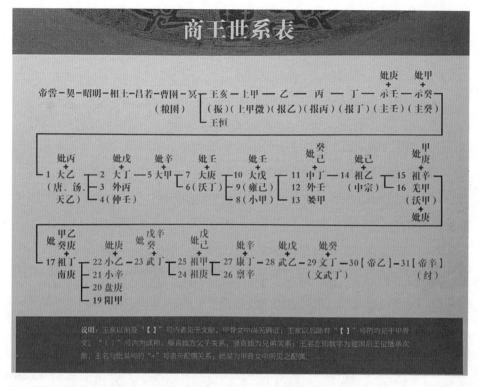

图 53　历史学家根据甲骨文绘制出的商王世系表

的政治中心已从殷墟迁徙到了朝歌（今河南淇县）。因此从这个事实来看，《史记》绝对可以称得上是一部治史严谨的历史巨著。

本来，历史专家通过一些史料推测出商部落发祥于燕山以南的环渤海地区，但殷墟甲骨文却显示，商朝的先祖生活在滴水流域，即太行山东麓的古漳水一带，在今天的河南、山东、河北三省之间。而后来位于河北磁县时营村的下七垣遗址的出土证实了这一点。殷墟甲骨文用不可辩驳的事实指明，之前专家对商民族发源地的推测是错误的。

甲骨文显示，商朝社会分为五个等级：商王是国家的最高统治者，甲骨文称之为"一人"或"余一人"，属第一等级；王公贵族和各方国的领袖属于第二等级，他们是统治阶级，也是奴隶主阶级；第三等级是自由人，即"国人"，是商王朝的基层官吏、军官和士兵的主要来源；第四等级是平民，他们主要从事农耕或手工业，是社会的主体，甲骨文称之为"众"或"众人"；奴隶则是最低的等级。

殷墟出土的墓葬显示，不同等级的人，其墓葬的规模、形式、陪葬也大有不同，而且集中下葬的区域也不同。如小屯北的宫殿宗庙区主要安葬商代先妣和殉葬士兵；西北岗的王陵区主要葬有商王和祭祀用的人牲；大司马墓坑区主要葬有王公贵族和殉葬的奴隶；侯家庄、花园东等是商朝的平民墓区。各墓区的不同位置所葬人的等级均不相同。

殷墟甲骨文也反映出商代的官职体系：商代官员分为内服和外服两类。所谓外服，就是在属地或方国任职的官员，主要的职位有侯、邦伯、甸、男、卫等，这些原本都是职能管理岗位，但后来随着他们掌握的实权越来越大，有些人就演变成执掌一方的诸侯。方国的领袖被称为方伯，有很大的自治权。当时的周就是商王属下的一个方国，国君被称为西伯。这些侯、邦伯、男之类的职位，成为后世公、侯、伯、子、男五爵的前身。

内服是指在王畿内任职的官员，分为外廷官和内廷官。外廷官是帮助商王管理国家的，主要分为四类：一是政务官，管理官民事务，其任职部门类似后世的吏部和户部；二是事务官，管理生产建设，内部分工为农业、畜牧、狩猎、工程、交通，其任职部门类似后世的工部；三是宗教官，主管占卜和祭祀，其任职部门类似后世的礼部；四是武官，管理步、车、弓三个兵种，其任职部门相当于后世的兵部。他们都是国事的重要参与者、执行者。内廷官主要负责国王的饮食起居，同时也服务王室成员，很像后世的少府❶、内务府管辖的宦官，他们均有明确而具体的分工。从负责商王膳食的多食官、负责食盐调料的卤小臣、负责商王就寝的寝官、负责诊疗的小疾臣，到负责管理奴隶的宰、服务后宫的后官和妇官等，一应俱全。

商代设有完善的纳贡制度。某年四月，一名叫禽的将领向商王进献了宝龟8

---

❶　战国时韩国始设，秦、汉沿置，是服务于皇室事务的职能机构。

图 54　分别位于殷墟宗庙区（左上）、王陵区（下）和祭祀区（右上）的墓穴

个、龜龟510个；而一个叫雀方的方国很有实力，一次就向商王贡献了占卜用的龟甲250块。

甲骨文还透露了商代的军事制度。商军由三部分构成：一是畿内的王师部队，是商王朝的主力部队；第二部分是各方国部队，除了守卫方国边境，在战时还要协同王师作战；第三部分是兵农合一的非常设部队，被称为族兵，主要靠当地名门望族的族长进行管理，主要作用是维护地方治安。

通过甲骨文得知，王师一般拥有3个师规模的常备军，分为左、中、右三师，约3万人的规模，他们均来自王畿内的邑人宗

图55 妇好墓中出土的产自东南亚的马来龟龟甲，很可能是来自南海诸国的贡品

族；而各地方诸侯或方国的部队规模较小，根据其地名或族名被称为某师。商军已经有了步兵、车兵、弓兵三大兵种合成作战的能力。王师有权单独设立舟兵部队，即水面武装力量，相当于后世的水师，但地方部队和族兵不允许拥有。

甲骨卜辞中有很多内容和军事行动相关，比如商军攻击土方、羌方、鬼方、贡方、人方、巴方、危方、虎方等大型战役的记录。其实，商王的攻击是有原因的。甲骨文显示：己巳日，西部的贡方军队夺取了商境内一片田地，并掳走了75人。一个月后，土方进攻东部边界，洗劫了两个城邑，而贡方趁机从西部边界入侵，占领了大片的田地，位于西北边境的土方和贡方已对商王朝构成巨大威胁。

对待侵略，商王毫不手软。卜辞显示：武丁一战斩杀敌军570人，俘虏100多人，并擒获了危方首领美及家眷、贵族、官员共24人，缴获大批战车和武器。商王杀美来祭祀先王，并封赏了有功的将领。

商王每次遇到重大事件必然进行占卜，占卜的结果和事后的验证情况也都记录在甲骨上。一片甲骨显示：武丁命祭司占卜，商军是否可以在5日内战胜邛方？占卜结果是：商军要等到12天后的甲子日才可取胜。11天后，武丁的战车部

图 56 位于殷墟宗庙宫殿遗址内的甲骨文碑林和甲骨文长廊，碑林中有记载商王擒杀危方首领美的甲骨拓片

队强攻失利，直到次日黎明才击溃邛方，而这一天正是甲子日。

殷墟甲骨文显示，商朝人的信仰分为三大系统：第一系统是超自然的上天，第二个系统是多位自然神和祖先神，第三个系统是地下的鬼魅。商人相信，上天派出一位叫四方神的神灵，去统领四位职能神——日神、风神、雨神和云神，这四位神直接决定人间的福祸灾疾。

有了神，当然要用牺牲来表示虔诚。商朝常用的祭祀品有牛、羊、猪、犬等，3—10头不等。如祭祀开国君主汤要用10头牛，直系的先王一般用5头牛。除此之外，山神、河神也要祭祀。至于人牲，主要来自战争中抓获的羌人俘虏。

商代属于奴隶制王朝，刑法自然十分严苛。甲骨文显示，商代有执、圉、劓、刖、伐、钺等刑罚，犯错的民众时刻面临着被拘捕、囚禁、割鼻、剁足、碎身和砍头的危险。如有一片甲骨记录：癸卯日，奴隶主对5名奴隶施以脚镣之刑。

哪里有压迫，哪里就有反抗。有甲骨记载：甲寅日这天，12名负责放牧的奴隶成功逃亡了。他们的最终结局如何？没有记载，所以不得而知。但可以想象的是，奴隶逃亡在商代属于常态事件。

再看商代农业。当时的主要作物有麦、稻、粟、黍等，这说明商人以麦米、大米、小米和黄米为主食；各种农具也非常齐全，有起土的、犁地的、耕田的、锄草的、收割的，等等。

甲骨文显示，商王非常重视农业生产和粮食问题。他前往田间视察黍苗的生长情况，并举行祭祀之礼。同时，农业官员为保证国家粮食安全，经常检视粮仓的储备情况，甲骨上还有一份4名巡视官员的名单。

甲骨上不仅有中国最早的施肥和除草记录，还有中国最早的"秸秆还田"记录。农民将新收获的秸秆处理后当作肥料施入田中。当然，这在当时只是一种禳除殃患的祭祀仪式。

商代的畜牧业也十分发达，家畜品种十分齐全。马、牛、羊和猪、狗、鸡等六畜均已被驯化并大规模养殖。仅在商王近畿就有南、北、左、右4个牧场。狩猎和田猎也是商人获取食物的重要方式，一片甲骨记录：他们猎捕大象、老虎、狐狸、獐子和鹿共360只。商王还经常到各地巡狩大象。

图 57　殷墟不仅仅是商文明的足迹，更是中国留给世界的文化遗产

　　甲午日，商王的马车在围猎一头兕❶的过程中，不慎撞向山崖，导致整驾车子损毁，同车的贵族子央也落马受伤，这是中国历史上最早的交通事故记录。

　　商代的手工业也十分发达，并且门类齐全。除了建筑业，生产青铜器、陶瓷器、玉器、骨角牙器、漆木器、纺织、皮革、酿酒的作坊也应有尽有，甲骨文称其为百工。商代的纺织技术尤为出色，可以织出菱形花纹和暗花绸❷，因此商王每

---

❶　犀牛。

❷　靠织物结构和纹路造成反光效果而呈现花纹的丝织品。

年用 3 头牛来祭祀蚕示 ❶。

商代的天文历法也很发达，一片甲骨上刻着一组干支纪年表，这是目前唯一一部完整的上古日历。商人把天干和地支循环相配，形成 60 套组合，后来演变成今天的农历纪年。

甲骨文对天文学也有巨大贡献。卜辞中有中国最早的月食和世界上最早的日食记录。不仅如此，3000 年前火星旁的一场超新星爆发 ❷ 也被记录在甲骨上，爆发位置位于二十八宿的心宿处。

不只天文，还有地理。殷墟甲骨上还有中国最早的旱灾记录，还记录了一场突如其来的龙卷风。甲骨文记载：庚戌日黄昏，在安阳北方的上空出现了"龙吸水"现象。"龙吸水"就是发生在水上的龙卷风，它可以出现在江上、湖上或海上，龙卷风把水带离水面，形成"水龙卷"，看来这是一种 3000 年前就存在的自然现象。

还有一条卜辞，看完不免让人心生恻隐。这片甲骨非常清楚地记录了武丁的王后妇好在 30 多岁时仍在生育，而重男轻女的武丁关心的只是婴儿的性别，导致"女战神"妇好的身心健康受到严重影响，以致过早地离开人世。

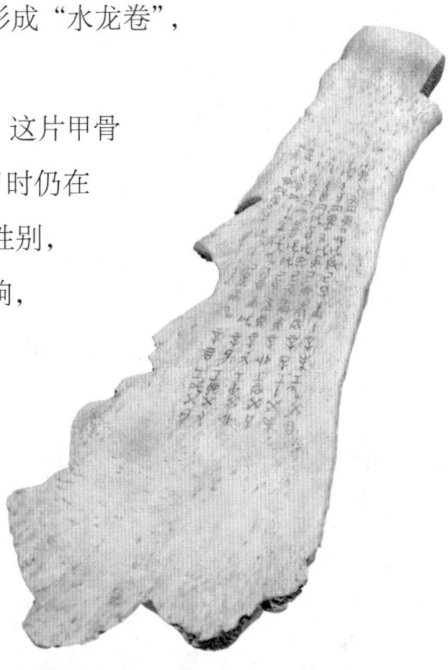

图 58　在殷墟出土的一片甲骨上刻着完整的天干地支表

---

❶　古代传说中的蚕神。

❷　恒星在演化末期发生的大爆炸，可持续数月乃至更久，亮度可达太阳的数十亿倍，极其明亮。

第二章——

重启三星堆：揭秘古蜀文明

1. 隐藏的新祭坑

2021 年 3 月，三星堆考古发掘的重启引发了亿万人的关注。所谓重启，就是在时隔 30 多年后，三星堆遗址考古重新启动、继续进行。那么 30 多年前为何不一次性发掘完呢？是没有新的发现，还是文物保护技术没有达到要求，所以主动放弃考古呢？

其实都不是。三星堆遗址里的器物分成若干个文化层，并不属于同一个时期，而是多时代文明的持续积累，所以这里的考古也是逐步完成的。三星堆 8 个祭祀坑的发现，前前后后经历了 90 多年，共计分为 4 个阶段。

第一阶段是 1929—1937 年。在四川广汉南兴镇的月亮湾，燕道诚父子在离家不远的地方挖水渠，准备引水灌溉庄稼，却意外挖出了一件玉器。燕道诚曾是清末秀才，见过些世面，一眼就看出这是件值钱的宝贝。为了不引起别人的注意，父子俩又把玉器埋回土里。待夜深人静之后，父子二人再挖出玉器藏好，并继续扩大挖掘范围。就这样，他们陆续挖出玉璧❶、玉琮❷、玉圭❸、玉璋❹等玉石器共400 多件。

当时正逢新军阀混战时期，社会治安很差。为了保证"宝贝"的安全，燕氏父子既没有声张，也没敢把它们放在家里，而是分散地埋在自己住宅的周围。然而，天有不测风云，不知是命不承福还是古人的诅咒，燕家父子相继染病。他们

---

❶ 中间有圆孔的圆盘状玉质礼器，用于祭天。

❷ 外方内圆、中空的玉质礼器，用于祭地。

❸ 方形的片状玉质礼器，用于祭东方神。

❹ 多结构瓦形玉质礼器，用于祭南方神。

预感到宝物似有不祥，决定破财消灾。一年后，燕家将一部分宝物或送人或出售。至此，"广汉的燕家有宝贝"的消息也传遍整个四川。

后来，一个英国传教士得到了其中的5件，并把它们存放在华西协合大学❶的博物馆里。也正是这名传教士，促成了对三星堆的第一次考古发掘。当时的博物馆馆长是美国历史学家葛维汉（1884—1962），同时也是一名考古专家，立刻意识到了这些文物的历史价值，于是在1934年偕同那位英国传教士，组织了一支考古队前往广汉。

当时的广汉县（今广汉市）县长罗雨苍是位开明之士，不但为他们申请到了考古发掘许可证，还派遣了80名全副武装的士兵进行保护。保护是十分必要的，因为当时战事频繁，社会动荡，治安自然也很差。就在葛维汉考古期间，燕家大院附近发生了多起绑匪绑架并索要赎金的恶性案件。考古队只能在白天发掘，晚上则更换不同的住宿地点以躲避土匪。在这种情况下，考古队仅用10天就挖掘出各类文物600多件，可见三星堆遗址所藏的文物数量十分惊人。

葛维汉把这些文物的年代确定在新石器时代末到西周初期（距今约5000年前—约3000年前），接着，他又把出土的玉器和陶器与从安阳殷墟、河南仰韶等商代遗址出土的文物进行比对，最后得出结论：三星堆文化虽与中原地区有一定的联系，但区别很大，它基本上是独立发展的，是历史的"独行侠"。

葛维汉还发现，三星堆文物储量巨大。即便是在离地面很近的地方，也能挖到大量文物。如果继续挖下去，肯定还会有更多的文物出土。但以当时的文物保护能力，过度发掘不是对文化的保护，而是肆意的破坏。所以葛维汉停止了继续发掘，把机会留给了未来。幸好，葛维汉是一名考古学者而非探宝者，感谢这位在中国生活了38年的美国教授，正是他对中国文化的尊重，才让这厚重的历史遗产保存至今。这是历史上第一次对三星堆遗址的考古发掘。

1937年，随着抗日战争的爆发，三星堆的考古工作陷入长期停顿。中华人民

---

❶ 建于成都的教会学校，后并入四川大学。

图 59　位于四川省广汉市的三星堆博物馆旧馆，新馆已于 2023 年 7 月开放

图 60　三星堆遗址出土的玉璧

图 61　三星堆遗址出土的玉琮

共和国成立后，三星堆的往事则因连绵的战火和政权的更迭，渐渐被湮没与遗忘。1950年，连接成都和重庆的成渝铁路开始施工，工人在铁路沿线经常能挖到一些文物。于是从20世纪50年代开始，考古队陆陆续续地对三星堆遗址进行了试探性发掘，但都没有什么大的收获。

直到1963年，四川大学历史教授、著名人类学家冯汉骥（1899—1977）启动了三星堆遗址的第二次考古发掘。这次考古发掘的地点是三星堆的月亮湾，伴随着新一批文物的出土，冯汉骥断定这里是古蜀国一处都城的遗迹，而三星堆正是古蜀国的城市中心。他的判断没错，预见到了20多年后举世震惊的重大发现。但是，他在有生之年却没能看到壮观的祭祀坑。事实上，后来发现的祭祀坑距离冯汉骥的发掘点只有600米。有时候机会就这样失之交臂，一错失就是20年。

随着20世纪80年代改革开放的开始，三星堆遗址的大规模考古发掘又开始重启。这是历史上对三星堆的第三次发掘，也是真正意义上的全面发掘。一开始，考古队只发现了约3500年前的商代城墙遗址和一些价值不高的文物，因此他们并没有抱太大期望。但是到了1986年的夏天，一名砖厂的工人在取土时挖出了一块精美的玉璋，正是在这块玉璋的指引下，一个神秘王国的面纱被揭开了，震惊了全世界。

经过几昼夜的发掘，宝库的大门打开了。这个尘封千年的祭祀坑里，堆满了金器、青铜器、玉器、象牙等400多件文物，其中最引人注目的就是鱼凫王金杖，这里就是三星堆遗址的1号祭祀坑。然而，更大的发现还在后面。在距离它30米的地方，另一名民工的锄头又刨出了一处更惊人的宝藏，这就是三星堆遗址的2号祭祀坑。在这里，大量的象牙下面堆积着海量文物，无论品种还是数量都远超1号祭祀坑。更有很多造型奇特的青铜工艺品，制作精良、手法高超，是同时代文明中的佼佼者。两个祭祀坑共出土文物上万件。

四川广汉挖出了宝贝，件件都是无价之宝。说来也怪，1号祭祀坑、2号祭祀坑的位置都离考古队的发掘点很近，但专家苦寻不得，最后被一名工人和一名民工分别发现，真可谓"有心栽花花不开，无心插柳柳成荫"。

此后30年，考古队对1、2号祭祀坑的周围进行了多次勘探，但都一无所获。

图 62　三星堆博物馆内 1、2 号祭祀坑上的栈道，正是它遮住了其他祭祀坑的位置

直到 2019 年，一条探沟"鬼使神差"地伸进尚未发现的 3 号祭祀坑西北角，专家在这里发现了一只大口尊，由此开启了三星堆遗址的第四次考古。为什么几十年来考古专家寻遍四周，根本找不到新坑的影子呢？他们万万没想到，新祭祀坑非常"狡猾"，它和考古专家玩起了捉迷藏和"灯下黑"，其实它就躲在百万游客的脚下，隐藏在博物馆的展示平台之中。

　　为了保持遗址的原样，许多博物馆都会在遗址上安装步道，或直接铺设玻璃游览平台。2004 年，三星堆博物馆为了向公众展示两个祭祀坑的惊人发现，就在原址上建造了展示平台，以方便游客参观。而平台正好覆盖在 1、2 号祭祀坑之间，把它们之间仅 30 米的区域盖得严严实实。也就是说，展示平台把包括 1、2

号祭祀坑在内的 8 个祭祀坑全部遮住了。 所以，考古专家不管多努力地在平台区域外寻找，都只能是一无所获，这让多年苦苦搜寻它们的考古人员既兴奋又气恼。

3 号祭祀坑被发现后，原有的参观平台马上被拆除。 不久，4 号到 8 号祭祀坑也相继被发现。 从 1929 年文物"浮出水面"，到 1986 年发现祭祀坑，再到 2021 年三星堆遗址的第四次发掘重启，三星堆遗址考古已断断续续地走过了 90 多年，这中间凝聚着四代考古工作者的辛勤汗水。

2021 年的新考古，正在让三星堆的神秘面纱和许多历史谜题被一点点解开。但也留给我们无数的疑问：三星堆的主人到底是谁？ 他们来自何处，又去向何方？ 如此特立独行的文明来自哪里？ 它和域外文明是否存在联系？ ……我们相信，在这背后一定掩藏着许多迷人的故事，而挖出来的真相，定能给我们以新的答案。

2. 权杖上的密码

在离成都仅 20 千米的广汉有座宁静的村庄，村北面有个半圆形的弯曲土坡，好似一轮明月，因此被当地人称为月亮湾，这其实是 2500 年前遗留下来的古城墙遗迹。月亮湾南面不远处有 3 座小山丘，100 多年前的当地人发挥自己的想象力，把它们看作散落人间的星座，称之为"三星伴月堆"，名字特别玄幻浪漫，富有诗意。而从中出土的文物，也同样神秘。

1986 年，三星堆考古发掘行动正式开始，历时 10 年才完成。在两个祭祀坑中发现了数量惊人的文物，大量的金器、玉器都显示出当时精湛的工艺。它们奇特的造型和艺术风格，与中原地区的华夏文明截然不同。中国古代的传统艺术制品，无论是绘画、雕塑还是镌刻，基本上都是写实主义风格，就是按事物原来的样子来制作刻画，但三星堆出土的文物却充满浓厚的表现主义，夸张的表现手法让人印象深刻，怪异的设计和离奇的布局让人怀疑它是否来自域外文明。

在 1 号祭祀坑，考古队挖到一张弯曲的金箔。经仔细辨识才发现，这是一支权杖上的包金。制作者把金条捶打成厚重的金箔，然后再把它包裹在木杖之上，制成了拥有无上权威的金杖。专家在金箔的内部发现了残留的木炭渣，这说明金杖内的木棍在出土时已经碳化。

关于我国从何时开始使用黄金制品，目前尚无明确记载，但《山海经》中已对黄金和赤金进行过区分。赤金是黄铜的古称。这说明，夏、商两代的先民已经了解金的属性。但在汉以前，金银器皿却非常少见，直到唐代才开始增多。三星堆遗址虽距今五六千年，蕴藏的金器数量却十分惊人。除金杖外，还有金面罩、金树叶、虎形金饰等金器出土，这说明早在 5000 年前三星堆文明的黄金加工技术已成熟，能熟练地利用黄金的延展性制作金箔。而中原地区已知的最早的黄金制品属于春秋时期，且是黄金铸造制品，而非工艺难度更大的金箔制品。可见，

图63 1986年三星堆1号祭祀坑中出土的金杖

三星堆的金器制造不但比中原地区至少早2000年，而且从工艺上来说也要先进得多。

三星堆金杖是中国同时期出土金器中体量最大的一件，全长1.43米，外层的金箔重约463克。在金杖一端镌有46厘米长的图案，是一个头戴巫师帽、耳悬三角吊坠、笑容可掬的人头像。头像的上下布满了游鱼和飞鸟，鸟的颈部和鱼的头部叠压着一支箭状物。那么，这个头像究竟是谁的写照呢？鱼和鸟的图案又有何寓意？

考古专家在仔细观察人头图案之后惊奇地发现，其头戴五齿巫冠、耳悬三角吊坠的形象，与2号祭祀坑出土的青铜大立人像几乎一模一样，而后者一直被史学界认为是蜀王的形象。专家认为，金杖上的人头代表蜀王，鱼、鸟图案寓意着鸟能飞天、鱼能潜渊，它们都是蜀王的通神之物。而能上天入地、交通于人神之间的使者，正是蜀王自己。所以，金杖不仅仅代表王权，同时也代表神权，是沟通天、地、人、神的法器。

《淮南子·地形训》记载："建木在都广，众帝所自上下。"都广就是《山海经·海内经》中说的"都广之野"，位于今成都平原；而所谓的建木，应是三星堆出土的青铜神树。既然众神都从这个地方进出天地，那么金杖上的鱼、鸟，便能通过金杖无边的"法力"沟通人神，而蜀王就是指挥、支配人神交际的使者。

当然，关于金杖上的鱼、鸟图案，还有另一种解释：古蜀国历史上有位著名的国王，名鱼凫王，他统治的时期被称为鱼凫王朝。"凫"本身就是水鸟之意，所以图案中的鱼、鸟很可能是鱼凫王朝的象征和标志。

其实金杖的含义还不止于此。权杖用纯金制造，而黄金自古被视为稀世珍宝，

图 64　三星堆金杖上纹饰中的人、鱼、鸟图案

其价值远在青铜和玉石之上。所以，用黄金制成权杖表现出对社会财富的占有，象征着经济上的垄断权。所以，三星堆金杖是多种特权的复合，标志着王权、神权和财富垄断权同时具备，集中赋予一杖，该杖必然象征着蜀王的最高统治地位。专家断定，古蜀王国是一个神巫色彩浓厚的国家，而金杖则是古蜀国政教合一体制下的法器，象征着王权与神权的统一。

据文献记载，中国夏、商、周三代，王朝均以九鼎作为国家权力的最高象征，考古发现也证实了这一点。但是，三星堆的古蜀王国却用金杖象征至高无上的权力，这和中原王朝全然不同。中原王朝用鼎不用杖，古蜀王国则用杖不用鼎。在有关古蜀人的历史文献中，也丝毫没有关于鼎的记载。在三星堆遗址中，更是没有一件鼎出土。这足以表明，在古蜀人的政治生活中，鼎不是权力和财富的象征，古蜀国和中原王朝的文化内涵存在着巨大的差异。

让我们把目光转向地球的另一边。在位于地中海沿岸的古希腊文明、古埃及文明、古巴比伦文明及其他西亚文明中，权杖都是最高权力的象征。而三星堆出

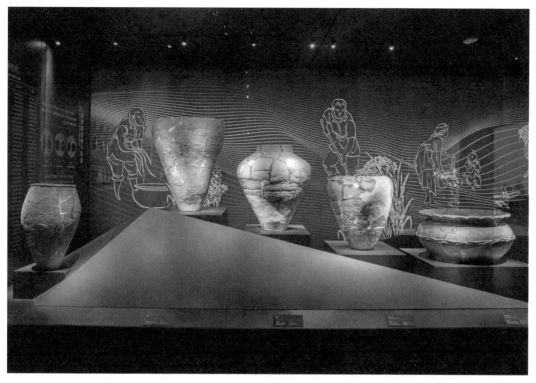

图 65　别具一格的三星堆陶器

土的金杖，从形制上看与西亚和古埃及晚期的权杖非常相似。它们的特点都是外形较细长、权杖的头部均绘有图案，权杖用来展示胜利者的功勋，或表现有关国家命运的大事。而三星堆的金杖上也有类似的图案，内容也同样与国家权力有关。

商代时，中国并没有使用权杖的文化传统，因此，三星堆的金杖是否为通过某种途径，吸收了西亚和古埃及及甚至玛雅文化后制作的？或是从这些地方定制进口的？抑或它本身就是由域外文明建立的政权？历史虽不容假设，但鼓励质疑，三星堆文物的与众不同、风格迥异，不仅仅体现在这支金杖上，这对确定它的文化归属提出了更多挑战。

三星堆遗址出土的陶器也别具一格，造型上与中原文化格格不入。这里有大量的平底罐、尖底罐和柄上带鸟首的勺子，而中原地区主要使用鼎、尊、鬲一类

图66 古蜀先民自川西北高原迁徙到成都平原，陆续开辟了三星堆、金沙等古城

的三足器，造型上中规中矩。豆是一种盛食物的餐具，很像现在的高脚杯，是常见的出土文物。但三星堆遗址出土的豆是高柄豆，就是说"高脚杯"的"脚"将近一米高。高柄豆堪称是一种设计巧妙的生活用品，我们可以想象，席地而坐的古蜀人将盛满食物、近一米高的"高脚杯"拎来拎去、随手放置，取食非常方便。高柄豆上还刻着一只神秘的眼睛，这一图案遍见于三星堆诸多文物中，代表着某种特殊的含义。同样，在商代的甲骨文中有一个字，它上面形似眼睛，下面类似爬虫，这就是"蜀"字。以上种种艺术风格和审美设计上的差异，让我们一直怀疑，三星堆文明到底是来自早已湮没的古蜀王国，还是来自域外呢？

古蜀国起源于蜀部落，是先秦时期一个不同于中原文化的族群。关于古蜀王国的历史，缺乏史料的记载，在先秦的史书中更是一片空白。直到东晋才出现关于古蜀国的信息，但也都是只言片语。后人只能从东晋常璩撰写的地方志《华阳国志》中观其大概：古蜀文明兴起于岷江上游，古蜀人世代生长在这里。他们从原始部落开始，经长期的发展和融合转型成为封建制国家。为了区分后世刘备建立的蜀汉政权，史学上把先秦时期的蜀国称为古蜀国。

据《尚书》记载，蜀王杜宇参加了周武王姬发组织的"伐纣联盟"，与周天子的军队并肩攻入朝歌，让古蜀之名在中原大地远扬。杜宇见其他参与"牧誓"的七国君主都已称王，便自立为帝，称"望帝"，并把国都迁到郫邑（今四川成都郫都区）。他消除水患、发展生产、富国强兵，把蜀国的版图扩展到整个西南。

公元前 7 世纪，杜宇氏把王位禅让给治水有功的大臣鳖灵，鳖灵自称"丛帝"，建立了开明王朝。自开明二世"卢帝"开始，古蜀国进入了"战斗模式"。"卢帝"率蜀军攻秦，曾一度打到当时的秦都雍城（今陕西宝鸡凤翔区）；开明三世则打败獠人和僰人，吞并了青衣羌国（今四川雅安）。

自公元前 451 年开始，秦、蜀两国在南郑（今陕西汉中地区）展开了长达 64 年的拉锯战，最终蜀国如愿以偿，夺回了南郑，但军事实力受到巨大损耗。公元前 367 年，开明九世在成都建城，并迁都于此。公元前 316 年，就在开明十二世因内乱同巴、苴两国激战之际，秦惠文王借机派张仪、司马错沿石牛道突然伐蜀，开明十二世战败被杀，古蜀国由此灭亡。

古蜀王国已湮没在历史的长河之中，但它的故地却留下了宝贵的人类遗产。三星堆文化已经具备一个民族必要的文明要素，但仍未发现其作为文明的最重要标志——文字。但这并不意味着它就不存在。根据《史记》《汉书》等史料记载，战国时期著名的思想家尸佼晚年为了避祸，曾远遁蜀国著书立说。如果当时蜀地没有文字，他又以何传道授业呢？不过，要想确认古蜀王国有自己独特的文字，必须要有实证。

三星堆出土了中国考古史上的第一支金杖，上面刻着飞鸟、游鱼、利箭等图案，同样神秘的图案在三星堆出土的其他器物上也有出现。它们到底是图画，是文字，还是某种宗教符号呢？在当今的世界范围内，完全没有被解读破译出来的古文字，仅剩下玛雅文字等两三种。而对古文字的解读与破译属于重大的科学难题，这是世界考古学界公认的事实。

三星堆遗址发现的这种未解图案符号被形象地称为"巴蜀图语"。目前，已经有专家在试图破译。但破译"巴蜀图语"的难点是，在全球范围内找不到同类"文字"进行比对，因此还需要更多同类样本出现才有希望破译。如能解开"巴蜀图语"，将极大地促进三星堆之谜的破解。我们期待三星堆考古的继续推进能有更多的突破与发现。

3. 巨人的谜语

三星堆遗址出土了一个神秘的巨人，不过这个巨人不是古墓中的尸骨，而是一尊巨大的青铜造像。它引发了人们对三星堆文明来自外星的猜测。

1986 年，三星堆遗址的 2 号祭祀坑出土了众多的青铜造像，在这之中，又以青铜大立人像最为特别，也最为引人注目。它是众多青铜器中的精品，被称为"世界铜像之王"，关于它的神秘至今众说纷纭。这尊国宝级的青铜人像总高度约为 2.61 米，达到了一头成年非洲象的高度，是已知世界上最大的古代青铜人像。在现场，如果你想看清它的真容、领略它的风采，只能从下向上去仰视它。

青铜大立人像身穿一件燕尾服式的长袍，赤脚站在一个刻有怪兽的方形底座上，总重量约 180 千克。如果去掉铜像的底座，其"人体"部分高 1.8 米，它高挑的身材可能是当时古蜀人体形的真实写照。不论从体量、造型还是服饰上看，这尊 3000 多年前的铜像都具有"领袖"气质，立在那里就像一座雄伟的青铜纪念碑。它的诞生，究竟是为了纪念哪位帝王或神祇，讲述什么样的英雄传奇呢？

从服饰上看，大立人像头戴五齿高冠，冠的正前方有"禾苗生长向太阳"的图案。它眼大耳阔，耳悬三角吊坠，感觉似曾相识……是的，它和 1 号祭祀坑出土的金杖上的人像几乎一模一样，被史学界认为是蜀王的形象。蜀王既是世俗的国王，也是神巫的领袖。

还有一种意见认为，它是古代文献中记载的"尸"。"尸"既是主持祭神仪式的祭司，又是受祭神祇的化身，因此具有双重身份。"尸"虽然不是世俗的君主，但神权在那个蒙昧的时代地位更高。

从相貌上看，青铜大立人像有很多独特之处。它的体形修长，四方大脸；巨目圆睁，眼球呈棱形突出；眼眶深陷，有很深的眼袋纹；鼻梁高挺，嘴唇又薄又长，两只招风大耳更是十分显眼。从其眼袋和嘴唇判断，人像代表的似乎是一位

图 67　双手姿势古怪的青铜大立人像

老者，而他的外貌并不具有汉民族的特征。值得注意的是，它身穿窄袖长袍、左衽❶，这和中原地区汉民族传统的宽袖、右衽❷正好相反。可见古蜀人的文化习惯和中原完全不同。

最神秘的是大立人像奇怪的姿势。关于这个姿势，从大立人像被发掘出土的那一天起，近40年来猜测与争议从未平息，争议的焦点就在他的一双环形大手上。这双手从比例上被明显放大，每只手都握成中空的圆环状，两臂一高一低地在胸前环抱。很明显，这双手正握住某种器物，且应是一根碗口粗的圆柱形物体。但是，在铜像出土时，手中并未持有器物，周围也没发现合适的物件。更奇怪的是，两只手握成的圆环并不同轴，也就是说两个圆的轴心线既不重合，也不相交，而是一个角度很大的弧形。那么，人像手中握着的应该是一个弯曲的柱状物，会是什么呢？

很多人都对此进行了大胆的猜测。第一种猜测：大立人像是古蜀国国王的形象，手中握着的是一柄权杖。其衣服后摆被设计成现代燕尾服的形状，上边印有龙纹、兽纹、鸟纹、虫纹、目形纹等各种纹饰，华丽精美，被誉为"中国最早的龙袍"。而铜像的神情更是威严庄重，因此专家判断它应是古蜀国的统治者，身份尊贵，很可能是蚕丛、鱼凫、杜宇中的一个。其手中握持的正是权杖。

的确，三星堆遗址出土了金杖。但权杖是手持的，其粗细应以人的手能握住为宜。青铜大立人像手部的环孔直径很大，如果握持的是1号祭祀坑出土的金杖，就如同在人手中放入一根针。金杖对于这双环形大手来说太细了，根本不合适。而且即便有足够粗的权杖，大立人像双手圆环的轴也不在一条直线上，有谁见过弯曲的权杖呢？所以"权杖说"并不被大多数人认可。

第二种看法认为，大立人像是一位古蜀王国的大祭司形象，手中握持的是祭祀用的"法器"。大祭司是国家最具权威性的神权领袖，仅其穿戴就已经把身份之

---

❶ 前衣襟向左掩的着衣形式，多为中原周边少数民族所使用。

❷ 前衣襟向右掩的着衣方式，是汉服始终保持的特点。

图 68　1986 年，三星堆 2 号坑共出土了 6 件青铜太阳轮形器，被戏称为青铜"方向盘"。这是其中最大的一件

尊贵表现得淋漓尽致。大祭司身着大巫师法衣来作法，类似绶带的方格纹"法带"用来增强法力，脚上的脚镯用来在祭祀仪式中发出声响。其表情凝重肃穆，表现出一个有通天神威的大人物作法时的威严，脚下的台座则是作法的道场和祭坛。

　　这里可以对照古蜀国周边的部族情况：古彝人祭司在主持祭祀仪式的时候手持签筒，其作用是帮助祭司降妖除魔，这种传统一直延续至今。而古彝族人被认为和古蜀国存在着某种亲缘或传承关系，所以这种祭祀习惯可能是相似的，大立人像手中拿的"法器"很可能就是签筒。但签筒的形状是尖头、圆柱形的，并不弯曲，无法放入大立人像的环形大手中。

　　直到三星堆遗址另一件文物的出土，才让这个谜语有了新谜底。三星堆遗址早期出土文物中有部分精品玉器流失到了海外，其中有一块玉板，上面雕刻着三名巫师，每名巫师的手里都抱着一条祭祀用的龙蛇。有学者认为，古蜀国盛行龙蛇崇拜，其大小和现代的蟒蛇差不多。从玉板上看，巫师握蛇的手势、抱蛇的姿势以及两只手一上一下的相对位置，和大立人像完全吻合，且龙蛇的粗细程度也符合大立人像手握的孔径。因此，大立人像手握的不是签筒，而是龙蛇，目前这种说法获得了较多人的认同。

不过，如今四川盆地的气候并不适合蟒蛇生存，那么3000多年前的气候会和今天完全不同吗？而且，浮雕上的蛇状物未必就是古蜀国的图腾龙蛇，这只是基于一种外观上的判断，所以这一说法虽有很多学者认同，但缺少更有力的证据。

对于大立人像的猜想还有很多，有人说大立人手持的是三星堆2号祭祀坑出土的青铜太阳轮。这种猜想既大胆又诙谐，也正是因为这种猜想，引发了三星堆文化可能来自外星文明的说法。但这种猜测无法得到认可。

三星堆青铜大立人像的谜语，一定只有一个答案。经过多年研究，考古专家们认为他们已经找到了谜底——象牙。大立人像手中的孔洞大小确实与象牙的直径非常吻合，而且象牙弯曲的形状也正好可以插入大立人像手中不同轴的两个圆孔，这一说法得到了大多数人的认同。最为关键的是，三星堆遗址的多个祭祀坑中都出土了大量的象牙，多到以吨计算。当时，考古人员在2号祭祀坑满满的一层象牙下发现了大立人像的一只手，这只手边就有一小段象牙。

在三星堆遗址的祭祀坑中，两种物品被埋藏在一起，这说明象牙在当时是一种和青铜器一样贵重的祭祀品。大立人像手中所持的神秘物品，恐怕在发掘时就已有答案。有专家受到长信宫灯❶的启发认为，大立人像手持的可能是象牙火炬。由于象牙粗的一端大多中空，里面放入油脂，再插上灯芯点燃，就可做成火炬用于照明。而根部朝上的象牙在大立人像手中的位置可保证口部呈水平状态，使油脂平稳地储存在里面。

可以想象，一个手持象牙火炬的青铜巨人像，在夜晚伫立在人头攒动的三星堆广场，火光照亮四野，给虔诚的古蜀民众以温暖和希望。不过唯一的问题是，四川盆地的环境并不适合大象生存，自古以来也没有大象在四川生活的记录，大

---

❶ 出土于河北满城刘胜妻窦绾墓的虹管鎏金铜灯。

量的象牙从何而来？是否来自亚洲象的家乡南亚呢？

　　推倒这些猜想的，是青铜大立人像的一个神奇之处。专家发现，又细又高的大立人像伫立在地面的时候，达到一个微妙的极限平衡。如果手中稍有负重，它便会轰然倾倒。这说明，除非所持物品的重心和大立人像高度一致，否则人像的手中不能负重。如果不能放置物品，那它的双手又为何是这样一个空握的姿势呢？有学者认为，他的手仅仅是在空手挥舞，表现的是祭祀时的一种特定姿势。或许这种环状的手势，象征的是它手握日、月，掌管王国命运的能力。

图 69　2021 年三星堆新祭祀坑中出土的青铜小人像，其双手的姿势与大立人像如出一辙

其实谜底仍然在三星堆。2021 年，"重启"的三星堆考古发掘出几个青铜小人像，它们同样是双手环握、手中空空，手持的物品可能已经腐烂或遗失。但更有力的证据出现在一块玉璋上，玉璋上刻有两排正在参加祭祀仪式的小人，他们保持同样双手环握、放于胸前的姿势，但手中仍是空无一物。这个姿势可能是一种礼仪，或舞蹈的片段，又或是祭祀中的特定姿势。但和大立人像仅有的一处不同是，玉璋上的小人握着的双手在同一平面，两拳相对，而不是一上一下。

也许大立人像并不是一位国王或巫师的形象，而只是祭祀仪式中使用的道具。如果大立人像手中真有器物，那最可能的就是象牙或祭祀用的龙蛇。如果原本双手中就空无一物，那只能是摆出一种祭祀仪式的手势——我更倾向后者。至于三星堆大立人像的手中到底拿的是什么，是有是无？这个谜团还有待解开。

4. 神秘人的假面

在三星堆出土的众多青铜面具当中，最引人注目也最神秘的是人称"千里眼""顺风耳"的青铜纵目面具。面具的眉尖上挑，双眼狭长，两个眼球极其夸张地向外突出到眼眶之外。其中最大的一个面具，眼珠突出的长度达16.5厘米，酷似带眼柄的蟹眼；两只夸张的招风耳长大宽阔、向外展开，耳尖向上，犹如猪耳；蒜头鼻子上带有"鹰钩"；一张大嘴一直咧到耳根，虽然嘴角上翘似在微笑，但面具整体却显示出一种凌厉的威严。这种面具在2号祭祀坑一共出土了3个。

青铜纵目面具的制造时间距今已3800多年，其中一个是世界上年代最早、面积最大的青铜面具，宽1.38米，重达85千克。而另两件纵目面具的造型和它十分类似，但体积要小一些。它们与前者最大的不同是鼻梁位置镶嵌着一条两尺高的装饰物，上镌通天卷云纹，外观像一只正要起飞的夔龙❶。这三个面具的造型与普通人类的外貌迥异，以至于许多人猜测这是外星人的自画像，而三星堆文明就是外星人在地球上创造的。

纵目形象不仅仅出现在三星堆遗址出土的青

图70　1986年出土于三星堆2号祭祀坑的青铜纵目面具

---

❶　传说中的一足龙形神兽，《山海经》中描述为黑色无角神牛，掌管风雨。

图71 铜戴冠纵目面具的额部铸有夔龙形装饰，出土时其眉、眼、唇部均有彩色描涂

铜面具上。数量众多的各类青铜人像、青铜人头像虽没有纵目面具那么夸张，但其眼珠部分都明显向外突出。再看15厘米高的跪坐人像：头发从前往后背，然后再向前卷，类似现代的背头烫；耳朵同样竖直，眼珠也是纵目外凸。上述文物的造型都很像影视作品中的外星人形象：尖耳朵、鼓眼睛，再加上青铜泛出的蓝绿色，看上去很像《星球大战》中长耳绿肤的阿凡达或尤达大师的模样。显而易见，纵目在三星堆文化中属于人面造型的主流造型。

那么，纵目究竟属于谁的形象特征？什么样的人才会长着纵目呢？其实有关纵目的概念，早在神秘的古代文献中就有解释。《山海经·大荒北经》中记载章尾山上有神兽烛龙，人面蛇身，全身赤红，并生有纵目，"其瞑乃晦，其视乃明。不食、不寝、不息……是谓烛龙"。因此很多学者，如香港著名学者饶宗颐（1917—2018）等认为：纵目面具所表现的正是《山海经》中烛龙的形象，三星堆的古人用它来祭祀天地，祈祷风调雨顺、灾祸远离，让害人的妖魔鬼怪、魑魅魍魉无处遁形。

中国上古神话中的烛龙确实可以控制天黑天亮、天阴天晴。而它的纵目可看透世间善恶，分辨人、神、鬼。有学者认为，2号纵目面具额头上的夔龙形象，和《山海经》中所说的烛龙的人面蛇身的形象非常符合。但是，烛龙和青铜面具唯一相似之处，仅仅是纵目而已，其他特征并无关联。至于夔龙，那是历代图腾界的"明星"，在任何文物上出现都不会让人感到奇怪。目前最主流的观点认为，纵目面具刻画的是第一代古蜀国王蚕丛的形象，那么依据何在呢？

古代文献对这段历史进行了还原。据东晋常璩的《华阳国志·蜀志》记载："蜀之为国，肇于人皇……有蜀侯蚕丛，其目纵，始称王。"古蜀国的第一代国王是蚕丛，他也被看作古蜀人的始祖。而他本人的外貌特点正是纵目，也就是眼睛外凸。所以学者认为，纵目面具表现的就是古蜀人眼中的蚕丛形象。在古蜀人的心目中，他们的始祖不是一个普通人，而是具有超能力的神。这样的神可以眼观六路、耳听八方、视通万里、无所不能。而人神同形、人神合一，造就了他眼球突出、耳大如簸、造型夸张的形象。

当然，关于纵目的用意还有许多不同的看法。比如四川德阳考古所的刘章泽认为：纵目面具是太阳神的形象。古蜀人信奉太阳神，三星堆 2 号祭祀坑出土的 6 件青铜太阳轮就是证据。这些轮形器的外观如同现代的汽车方向盘，甚至许多人戏称这是远古人类就造出汽车的实物证据。其实，青铜轮形器象征着太阳，用来表达古蜀先民对太阳的崇拜。

同样在三星堆出土的青铜报晓雄鸡，象征的是太阳和光明的使者。能带来光明的是太阳，而能感受光明的是眼睛。所以，光明、绚烂、色彩、具象，这些他们向往和热爱的目标，需要有神力的眼睛去感知、呈现。所以，古蜀国的先民把对太阳的崇拜发展为对眼睛的崇拜，而且发展到了极致。

除了纵目面具之外，在 2 号祭祀坑还出土了 100 多件青铜眼。这些"眼睛"形式各样，有圆形的、菱形的、弯钩状的，有独立的，也有组合拼装的，可谓花样翻新，种类繁多。在 2021 年三星堆的新考古发掘中，又有几十件青铜眼从 3 号祭祀坑出土。这批"眼睛"呈三角形，中间有突出的眼珠，最大的达 53 厘米，其具体功用目前仍然成谜。

不过，古蜀人专门把青铜器做成眼睛的形状，表现出对眼睛的无限崇拜，这在历代考古发现中非常罕见。古蜀人从未知的神秘地域来到四川盆地，有一个最初的梦想，那就是在云雾笼罩、山峦遮蔽的四川盆地能有一双洞穿迷雾的眼睛，而神奇的纵目就可以解决这个问题。

纵目形象可能源于眼睛崇拜，但为何要把这种形象做成面具呢？专家发现，这些纵目面具最大的高 66 厘米，宽度达到了 138 厘米，这不可能是给人类佩戴的。

图72　三星堆出土的形状各异的青铜眼形器，或四个一套，或两件一组，或单独成器

一般成年人的脸的宽度不会超过20厘米，而纵目面具的宽度是人脸的7倍，高度几乎是普通成年人脸的3倍。谁会有这样的大脸呢？这里还有一个值得注意的细节：面具的宽度和高度相比要夸张得多。这是一个有价值的线索。

　　纵目面具上的几个方孔可以帮我们解开答案。在面具额头部位的正中央以及左、右两侧各有一个方孔。起初专家们推测：古蜀人会把纵目面具挂在某个建筑物或图腾柱上，而方孔是用来捆绑绳子、固定面具的。但是这里仍有疑问：为何不在建筑物或柱子上安放一尊青铜人像或者青铜头像，而偏偏要悬挂青铜面具呢？众所周知，面具只有薄薄的一层，上下和背部都是空的。而在建筑物上安装图腾，一般讲究立体结构，以便于信众从四个方向都能观看。面具既不立体，又不能照顾各个方向的"观众"，三星堆的先民们为何选择它呢？是否当时的铸造水平只能生产面具而生产不了铜像呢？当然不是。三星堆遗址出土的大量青铜人像、青铜头像就是最好的答案。因此，纵目面具的建筑物"安装捆绑说"显然站不住脚。

　　此时，专家们不得不把研究方向转移到制作面具的初心和本源上。本源是什么？当然是它的实际用途：面具是用来戴的。而纵目面具的宽度一个是 138 厘米，一个是 132 厘米；重量分别是 85 千克和 100 千克，这肯定不是人类所能承受的面具重量。究竟谁会有宽 132 厘米的大脸呢？当专家想起发掘现场有象牙出土的时候，突然灵光一闪：大象的身材和尺寸，是否能配得上这副巨大的面具呢？面具顶部和底部的穿孔，是不是用来穿绳子或皮带，方便把面具固定在大象头上的呢？

众所周知，亚洲象和非洲象的体形相差很大。那么纵目面具将用哪个品种的大象做"试装模特"呢？做这个抉择并不困难，因为三星堆祭祀坑里的象牙都属于亚洲象。成年亚洲象面部的宽度在 120~140 厘米之间，这与面具的 132 厘米、138 厘米的尺寸完全符合。因为大象有长鼻子，所以面具的高度只需落到鼻梁位置即可，即亚洲象脸部长度的三分之一，也就是 60 ~ 70 厘米，这与纵目面具 66 厘米的高度又是惊人地相符。而面具上的方孔，可以系上麻绳或皮带固定在大象头部，起到很好的稳定作用。

那么这些戴着青铜纵目面具的大象，究竟有什么用途呢？第一种可能是：大象的主人有特殊的身份或很高的社会地位，他可能是国家权力的所有者，也可能是主持祭祀的神职人员。他们的脸上戴着和大象同款的面具，既能防止大象走失后无以为证，又能显示出大象主人的高贵身份。第二种可能是：戴面具的大象是被选中用来祭祀的。在祭祀前给它戴上巨型的青铜面具，通过现场仪式给它进行最后的洗礼。这种推测倒是和祭祀坑中出土的大量象牙吻合。

三星堆祭祀坑中还出土了中等大小的面具，这应该是给人戴的，那么小号的面具就可能属于羊或狗，这起源于远古时代的跳傩仪式。现在仍流行于安徽和湖北西部山区的傩戏，就需要演员戴上柳木面具进行舞蹈表演。这种古老的仪式准确地说不是传统的祭祀，而是一种除病驱鬼的仪式，称作傩仪，早在甲骨文中就有记载。

有甲骨卜辞记载："占卜显示，将有灾祟降临，因此王上召神巫从西边赶来，她戴着面具、敲着鼓，为祛病辟邪的神灵祭祀起舞。"殷墟也出土过商代的面具。许多古代的文献记载，早期的面具为驱鬼而用，所以三星堆祭祀坑里的绝大多数器物才被特意砸碎并焚烧，这其中有黄金、玉石、青铜面具，还有武器和镇鬼用的傩神像，仪式结束后它们被掩埋在地下，称之为烧燎，寓意着焚烧鬼怪、粉碎灾祸和深埋瘟疫。

如今，生活在云南的彝族被一些学者认为是古蜀人后代中的一支。在他们的火把节上最重要的仪式是跳傩驱鬼。彝民给一个一米多宽的大面具点眼开光，然后把它留在现场，这和三星堆纵目面具的祭祀仪式何等相似。可以想象，戴上超大纵目面具的大象和戴上同款面具的人和羊，一起出现在跳傩仪式的祭坛上，那场面一定非常壮观而震撼。

5. 青铜面具的纵目之谜

三星堆遗址出土的这些凸目面具，其官方权威的名称是青铜纵目面具，但错就错在"纵目"二字，导致面具的考古研究工作一度走上歧途。很明显，这些面具的眼睛像两根棍子一样突出 16 厘米，"纵"和"横"相对，都是平面二维的概念，可解释成"竖直"方向。而面具的眼睛却在三维 z 轴的方向上延伸，这应该叫纵目吗？关于这个问题，专家需要从大量的史料和文献中寻找启迪和答案。

在很多史籍的注疏中，如历代名家对《山海经》《楚辞》等古籍的批注中，都说纵目是额头中间长着一只竖起来的眼睛，就像《西游记》中的二郎神一样。所以，古蜀国的先祖蚕丛长着的所谓纵目，不过就是比较严重的吊眼而已。而这些青铜面具上螃蟹眼睛一样的凸起，怎么能叫作纵目呢？

既然青铜面具中像触角一样伸出的眼睛不叫纵目，那么应该叫什么呢？其实在古代文献中可以找到答案。屈原的《招魂》中有这样一句话："参目虎首，其身若牛些。"他描写的是一种叫作土伯的吃人怪兽，长着老虎一样的脑袋和向外突出的眼睛，身体和牛一样粗壮。历代的很多注解，包括南宋理学大家朱熹，都把这个"参"解释成"叁"。小小的改动，就把土伯变成了三只眼睛的老虎。直到民国时期，著名语言学家、楚辞学专家汤炳正（1910—1998）发现了这处明显的错误。汤炳正对屈原的《楚辞》有非常深入的研究，他发现在屈原所有的诗歌辞赋当中，凡是涉及数字"三"的，根本就不用"参"这个字，所以根本就不能解释成"三只眼"。

1972 年，震惊世界的马王堆汉墓被发现。在辛追漆木棺的脚板上有一幅彩色绘画，上边画的正是屈原笔下的土伯形象，也正如《招魂》里描写的那样长角、兽面，像人一样站立，但是它的头上根本没有三只眼睛。而后在 1978 年出土于湖北随州的曾侯乙墓内的棺漆画上，也有着同样情况。这说明"参目"绝不是三只

图 73 马王堆辛追的棺板上绘制的土伯形象

眼，而是眼珠突出的意思。从字面上看，汉字"参"可释为"参差"（cēn cī），意为高低长短都不一样。"参"在这里指长或高，"差"指短或低，所以"参目"就是长眼睛、高眼睛之意，用立体的概念表达突眼的特征。

还有一条古代文献的依据。南宋牟巘在《有翅天马图》诗中写道："我闻西王母，参目而虎首。"据传西王母长着老虎一样的面相，还有向外突出的眼睛。最初的时候，很多学者都把这个"参"字解释成"叁"，因此就有了广为流传的"西王母长着三只眼睛"。事实上，没有任何古代文献记载西王母有三只眼睛，所以"参目虎首"是指双眼凸出，又长着老虎一样的头。《山海经·西山经》中描写西王母："豹尾虎齿而善啸，蓬发戴胜。""戴胜"就是头上戴着华丽的装饰，当然也可能是漂亮的纵目面具。

不过，三星堆遗址出土的青铜纵目面具，外观上更符合屈原描述的怪兽形

图74　三星堆青铜人像的外眼角大多呈 45° 上翘，接近于记载中的"纵目"

象。这些巨大的面具，戴在大象的脸上，就更能突出祭祀的含义，也更能体现出"参目虎首，其身若牛些"的意味。要知道，古蜀文明和屈原所处的荆楚文明，无论是在地理上还是文化上，都有着千丝万缕的联系，比如都曾一度盛行"巫祝文化"。

其实，在三星堆有真正意义上的纵目文物。很多青铜人像的眼睛是大幅倾斜的，和水平呈 45° 交角，和正常人眼睛的横着生长相比，这种倾斜的眼睛被称为纵目。在古蜀人的眼里，这种异相是天赋异禀、卓尔不群的标志，而他们的祖先蚕丛正是长着这样的一对纵目，这是他作为蜀人先祖的特征和文化符号。《华阳国志》中记载，"蜀侯蚕丛，其目纵"。专家据此认为凸目面具就是古蜀先王的纵目形象，才命名为纵目面具，这是将错就错。

那世上是不是真有纵目人呢？若按古籍所说，二郎神杨戬的第三只眼是标准的纵目，但这只是神话故事，不必当真。眼睛完全纵立的人，恐怕万中无一，绝大多数人只能像三星堆铜人像一样眼睛向上倾斜。眼睛倾斜的情况在动物中倒很常见，尤其是老虎、狼等凶猛的食肉动物。所以老虎的眼睛，又叫吊睛。在《水浒传》等小说中，常能看到"吊睛白额大虫"，说的就是纵目、白脑门的老虎；狼眼的外眼角可向上倾斜45°，也算是纵目的范畴。人眼大角度倾斜者极其罕见，但蚕丛就是这样的奇人。三星堆的青铜人像才是蚕丛的形象，而非主持祭祀仪式的祭司。祭祀时不会对着自己的雕像祭祀，而祭祀先祖，是人类自古以来的传统，这才符合常识。

一些专家将凸眼面具命名为纵目，从而引发了一系列的错误解读。他们认定，蚕丛的纵目就是眼球突出，进而认为这就是传说中的"千里眼"。更有甚者，认为古蜀人之所以双眼凸出是因为当地普遍缺碘，这是甲亢的典型症状。但他们忽略了青铜人像的脖子都是细长的。而且，纵目面具也并不是给人戴的，而是为某种

图75　三星堆出土的的青铜头像。大多颈部细长，是古蜀王国先民形象的写照

大型野兽准备的。

神奇的三星堆纵目面具，从出土的那一刻起就充满了神秘的气息。很多专家认为，它是古代"蜀"字的起源依据。因为金文中的"蜀"字很像长有巨大眼睛的虫或蛇，而面具两边的方孔，正是夔龙的身体造型，它代表的是"蜀"字下面的勾，上面的大眼睛则代表太阳，这说明古蜀人是一个崇拜太阳和夔龙的民族。

三星堆祭祀坑的发现让古蜀文明"一醒惊天下"，但我们对未知世界的探求永远不会停止，而充满秘密的三星堆，最终一定会给我们满意的答案。

6. 地下 "扶桑" 和《山海经》

　　三星堆的青铜神树不止一棵。在层层夯土之下，祭祀坑里堆埋着几百块青铜神树的残片，都是由整树被砸碎后而掩埋的。在复原的 8 棵青铜神树中，最完整也最壮观的是 1 号神树。这棵高达 3.96 米的青铜神树被发现时已经断为 3 段。经修复，它成为全世界最大的单件青铜器，已成为三星堆博物馆的镇馆之宝。

　　巨大的树体由三部分组成：最下面是圆形的底座，中间向上隆起成穹窿状。底座被分割成三面，每一面都是山形，三山相连寓意着中国神话传说中的海上三神山方丈、蓬莱、瀛洲。青铜树干位于神山之巅的正中间，卓然挺拔，树分三层，层层攀升，每层都有三根树枝。每根树枝上又有两条果枝，枝头上有桃状果实，果实上则立着神鸟。顶端已经残缺，1 号神树的实际高度至少应有 5 米。

　　铜树上可谓 "物产丰富"：有花卉，有枝叶，有果实；有飞禽，有走兽，还有悬龙。一条沿树干逶迤而下的悬龙，造型诡谲怪异，莫可名状。在中国现存的古迹和文物上都看不到这种形象的龙，考古学家将其称为 "马面龙"，其实它的头部更像鳄与犀牛的结合体。

　　青铜神树的铸造年代至少是在夏代晚期，距今已有 3000 多年，它使用了套铸、铆铸、嵌铸等多种先进的铸造工艺，且技术十分娴熟。以当时的科技水平，这是如何做到的呢？专家们惊叹不已。不过，更神奇的是青铜神树和一部上古奇书的相互印证。

　　近年来，随着对《山海经》研究的不断深入，国人逐渐发现书中记载的山川地理、动物矿藏等，许多都是真实存在的，因此它不再被认定为一部荒诞不经的神话故事集。这让学者们有必要重新审视那些曾被当作无稽之谈的情节，比如《山海经》中和太阳有关的四棵神树。

　　《山海经》中最重要的神树是扶桑和若木，分别位于世界的东、西两极。东方

图 76 1986 年出土于三星堆遗址的 1 号通天神树

图77　1号通天神树上的"马面龙"形象，符合《山海经》中对建木上黄蛇的描述

的扶桑是日出之处，西方的若木是日落之所，太阳的东西运行需要神鸟的背负。每天清晨，有一只三足金乌载着太阳从扶桑树上起飞，一路向西，在正午时分到达天下的中心——建木。建木是《山海经》中的另一棵神树。当金乌飞到建木之上，不仅树下无影，也听不到声音。金乌继续西飞，在黄昏时分降落在若水边的若木之上。

三星堆遗址出土的1号神树和《山海经》中记载的扶桑非常吻合。《山海经》中记载，扶桑生长在东方的汤谷（即旸谷）之中，这里是十个太阳的栖息之地，也是它们日常沐浴的地方。平时，九个太阳站在树枝之上，而"值日生"则站在树的最顶端。每天清晨，当值的太阳出去工作，其余九个就在树上休息。它们轮流工作，每十天一个轮回，所以我国传统上把十日称为一旬。

《山海经》上说，太阳也有严格的交接班制度。当一个太阳刚飞回扶桑树上，另一个太阳必须马上出发，快一秒、慢一秒都不行。但是有一天，顽皮的太阳们约定一起出发，结果天下大旱，人类遭受灭顶之灾，于是就有了我们熟悉的"后羿射日"的传说。扶桑本是连接三界的大门，但由于后羿站在扶桑树上射日，导致树干折断，从此三界之间的联系就中断了。

三星堆遗址出土的1号神树真的是《山海经》中所说的扶桑吗？从神树的外观看，它分为三层，有九根树枝，枝上还有九只展翅欲飞的太阳神鸟，符合《山

图 78　1 号通天神树上的太阳神鸟就是中国神话中的金乌

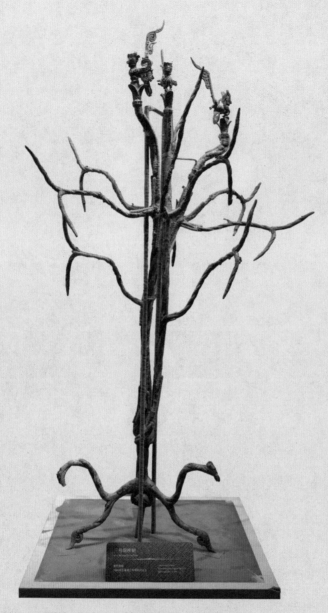

图 79　三星堆遗址出土的 3 号青铜神树。树干和树枝两两缠绕，树高只有 1.1 米左右

海经》对扶桑"九日居下枝"的描述。至于为何没有"一日居上枝"，是因为神树在出土的时候，顶部已经断裂并残缺。专家推断，树顶原本还有一只"值班"的太阳神鸟，因被砸烂而深埋地下，或腐蚀成灰而无法寻获。

也有学者认为，树顶没有神鸟是正常的。因为总有一只神鸟要当值出勤，树上始终应该是九只金乌，否则谁给人间带去光明呢？但是，《山海经》上明确记录，扶桑有同根的两根树干相互扶持依靠、盘旋生长，故名扶桑。而1号神树的树干只有一根，且笔直挺拔、枝繁叶茂，根本没有扶桑树的半点特征，关于1号神树的身份，一时成为难解的谜题。

直到2021年初，这个谜题才随着3号青铜神树的修复被揭开。3号神树和其他神树截然不同：它的树干非常独特，不是单独一根，而是同根偶生、互相缠绕，摆出一副向天际蔓延生长的麻花造型，而这正是《山海经》中对扶桑的描绘。

3号神树的树枝分为两层，树顶有一只神秘的人首鸟身像。它展开双翅，尾翎高高竖起，完全符合《山海经》中对木神句芒形象的描绘。传说句芒人首鸟身，是汤谷和扶桑的管理者，出现在扶桑树上当然顺理成章。因此，3号神树才是真正的扶桑，那么，1号神树又是《山海经》中的何方神圣呢？2021年三星堆第四次考古的新发现，让答案渐渐浮出水面。

图80　3号青铜神树树冠上鸟身人面的句芒

其实，上古奇书《山海经》中有关太阳的神树不止一棵。东方有扶桑，西方有若木，中央还有建木，而三星堆1号神树的特征更接近建木。据《山海经》记载，建木生长在西方的弱水边。弱水的浮力极小，不仅不能行船，连树叶也会沉入水底。而生长在这里的建木高百仞，是连接人间和上天的唯一通道。

传说盘古开天辟地后，人、神的世界还可以互通，伏羲和黄帝就常通过建木往来于天地之间。后来，新首领颛顼与天上的蚩尤、刑天作战，命令重、黎二将切断两界通道，从此天地间的往来彻底断绝。

《山海经》记载，建木有花叶，有果实，还有九根蜿蜒曲折的枝杈，这和三星堆的铜树特征完全吻合。而建木上的黄蛇，正可对应攀缘在铜树上的"马面龙"——三星堆古国巫师们往来天地的坐骑。《山海经》所记录的建木，位于西南地区的"都广之野"。建木之下，"日中无影，呼而无响"。也就是说，在正午时分，树下的任何物体包括树本身都没有影子，在树下呼喊也没有声音，因为这里是天地的中心。这个原理类似于地球的两极：身处北极点时任何方向都是南，没有东、西、北；身处南极点时任何方向都是北，没有东、西、南。

据专家考证，《山海经》中的"都广之野"就是今天的成都平原，这里恰好是古代传说里的"天地之中"。《山海经》还特意强调，氐人国位于建木的西侧。按照《山海经》标识的方位和地理环境的特征判断，三星堆发现的1号青铜神树极有可能就是建木，古蜀人认为它是沟通人与神的天梯。这一论点，得到了绝大多数学者的认可。

《山海经》中除了扶桑、若木和建木三大神树外，还有寻木。据记载，寻木方圆千里，生长在黄河西北方的虞渊，是后来取代若木的新日落地点。据专家推测，虞渊就是今天的西伯利亚北极地区。所谓"新"日落，是不是暗喻北极的极昼极夜天象，我们还不得而知，但三星堆的2号青铜神树可能正是寻木的合适之选。

和1号神树类似，2号青铜神树上也倒挂着一条气势非凡的悬龙，但只有下半段一米多高的树身，上半段的树冠却杳无踪影。而它的圆形底座上多出几个跪坐的人像。这些人像双手前伸，似乎拿着什么东西。树干上的枝条向上翘而非下垂，神鸟落在叶片而非果枝上，这些细节和1号神树完全不同。

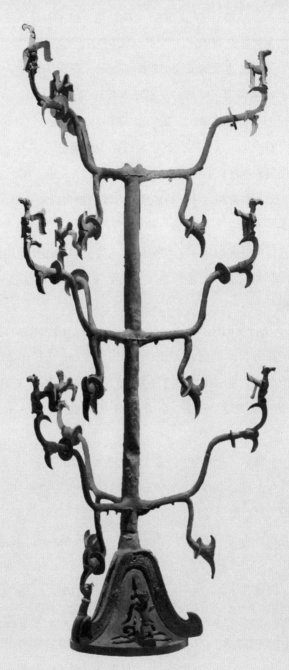

图 81 2 号通天神树上半段缺失，整体形态无法判断

扶桑和若木都是太阳神鸟的栖息之树，树下绝不容凡人安坐。而寻木是新的日落之所，情况可能会有不同。为什么太阳要寻找新的日落之所？专家推测，古蜀人认为，继扶桑、建木的天梯被阻断后，寻木将成为新的沟通人神的通道。而三星堆先民们跪坐在树下祈祷，正是要寻找新的天地之门，故称寻木，而上翘的枝条则表现出对落日的接纳。2021年，在新发现的三星堆3号祭祀坑中，出土了2号神树丢失的残片，这说明，祭祀品被砸毁后被分散在不同的祭祀坑内。这些残片如能拼接复原成功，必能真相大白。

除了1、2、3号神树之外，目前还有5棵青铜树尚未复原，焉知它们不是《山海经》中的其他神树呢？是扶桑、建木、若木、寻木，还是迷榖、沙棠、帝休？这一切，让《山海经》原本就玄幻莫测的内容变得更加扑朔迷离。到底是《山海经》记录了三星堆文明，还是三星堆先民受到《山海经》的影响而创造了灿烂的三星堆文化呢？

《山海经》的成书时间一直是个谜，据传是夏初的伯益所作。我们现在看到的是晋代郭璞的注解本。然而，战国时代的许多文献，包括《吕氏春秋》《庄子》和屈原的《天问》都大量引用《山海经》里的名称和典故，《史记》等史学文献中也多次提及。因此历史学者认为，《山海经》历经数代、多人的增补而成书于战国时期。

根据碳-14测定，青铜神树铸造于3000多年前的商代晚期。若《山海经》成书于战国，距今不过2500年，就必然晚于青铜神树的铸造时间，只能是对文明的记录；如传说为真，作于夏初的《山海经》距今已4000多年，必成为影响三星堆先民信仰的典籍。在他们的祈祷和狂欢中，神树连接天地、沟通人神。

三星堆出土的黄金权杖、青铜神树和黄金面罩等都带有明显的西亚和古埃及文明的特征，因此有学者认为三星堆文明可能来自域外。他们拿出了"证据"：在身处两河流域的苏美尔文明遗址中发现了类似的神树，被称为"苏美尔生命树"，出现在一座国王的雕像上。苏美尔文明是世界上最古老的文明，出现于公元前4000年左右，苏美尔人发明的楔形文字是迄今发现的世界上最早的文字。

图 82　2 号通天神树下做祈祷状的跪坐人像

在苏美尔遗址的雕像上，国王吉尔伽美什❶正在"生命树"前祈祷。"生命树"的枝干向下弯曲，每棵树枝都有一对向上或向下的果枝，造型和三星堆的青铜神树几乎一模一样。在巴比伦文明中，连接天地的唯一通道就是巴比伦塔，它是人类进入天庭的天梯，这一点和青铜神树的功能又如出一辙。神树、面具和权杖这些概念，在华夏文明的主流中并不普遍和常见，因此三星堆文明"西来说"一时势盛。

地处多种文化交汇地的三星堆，虽不断吸收、融合多种文化因素而独具特色，但从青铜神树等文物看来，中原文明的痕迹非常明显。三星堆文明因受到博大精深的华夏文明的洗礼，而具有浓厚的东方文化色彩。《山海经》解剖了三星堆背后的历史渊源和文化传承，与其说《山海经》记录的是自然地理、风土人情和志怪传奇，不如说它见证和记录了上古时代失落的文明。三星堆文化"西来说"在《山海经》和青铜神树光芒的照耀下，不攻自破。

---

❶ 苏美尔人城邦乌鲁克第五任国王，是美索不达米亚神话中的半神。

7. 神秘的黄金面罩

"半张脸"面罩出土于三星堆遗址的5号祭祀坑，宽23厘米，高28厘米，质地坚挺，不需任何支撑就可以自行立起。面罩用纯金制成，纯手工打造，净重286克，推测完整面罩的重量应超过500克。如能找到这副黄金面罩的另一半，它就将取代三星堆金杖（重462克），成为目前商代最重的金器。即使不算手工费用，仅按现有的黄金价格计价也在人民币20万元左右，更不用说它无法估量的文化价值和历史价值了。

在这次考古行动中，5号祭祀坑出土了大量象牙和黄金制品，这件黄金面罩就隐藏在这堆金光闪耀的"金山"当中。不过，刚刚被发现的时候，它还是皱巴巴的一团儿，像一块被折叠、挤压的金箔。经专家小心翼翼地展开和修复后，这半张约4000年前的金面罩才展现在世人面前。

面罩展现的是一张四方大脸，上刻双眉，两眼镂空，再加上标志性的三角鼻梁和宽大的耳朵，其造型和尺寸与之前出土的青铜头像非常相似，似乎就是为这些铜像准备的。后来经过考古专家现场测试发现，整个面罩果然可以严丝合缝地戴在青铜头像上。这张独特的残金面罩，虽然在外观上和1986年出土的黄金面罩以及金沙遗址2007年出土的大金面具（重46克）非常相似，但尺寸要大得多。

这不是三星堆第一次发现黄金面罩，早在1986年7月发掘三星堆遗址两个祭祀坑的时候，就有4尊戴着黄金面罩的青铜头像出土。之所以叫它们黄金面罩而不是黄金面具，是因为它们非常薄，可以紧紧地贴合在青铜头像的面部，甚至说是黄金面膜也不为过。这些黄金面罩的制作工艺非常复杂：制作者须先把黄金熔炼提纯，再细细捶打成薄薄的金箔；然后用模具把面罩压制成型，眉眼处凿空；再用生漆和黏土调成黏合剂，把金面罩和青铜头像紧密贴合；最后在青铜头像上捶打定型，打磨抛光。这样黄金面罩的外形就和铜像的五官外形完全一致了。

图 83　三星堆 5 号祭祀坑出土的只有
"半张脸"的黄金面罩

图 84　三星堆出土的戴金面罩的青铜人头像

金面罩的外观也是不同凡响。面罩的眉毛、双眼、嘴部均镂空，鼻部向外凸起，两只耳垂上均有很大的"耳洞"，这很自然地让人联想到西亚与北非的同类器物。历史上，古希腊、古埃及以及西亚地区都有黄金面罩出土，用来凸显佩戴者与众不同的身份，最著名也最为大家所熟知的就是古埃及法老图坦卡蒙的黄金面具。这似乎说明三星堆和欧洲、中东或北非地区存在某种文化联系或文化传承。不过，它们的用途却大相径庭：一个是用来覆盖死者的面部，挡住法老业已干枯的面容；另一个是戴在铜人像上，用于祭祀。

2007年，在四川金沙遗址出土了黄金大面具。它虽然表面光亮，内壁却非常粗糙。若是给人佩戴，简直像施以酷刑，所以此面具并非用于墓葬。同是出土黄金面具的古代文明，未必有必然的相关性。不过，脸部贴满黄金的人物必然代表特殊身份，这薄薄的一层黄金透出的神秘与威严让人倍感肃穆。上述这些黄金面罩的发现，证实了古蜀文明对黄金的重视、利用和崇拜。

但是，黄金面罩的故事远未结束。2021年5月22号，在三星堆遗址的6号祭祀坑内又出土了一块比较完整的黄金面罩残片。这块残片只有10厘米长，0.2毫米厚，重量还不到50克。它并不是5号祭祀坑"半张脸"面罩的另一部分，但两个面罩的金属成分和含量却高度一致。经检测，它们的含金量均为85%左右，含银量在14%左右。按照古代的工艺水平来看，这算是比较高的纯度。

更重要的发现还在后面。2021年6月，三星堆3号祭祀坑又出土了一副完整的黄金面罩。出土的时候，这件面罩已被挤压得严重变形，像一团被揉皱的稿纸，根本看不出来是什么器物。考古人员用了一周的时间把它修复，完整面罩的真容才缓缓呈现。面罩保存得相当完整，高约17厘米、宽约37厘米，若是平铺展开则会达到差不多27厘米高、40厘米宽，这是三星堆遗址目前发现的所有完整金面罩中体量最大的，仅次于5号祭祀坑发现的"半张脸"金面罩。让人惊奇的是，这么大的面罩竟然薄如蝉翼，重量还不到100克，且厚度均匀，足见当时黄金加工工艺之高。

除此之外，在三星堆还出土了三张黄金面罩。其中一张是目前三星堆出土的最完整的金面罩，而且"鼻中有宝"：眉眼镂空，鼻梁高挺，两耳圆润，大嘴微张，

图 85　2007 年出土于成都金沙遗址的商周大金面具

表情威严，面罩表面被打磨得十分光亮。它的面部特征和三星堆遗址此前出土的青铜头像尺寸接近，形象一致。所以金面罩最早应该是贴附在青铜头像面部的，而不是一件独立的物件。2021 年 9 月，考古人员在黄金面罩的鼻腔内发现了一颗直径不到 2 毫米的袖珍金珠，其具体用途还不得而知。

　　几十年间，三星堆遗址接二连三地出土了大量的黄金制品，比如同期出土的金杖、金虎、金璋、金叶等 100 多件金器。而尚未清理完全的三星堆祭祀坑，很可能还会有更多的金面罩出土，如此数量的金器必然需要大量的黄金做原料。但是根据文献记载，中国真正掌握冶金技术是从春秋战国时代开始的，中国最早的金币郢爰就是当时楚国的冶金"作品"。即使在现代，也需要设厂开矿、使用很复杂的设备才能冶炼出高纯度的黄金。但在 5000 年前的远古时期，中华大地上还没有炼金术，古蜀人如何获得这么多高纯度的黄金？

　　其实，在三星堆附近的龙门山是有金矿的，主要是山中河流出产的沙金。古蜀人可以用这些从河里淘来的沙金制作黄金面罩、黄金权杖等。为了验证这个推论，科学家们对三星堆遗址出土的青铜器进行了取样分析，却发现其中的铜和铅都来自云南。这说明古蜀国的影响力和控制力已深入云南，所以这些黄金也可能来自川滇交界的金沙江等地。

但这里有一个很大的疑问。三星堆文明处于中国的青铜时代，青铜被普遍使用，所以这里出土的绝大部分文物都是青铜器。青铜的强度较高，但熔点只有800℃左右，而木炭燃烧的最高温度可以达到900℃，所以古人冶炼青铜没有技术上的障碍。但是，黄金的熔点高达约1064℃，即使是熔点比黄金低的白银，熔点也有约962℃，青铜时代的人如何靠烧木炭来熔炼黄金和白银呢？

有专家提出，黄金制品不需要融化，只要通过高温让它变软就可以敲打成型。但问题是，不经冶炼的金矿无法提纯。三星堆遗址出土的黄金面罩含金量达到约85%，而在距三星堆几十千米外的金沙遗址中也出土了一件精美的黄金太阳神鸟，纯度高达约94%。未经冶炼提纯的黄金根本不可能达到这么高的纯度。那么，三星堆的这些黄金面罩又从何而来？

专家们有一个大胆的猜测，那就是三星堆的黄金不是熔炼而来，而是"天外来客"，即来自陨石的撞击。这种猜测并非异想天开：中子星的合并不但会产生几亿摄氏度的高温和数万个标准气压的高压，还会伴生出大量的重金属，主要是黄金、白银、铂金、铀等。当然，中子星合并是非常罕见的现象。但幸运的是，在太阳系的附近曾发生过一次中子星的合并，导致了金元素的形成。其中就有一小部分黄金和其他星际物质一起形成了小行星，在引力的作用下，它们可能会成为流星撞击地球，最后变成陨石，把黄金和部分白银带到地球表面。这些含金陨石的颗粒都比较大，纯度也比较高，含金量高达70%，这就是我们常说的"狗头金"。

图86　2021年三星堆3号祭祀坑出土的保存极为完整的金面罩

当然，"狗头金"不仅仅是从天上掉下来，也有从地下和水里"长"出来的。"狗头金"的定义就是颗粒大、外形不规则，乍看状如狗头的天然矿石。这种矿石

图87　2001年出土于成都金沙遗址的商周太阳神鸟金饰

图88　郢爰，被认为是中国最早的黄金铸币，由春秋战国时期的楚国发行

的含金量很高，在风和流水的作用下，黄金从上面慢慢剥落脱离，变成碎屑，再被流水搬运到远处沉积下来。随着黄金碎屑不断聚集，它们在地下水和细菌的作用下形成不规则的金块。再经过几万年到几十万年的积累，等其他杂质慢慢流失之后，小块金就逐渐变成大块的"狗头金"。

因此，三星堆古人利用的可能就是来自异域的天然金块，它们有的来自自然风化形成的"狗头金"，有的来自天上掉下来的陨金。古人对这种稀有又不生锈的金属非常好奇，再加上以为是天外来物，因此把它们打造成各种精美的黄金制品，如金杖和黄金面罩，并把它们当作一种沟通神明的灵物来祭拜。虽然黄金的数量稀少，但用在高规格的祭祀中和相应的神职人员身上，还是足够了。

8. 震惊世界的考古发现

2021年重启的新一轮三星堆考古共发掘了6个祭祀坑，发现了数量众多的黄金面罩残片、金箔，也有之前出土过的那种象牙和青铜神树等。截至2021年年底，三星堆已出土1000多件重要文物。

3号祭祀坑最重要的发现是长53厘米的青铜眼。青铜眼是三星堆文明中最具代表性的器物，之前在1、2号祭祀坑中也有大量出土。本次出土的青铜眼是两件一套，上下叠压组合在一起，组成了一个菱形的"眼睛"，"眼睛"中间有向外凸出的眼球。这再次证明了古蜀人的眼睛崇拜，但其用途仍然成谜。除此之外，3号祭祀坑还出土了127根象牙、一些奇形怪状的青铜器以及三星堆最大的青铜尊。此青铜尊最大的亮点，在于其外观极为类似今天的载人航天器。

4号祭祀坑出土的文物众多，第一批被挖出的文物就有500多件，包括大量的象牙、海贝、金器、铜器、玉器、陶器和漆器等。金器主要有圆形金片、金树叶和黄金带饰等，数量最多的是象牙和青铜器，均超过100件。本次新发现的青铜人像高度均超过1米，有的眼部有彩绘；有的站立，头上顶一个坛子；有的呈跪姿，头上顶一张木板，木板上再放只大口尊。头顶坛子的动作很像今天南亚、中东以及中国南方一些少数民族的习惯，这是否说明三星堆文明是外来文明呢？

从4号祭祀坑出土的，还有宽135厘米、高74厘米的大型青铜面具。面具的眼睛很大，但并不是纵目，它的官宣名称是巨青铜面具。之所以称之为"巨"，是因为它比1986年出土的纵目面具还高出8厘米。虽然巨青铜面具比纵目面具窄了3厘米，但考虑到其宽度是净宽，没有纵目面具夸张而外展的大耳，所以就实际面积来讲，巨青铜面具是三星堆出土的最大的青铜面具。

在4号祭祀坑中，能称得上"镇坑之宝"的是3件姿势奇特的青铜人像。这种造型奇特的人像在三星堆考古中前所未见，被命名为扭头跪坐人像。人像跪坐

图 89　1986 年出土于三星堆 2 号祭祀坑的喇叭座顶尊跪坐人像

在地，双手合十，头部向右方扭转90°。它头上缠绕的头巾一端高高翘起，这种装扮很像彝族男子的头巾装束：一块布在头上做多圈缠绕，最后在顶端伸出一个长长的结，状如独角兽的角。不过这个扭头跪坐人像的头结有人像的两倍长，而且在顶端有明显的断裂痕迹，那么它曾经连接过什么呢？有关扭头跪坐人像的谜团还不止这一个。

图90　三星堆3号祭祀坑出土的巨型青铜面具
是目前世界上体量最大的青铜面具

第一，从三星堆遗址出土的大量青铜人像或青铜面具上，可以判断出古蜀人的基本面貌特征：纵目、宽鼻大耳、长方脸，略显瘦长。然而，扭头跪坐人像的外貌特征却完全不同：圆眼塌鼻，颧骨很高，奇怪的头巾更是前所未见。专家推测，这是一位外来巫师的形象，至于他来自何方，现在还不得而知。

第二，专家们在仔细清理扭头跪坐人像时，发现人像双手合十，掌中还夹着什么东西，于是想提取出来一探究竟。但很可惜，它都已经碳化溶解了，无法知晓成分。这个时候，专家想到1986年三星堆2号祭祀坑出土的青铜大立人像，其双手握成两个圆圈，但里面的东西已经找不到了，至于手中原本握持的到底是什么，直到现在也没有定论。专家推测，青铜扭头跪坐人像并非在做双手合十的动作，而是用双手捧持着某种祭品；把头扭到一边的原因，是因为不敢用目光去触碰神灵，这恰恰是对神的敬畏和尊重。但它的手中拿的到底是什么祭品，依然成谜。

在4号祭祀坑还有一个重大发现，那就是蚕丝蛋白❶。这要感谢现代的生化检

---

❶　天然蚕丝降解出的高分子蛋白。

图91 三星堆4号祭祀坑出土的铜扭头跪坐人像双手间原本的夹握之物成谜

验技术，要不然我们无法知晓至少在4000年前，三星堆的先民就已开始生产和使用丝绸了。4号祭祀坑内还发现了大批青铜树散件、青铜璧、青铜戈、圆口方尊、玉琮、玉凿等。4号祭祀坑的特点是宝贝多，谜也多。

5号祭祀坑出土文物150多件，主要是各类器物的残片和小型件，也有不少象牙和象牙制品、金器、玉器、铜器。坑内还发现了很多圆形穿孔的金片，原本是贴在衣服上的装饰，在衣服被焚烧和腐烂之后散落在泥土中。衣服上贴金片，从外观上看像极了汉代帝王随葬用的"金缕玉衣"。不过，三星堆遗址出土的这一件称为"黄金甲衣"更为合理，古蜀国的祭司在祭祀时把它穿在身上，金光闪闪的"甲衣"让祭祀仪式变得既庄严又华丽。

5号祭祀坑中出土的象牙雕刻品，做工非常精致，象牙上刻有很多漂亮的花纹，包括云雷纹、羽翅纹等多种设计纹路，有的线条宽度居然不到50微米，可见当时雕刻工艺的精湛。5号祭祀坑的"镇坑之宝"则是大名鼎鼎的黄金面罩和鸟形金饰，皆工艺精湛、艺术感十足。

在6号祭祀坑，考古人员发现了一件保存完整的木箱。木箱内侧涂着朱砂，

图92　做工精美的鸟形金饰片，展现出一只凤鸟展翅欲飞的形象

起到防腐的作用。这是三星堆首次发现整体的木箱。至于箱子里面到底装了什么神秘的宝贝，这要等把它整体提取到实验室，扫描开箱后才能知道。7号祭祀坑是迷你坑，面积非常小，只有1米长、0.6米宽。2022年初，专家刚刚挖到文物层，就已经能隐约看到10根象牙。

在三星堆新发现的6座祭祀坑里，8号祭祀坑面积最大，有190平方米，但也是发掘得最晚的。在清理灰烬层的时候，考古人员发现了一件袖珍版的纵目面具。一开始，它和很多金片、青铜器和玉器残件混杂在一起，看上去并不起眼。但当考古人员清理掉面具上的淤泥之后，展现的真容让专家们十分震惊。面具眼球外凸，鹰钩鼻，宽鼻梁，阔耳带尖，长长的嘴巴向上咧开——这和1986年三星堆2号祭祀坑出土的大型纵目面具十分相似，但体量上却天差地别，只有5厘米高。如此袖珍的青铜面具，在之前的考古发掘中前所未见。而最关键的区别是，袖珍面具龇牙咧嘴，表情十分狰狞，而之前出土的纵目面具都是不露齿的。

这件迷你版的青铜面具是做什么用的呢？一开始，专家认为它也是古蜀人在跳傩仪式上使用的道具，用来祛病驱鬼。仪式上使用的面具有大有小，这样的推论似乎合理。但是，随着考古人员对这件面具的仔细观察，又有了新发现。这件面具的底部和之前出土的纵目面具大不相同，居然还带着个"脖子"，而且"脖子"的位置还有连接其他物体的痕迹。因此，从尺寸和结构来看，它应该是某种青铜器的一个挂件，这马上让专家想起了30多年前出土的3号青铜神树。

1986年，三星堆遗址出土了很多青铜神树的残件，其中3号神树的顶部装饰了三件人首鸟身像。其中两件在出土的时候就已经从铜树上脱落，而这些人首鸟身像上的人首，就是一个活脱脱的迷你面具：大尖耳、大鼻子、凸出的眼睛、咧开的大嘴。而且均有个"脖子"和下面的鸟身相连，这和袖珍版的纵目面具非常相似。因此专家推测，袖珍版纵目面具的"脖子"下面，应该还有鸟身和其他附件，只是被砸毁后断裂丢失。三星堆遗址出土的文物一般都是三件成套：3号神树有三件人首鸟身像；太阳形器和凸目人像的出土数量都是三或三的倍数。所以在3号坑的继续发掘中，可能会再次发现同款的纵目面具。

在8号祭祀坑，还有一些大型的青铜器出土，比如已经被特意碎成很多残片的青铜神树。而中小型的青铜器比较完整，主要有青铜贝、青铜戈和小型的跪坐铜人像等。坑里不仅青铜"充栋"，还金玉"满堂"。出土了玉璋、玉斧、玉凿、玉管和大量的玉珠，在灰烬中还散落着很多的黄金树叶、金箔以及硕大的象牙。至于8号祭祀坑"镇坑之宝"的发现，则纯属意外。

考古人员在发掘8号祭祀坑时，在一个不起眼的角落里发现了几块石板。一开始，考古队员都认为这是些遗留的建筑材料，但经过仔细拼合后，惊喜出现了。专家们惊讶地发现，这块拼合的石板其实是一件1米长、0.5米宽的大号石磬。石磬中间有一个圆孔，是用来拴绳的，演奏时要把石磬悬挂在支架上，以便于敲击。

磬是古代常用的打击乐器，很多附庸风雅的王侯都会用它作为随葬品，比如约2000年前的海昏侯墓中就有一个铁质的磬。但让考古专家没想到的是，早在3000多年前三星堆先民们就已经有了像样的乐器。对8号祭祀坑进一步发掘发现，三星堆先民不仅有像样的乐器，还有像样的乐队。

随着发掘的深入，考古队员又在8号祭祀坑的淤泥里挖出一件喇叭状的铜器：外面穿孔，中央涂抹朱砂，用手敲击会发出清脆的声响——这是一面古代的青铜

图 93　三星堆各祭祀坑中出土的大量象牙均有被灼烧过的痕迹，它们是古蜀先民重要的祭祀用品

鼓。在鼓的旁边，还发现了 9 个铜铃。铜铃、铜鼓、石磬这些古代的乐器，完全可以编组成一支打击乐队，"三星堆乐队"似乎跨越了 3000 年，重现在世人面前。

　　沉睡三千年，一醒惊天下。三星堆的考古发掘仍在继续，深埋地下的古文明的神秘面纱，正在被徐徐揭开。期待在不久的将来，我们能够破解三星堆的所有谜团，结束这场自 1929 年以来持久而宏富的文化探索和发现之旅。

第二章

《竹书纪年》：
重读先秦史

1. 古墓竹简开启的"新历史"

西晋咸宁五年（279）十月，一名盗墓贼被抓后引发的文化事件，颠覆了人们对中国多段历史的认知。

这名叫不准（读为"Biāo Zhǔn"）的盗墓贼来到汲郡（今河南卫辉西南），准备对一座古墓下手。他事先勘察后认定，这是一座古代帝王陵墓，其中必有丰厚的陪葬品。

不准进入大墓后，并没有发现成堆的金银珠宝和玉器青铜器，只看到数不清的竹简。编联竹简的绳子或熟牛皮均已朽烂，散开的竹简堆满了墓室和墓道。

不准非常懊丧。他不相信一座高规格的大墓中居然没有金银钱财，决意深入大墓继续搜寻。墓穴内深邃而黑暗，照明之物很快便已用尽，于是他"灵机一动"，捡起几片散落的竹简点燃后当火把，继续在墓穴内逡巡。

在墓道里，不准终于发现了一件他认为很值钱的陪葬品——一把两尺五寸长的铜剑，这让不准看到了希望，也激起他更大的贪欲。不准点燃了更多的竹简来获得光亮，以期扩大搜寻范围，获得更多的宝贝。但让他没想到的是，竹简燃起的熊熊大火伴着黑色的浓烟引起了附近村民的注意，他们立刻向官府举报。官兵闻讯而至，将盗墓贼不准当场擒获。

在西晋，盗墓是重罪，等待不准的自然是法律的严惩。可案发现场的汲郡官兵、衙役却对着墓室内成堆的竹简不知所措，县衙的文吏虽然认为这些都是极其珍贵的史料，却根本看不懂竹简上天书般的文字。

据《晋书》记载，大墓中的竹简上的文字为头粗尾细、笔画弯曲、形似蝌蚪的"蝌蚪文"，用黑漆写成，与当世文字区别很大。古代文字从甲骨文、金文发展而来，为战国时期各国普遍使用。"蝌蚪文"与春秋战国时期秦国普遍使用的大篆有一定的先后传承关系。秦统一六国之后，统一文字，推行简化自大篆的小篆，

图94　位于今河南卫辉汲城的古汲郡城墙遗址，古墓竹简就是在这里被发现的

而后中国文字才演化出隶、楷、草、行等字体，直到现代。

　　但在西晋，流行于近500年前的"蝌蚪文"已非普通民众所能识别。好在汲郡的官员意识到了这批竹简的价值，派出几十辆大型运输车，把它们全部运到当时的国都洛阳。中书省负责修史和典籍管理的官员一眼就看出它们是无价之宝，不敢怠慢，火速上报晋武帝司马炎。

　　司马炎此时正处于大战前的兴奋中，每日听取前线战报。因为这年十一月，他派六路大军伐吴，沿江而下，势如破竹。

　　西晋咸宁六年（280）春，东吴国主孙皓投降，结束了中国汉末以来的割据局面。此时正是他最志得意满之时。加之司马家族自东汉初就是儒学世家，因此司马炎对这批出土的竹简非常重视，他令中书省选拔一些才高识广的饱学之士负责整理和校正这批竹简。中书省不敢怠慢，立刻调集了全国顶级的文史专家、学者，对这批竹简展开大规模的释读和研究工作。

古墓中的竹简已在地下埋藏了 500 多年，有不少已经朽烂成灰，出土后又被盗墓贼烧掉很多，内容完整性遭到了极大的破坏。而编联竹简的皮条、麻绳也大多腐朽断裂，竹简上的文字顺序被打乱，因此整理和破译这批竹简是项困难又费时的工作。

最初，竹简的研究工作由中书监荀勖和中书令和峤总负责，他们组织了大量的著作郎、秘书郎、校书郎以及一些知名学者对竹简文字进行破译。"蝌蚪文"虽和小篆有类似之处，但二者的字义差距巨大，译读工作很难在短时间内出成果。不过，此时的西晋国力鼎盛，晋武帝司马炎正意气风发，对文化历史和新鲜事物都非常感兴趣，因此给学者们创造了非常宽松的研究环境，学者们得以用甲骨文、青铜铭文和历代出土的文献做对比研究，很快就取得了突破性的进展。

这批散乱残缺的竹简被初步整理为《国语》《易经》《周书》《穆天子传》等亡佚古籍残卷 75 篇，计 10 余万字，均被转写成西晋通行的隶书文字。其中有一部早已失传的编年体史书，为春秋时期的晋国史官所作，三家分晋后又由魏国的史官续写完成，是晋、魏两国的官修史书。晋国不仅是春秋时期领土最大的诸侯国，政治上也处于中心地位，春秋时很多重大的历史事件均围绕晋国展开。因此，它虽只是一部国史，但比其他诸侯国的史书更权威，也更全面。这部写在竹简上的史书本没有名字，后被整理者命名为《竹书纪年》，其成书时间至少比《史记》早200 年。

东周之前的中国史书大多已经亡佚，秦始皇焚书坑儒，又把除秦国外的各国史书付之一炬；楚汉战争中，秦国的史书也在战乱中未能幸免；秦朝灭亡后，一些先秦的史书如《春秋》《左传》《国语》《吕氏春秋》等在一些儒士的努力下得以恢复。但是，由于原版的缺失，他们只能依据文献引用的片段甚至传说进行编撰和整理，很难对原文进行全面还原。埋在地下的《竹书纪年》侥幸躲过秦始皇的焚书之火，又避开两汉、三国数百年间的战乱与兵祸，保留下来很多珍贵的史料，其历史价值无法估量。

10 年后，司马炎去世，晋惠帝继位，时任秘书丞的古文专家卫恒奉命考订这批竹简，以平众议。但是，西晋王朝仅经历短暂的稳定就进入长达 16 年的"八王之乱"，卫恒的工作尚未完成就因卷入政治斗争而被杀。此后，其好友束皙接替了卫恒的工作，他对《竹书纪年》做了细致而翔实的注释，对存疑之处予以充分论证，最终编成考正本的《竹书纪年》。

经整理后的《竹书纪年》全书共 13 篇，从黄帝开始，跨越了夏、商、周三代，到战国中期的魏襄王二十年（前 299）为止，按年代次序录入了 89 位帝王、近 2000 年的历史。这部史书在春秋时期经晋、魏相承，于战国时期被埋入地下，又在西晋初浮出水面，虽有缺失，却是一本未经任何重塑和篡改的"正版"史书，是研究先秦史的无价之宝。

《竹书纪年》由盗墓贼不準引发而重现于世，其原本及考正本在后来历朝的战乱中也佚失殆尽。那么，出土这批竹简的古墓究竟属于何人呢？从古墓的规制和随葬品来看，很像是古代帝王的陵寝，而大墓所在的汲郡在战国时期属于魏国，《竹书纪年》又是晋、魏的官史，因此西晋的学者们一致判断其为某位魏王的陵墓，但在具体是哪位魏王的判断上发生了分歧：以荀勖、卫恒为代表的学者认为墓主是战国时期的魏襄王（前 318—前 296 在位）；而以束皙、王隐为代表的学者认为墓主是魏襄王之孙魏安釐王（前 276—前 243 在位）。

分歧产生的原因是墓中竹简的最后一条记录"今王终二十年"，因此谁是"今王"成为解决墓葬归属问题的关键。《竹书纪年》显示，"今王"在魏惠王去世后继位。根据《世本》《史记》等史料的记载，魏惠王的继任者是其子魏襄王，他在位 21 年而卒，与《竹书纪年》中"今王"的执政时长相近，"今王"在位期间所发生的历史事件也与《史记》基本相符，因此荀勖等人认为"今王"便是魏襄王，汲郡古墓即为魏襄王墓。

而束皙等人以一片散落在墓中的竹简为依据，认为简上"梁安僖王九年（张仪）卒"中的"梁安僖王"便是魏安釐王。而且根据传说，在魏安釐王去世后，太子增遵照其遗旨，把他安葬在攒茅城（今河南辉县大梁冢村一带）北，此处与共城（位于今河南辉县东）的魏王陵遥遥相对，正是汲冢的所在地。另外，据《西京杂记》记载，魏襄王墓早在西汉就被广川王刘去疾盗掘。由此可见，"今王"只能是魏安釐王，汲县大墓为魏安釐王墓，但又无法解释魏安釐王在位 33 年的事实。直至今日，汲冢墓主人的身份尚无定论。

魏襄王是魏国的第四代国君，名魏嗣。他继位伊始就参与五国合纵攻秦，但最终无功而返。从公元前317年开始，魏国先后遭到齐、秦两国的进攻，均以魏国战败失地而告终。公元前313年，魏襄王与秦王在临晋（位于今山西运城）会面，他主动向秦王示好，并结下盟誓。从此，"五国合纵"瓦解，魏国开始风生水起，不断攻齐、侵卫，得到齐国22个县，还跟从秦国讨燕、伐楚。

魏襄王在位期间，基本采取与秦国交好并对其言听计从的方针，其间秦虽有进攻魏国的一两次小插曲，但很快就将魏国的失地悉数奉还。魏襄王任用善于游说的芒卯，化解了侵魏的四国之兵，使魏国摆脱了被秦、齐夹攻的危机，并通过事秦取得了对齐、韩、燕的战略优势。

魏安釐王是魏国的第六代国君，名魏圉，他的弟弟就是"战国四公子"之一的信陵君。他为了牵制已在魏国为相多年、政治实力雄厚的孟尝君田文，把弟弟魏无忌封在信陵，是为信陵君。魏安釐王刚一继位，魏国就遭到秦国的猛烈进攻，先是在公元前276年，白起攻下魏国的两座城池，次年魏冉又大败韩魏联军、围攻魏都大梁，魏安釐王不得不割地求和。

公元前274年，魏安釐王和齐国建立军事同盟，秦王大怒，再派魏冉、胡阳先后攻取魏国7座城市，杀4万魏兵。本已焦头烂额、元气大伤的魏安釐王却联赵攻韩，结果在华阳（今河南新郑北）遭遇魏冉、白起率领的秦国援军突袭，被打得大败而归，三员大将被俘，13万联军士兵阵亡。白起乘胜追击，趁势进入魏国境内，攻占3城，并围攻大梁，魏安釐王又以割让南阳为代价换取了秦国退兵。

在惨烈的华阳一役中，担任韩、赵、魏三国联军主帅的芒卯不但损兵折将，而且临阵脱逃，最后不知所终，而在战前向魏王极力推荐芒卯为主帅人选的，正是孟尝君田文。田文因举荐非人，被魏安釐王免去丞相一职，失势后很快忧郁而死。他死后，麾下许多门客改投信陵君门下，信陵君逐渐取代了田文在魏国的地位。

公元前257年，秦军包围了赵国的都城邯郸，赵国的形势十分危急，于是赵王的叔父平原君向魏安釐王请求救兵。虽然平原君娶了自己的妹妹为妻，赵、魏

图95 魏襄王执政期间战事频繁，其艺术题材也多以战争为主，图为1935年汲县（今卫辉）出土的战国水陆攻战纹铜鉴

两国已有姻亲关系，但魏安釐王因非常惧怕秦国，大军虽已出发，却驻扎于魏赵边境而不敢出兵救赵。

在此危难之际，信陵君魏无忌站了出来，他首先想到了如姬。如姬是魏安釐王身边的一名宠妃，早年她的父亲被杀，是魏无忌找人给她报了血海深仇，因此如姬非常感激他，并一直要找机会报答。这一次她在信陵君的请求下，冒险从魏王的卧室中偷出兵符，转交给了信陵君。

信陵君持兵符去晋鄙处调兵，却遭到了晋鄙的怀疑，准备派人找魏安釐王来确定兵符的真伪。危急时刻，信陵君随行的力士朱亥用40斤重的铁锤击杀晋鄙，强行夺取了军权。信陵君最终率8万精兵开赴前线，一举击溃了秦军，解除了赵国的邯郸之围，其声势威震六国。这段历史被选入了教材，名为《信陵君窃符救赵》。

魏安釐王对弟弟斩杀大将、夺取兵权的行为非常恼怒，因此信陵君一直躲在赵国不敢回去。10年后，秦将蒙骜率大军攻魏，魏安釐王在国家危难之际选择与弟弟和解，将信陵君请回魏国并封为上将军。很快，信陵君借助自己在列国中的威望召集了五国联军抗秦，在黄河以南大败蒙骜的秦军，拯救了魏国。

战后，魏安釐王中了秦国的离间计，又开始对弟弟有所忌惮和猜疑，甚至怀疑信陵君的忠诚。在上将军之位被剥夺后，信陵君只能终日借酒浇愁、郁郁寡欢。公元前243年，魏安釐王和魏无忌两兄弟在同一年因病离世。纵观魏安釐王的一

图 96　1980 年出土于河南新郑的魏军
"玄膚之用"铜戈

生，他对能臣多有猜忌，对武将赏罚不明，对外畏战惧秦，在位 33 年间几乎被秦国吊打，长年在割地求和中度过。史书上的魏安釐王，只是出场于信陵君窃符救赵、合纵攻秦光环之下的一个角色。

不过，《韩非子·有度》对魏安釐王给予了高度评价："魏安釐王攻燕救赵，取地河东；攻尽陶、卫之地；加兵于齐，私平陆（位于今山西运城平陆县）之都；攻韩拔管，胜于淇下；睢阳之事，荆军老而走；蔡、召陵之事，荆军破；兵四布于天下，威行于冠带之国；安釐王死而魏以亡。"文中的安釐王俨然成为中兴之主。但盛名之下，其实难副，这些"功绩"绝大多数都是魏国利用合纵联盟的矛盾和相互倾轧而取利，不但很快失去，且导致了联盟内部包括魏国国力的严重内耗。

西晋的一名盗墓贼盗挖并破坏了战国时代魏王的墓葬，而墓葬的主人究竟是谁已不那么重要，因为这次盗挖揭开了一段近 2000 年的崭新历史。那么，《竹书纪年》究竟记载了什么？有哪些内容和史书不同，又有哪些真相颠覆了我们的认知呢？对于一些历史公案，《竹书纪年》给出了全新的答案。

2. "禅让制"的另一面

据《史记》等史料记载，尧、舜、禹之间的统治权传承采取的是禅让制，尧把帝位禅让给舜，舜又把帝位禅让给禹。这三位"圣王"都是非常贤明的君主，他们没有把帝位传给自己的后代，而是禅让给有才能、有作为的贤者。长期以来，人们对古人的禅让制津津乐道、赞美有加。

但是，古本《竹书纪年》对这段历史的记载却完全不同："昔尧德衰，为舜所囚也，舜囚尧于平阳，取之帝位……舜囚尧，复偃塞丹朱，使不与父相见也。"舜以尧失德为名把他囚禁起来，并夺了他的帝位。不仅如此，舜还阻止尧的长子丹朱，使他们不能父子相见。如文所记，这哪里是禅让，分明就是赤裸裸的"宫廷政变"，难道我们被子虚乌有的禅让制骗了几千年吗？

《竹书纪年》对这段历史还有更详细的介绍。阻止丹朱见父亲的人，正是尧执政时期主管农事的官员后稷，他的出生颇具传说色彩：有邰氏女子姜嫄去野外游玩，看到地上有一个巨人的脚印，巨硕远胜常人。姜嫄在惊疑间产生一种踩踏的欲望，没想到踩踏后忽觉腹中微动，10个月后产下一子，因孩子没有父亲，姜嫄只好将他弃之门外，所以他的名字又叫弃。

弃正是周朝的始祖后稷，正因如此，周朝的史官们给予他极高的尊崇。后稷不但被称为神农氏，而且在司马迁《史记》转引《尚书》记载，将其尊为"三公"之一，和尧、舜、禹三朝重臣大禹、皋陶同列。在周人的笔下，后稷更具有"天护神佑"的能力，据《史记》记载：当初姜嫄把后稷抛入隘巷，结果过往的牛马都自觉避开，生怕踩踏到后稷；姜嫄把婴儿放到河冰之上，却引来一只大鸟，用丰满的羽翼包裹婴儿，以防他冻僵。姜嫄这才明白弃受到神的保护，因此将他抱回家，精心抚养。

不过，同样成书于东周时期的《竹书纪年》却丝毫没有给后稷半点粉饰："帝

图97　位于今河北省唐县的帝尧故里阳邑仍有城墙和古井遗存，帝尧从这里走上权力的巅峰

使后稷放帝子朱于丹水。"作为尧一手提拔起来的部下，后稷不但对舜夺取尧的帝位没有一丝反对，反而听从舜的旨意阻止丹朱与尧相见且放逐了丹朱。周人始祖的所做所为极度违背人臣之理，对于周朝来说可谓颜面尽失。

　《竹书纪年》的记载让禅让制成为一则弥天谎言，它似乎只是古人一个美好的梦想。不仅如此，《竹书纪年》还透露了一个真相：尧本来也没打算把帝位禅让给舜。《山海经·海内南经》引用了古本《竹书纪年》中的一句话："后稷放帝朱于丹水。"此处在丹朱的名字前多了一个"帝"字，说明丹朱遭放逐时已继承了父亲之位。

　　历史学家相信，尧在执政后期，由于年老体衰，多有过失，因此他的势力和影响在逐渐减小，而舜的威望在上升。尧觉得自己大权旁落，于是传位给自己的

儿子丹朱。舜则不能容忍帝位落于丹朱之手，因此先下手为强，不但囚禁尧于平阳，而且发动政变夺取了丹朱之位。在《竹书纪年》中，尧和舜的权力交接充满了阴谋和血腥，但不管是舜夺尧位还是舜占朱巢，都与《史记》中记载的美好"禅让"相差得太远。

至于丹朱的结局，在今本《竹书纪年》中没有交代。不过据郭璞注《山海经·大荒南经》和一些民间传说显示：丹朱被舜囚禁后找机会逃了出来，他联合三苗之兵讨伐虞舜，双方在丹水之滨（今河南南阳淅川一带）展开决战。战斗中，丹朱最得力的大将、巨人部落首领夸父因误入大泽被淹死，使丹朱的军队战斗力大为减弱，而舜帝在一个以射箭闻名的部落帮助下，彻底击败了丹朱。

在帝位争夺战中失败的丹朱躲进房陵（今湖北房县）做最后的抵抗。在房陵

图98 位于山西闻喜的后稷庙

久攻不克、双方伤亡巨大的情况下，舜无奈停战。据《竹书纪年》记载："帝子丹朱避舜于房陵，舜让，不克。朱遂封于房，为虞宾。三年，舜即天子之位。"最终舜大度地把丹朱封在房陵做房邑侯，并在尧死后3年正式登上帝位，自此走上了权力的巅峰。

但是，有文献显示，舜在取得帝位后便开始大清洗。他不仅囚禁了丹朱，还将其灭门，这可在一些先秦古籍中发现线索，并和《竹书纪年》的内容相印证。据《尚书·皋陶谟》记载，大禹在舜帝的御前会议上发言说：作为君王，绝不能像丹朱那样骄横傲慢、荒淫放纵，视国家大事如儿戏。丹朱不理政务，却有时间不分昼夜地到处游玩、作乐。在洪水已消退的情况下，丹朱仍令部下在没有水的陆地上载其行船，部下只能推行；他还"朋淫于家"，在自己的家中聚众淫乱，因此"用殄厥世"。

《皋陶谟》是尧、舜、禹、皋陶等上古"四圣"的会议记录，由后人整理而成，可信度较高。在这里，大禹透露出一个重要的信息：丹朱不但没有继承父亲之位，而且其后嗣也已断绝。有学者认为，"殄"字说明帝舜处死了丹朱的全家。帝尧曾把两个女儿娥皇、女英都嫁给了舜，是舜名正言顺的岳父，但舜仍武力夺权、杀丹朱而绝其嗣，从此处可以看出权力斗争的残酷无情。

文献显示，舜上位后不仅杀了丹朱全家，而且大肆清洗政敌、绞杀遗老。他把原来尧手下的几名心腹命名为"四罪"，使之成为"公敌"加以消灭。其中共工被流放到偏远的幽州（今辽宁锦州医巫闾山附近），骥兜被囚禁在荒蛮的崇山（今湖南张家界西南），三苗被杀死在三危山（西部边疆山名，说法不一），而大禹的父亲鲧则被消灭于羽山（今山东蓬莱或江苏东海）。舜在扫清前朝势力后终于坐稳了宝座，可见中国上古时代的权力交替也是同样冷酷与血腥。

当然，史书中的鲧似乎罪有应得，并不值得同情。据《史记》记载，尧、舜时期的中华大地上洪水泛滥，于是舜派出能臣鲧领导百姓治水。鲧采用的办法是壅堵，结果洪水愈加泛滥，很多人被淹死。舜在一怒之下杀死了鲧，又任命其子大禹治水。大禹采取疏导的办法治理了洪水，获得了很高的声望。

舜取得了帝位，消灭了政敌和旧势力的威胁，自然十分得意，但是他的结局依然悲惨。《竹书纪年》记载：舜在晚年的时候，很想让自己的儿子义均即位，但义均是个喜欢歌舞弹唱的庸碌之辈，因此舜担心遭到诸侯的反对，于是他假惺惺地推举夏部落的首领大禹为接班人，帮助自己处理政务，但大权仍牢牢抓在自己手中。不久，舜把儿子义均封在战略要地商（今河南商丘），号商均，为其积蓄力量做准备。

但是，人算不如天算。舜在继位的第 50 年"崩于苍梧之野"，被"葬于江南九疑"。而此时的大禹通过治水博得了巨大的声望，手中掌握着相当规模的军事力量。他不但因父亲被杀而怨恨舜，更对他的帝位垂涎已久。专家推测，禹在舜去世的前一年就发动政变，将舜囚禁并放逐到苍梧（今湖南九嶷山地区）之野，直至他死去。苍梧在历史上属于百越之地，是当时的偏远、荒凉之地，当地的语言、风俗和中原大为不同。那里瘴气横行，外地人到此大多水土不服，常有性命之忧，

图99　湖南九嶷山上的舜帝陵

而流放至此的舜已90岁高龄。

大禹不允许舜的两个宠妃及仆人随行服侍，因此舜在无际的荒野上既孤独又虚弱无助，恶劣的环境、缠绵的病体和绝望的情绪很快让他客死他乡。舜死后，其子商均宣布要面见诸侯，想"重拾天下"，但各地诸侯没有一个理睬的，纷纷朝见大禹。大禹稍微推辞了一下，即认为这是众望所归的"天意"，于是正式宣布登基。《史记·夏本纪》中对此也说得很清楚："天下诸侯皆去商均而朝禹，大禹于是遂即天子位。"

不过，人间自有真情在。据《尚书》《列女传》等文献记载，舜的两个爱妃娥皇、女英听到他的死讯后，不计前嫌，不仅未因他推翻自己的父亲而心生怨恨，还不远万里来到苍梧凭吊。二人行至洞庭湖畔再也无力前行，只能遥望九嶷山（位于今河南宁远境内）抱头痛哭。她们哭了三天三夜，最后眼中哭出血来。据传，她们的血染红了附近的竹子，从此竹上长满了斑纹，这就是"湘妃竹"的由来。后来，二妃双双投入湘水自尽，遂成为湘水之神。刘向的《列女传》和屈原的《九歌·湘夫人》记录了这段美丽的爱情故事，也书写了一段凄美的帝妃传奇。

虽然《史记》中记载舜是因南巡来到苍梧之野，因不适应当地气候得了重病而死，并非被大禹放逐，但却疑窦重重：90岁高龄的舜还能去苍梧之野这样的不毛之地巡察？一国之君外出视察，身边竟然无人跟随？还有舜选择视察的地方，既不是重要的城邑、卫所，也不是祭坛和农庄，而是毫无政治和经济价值的"苍梧之野"。帝舜为何要到这样的地方南巡呢？除了流放，似乎找不到更好的理由。因此，《竹书纪年》对这段历史的记载更有信服力。

战国时期著名的思想家韩非子在《韩非子·说疑》中讲道："舜逼尧，禹逼舜，汤放桀，武王伐纣，此四王者，人臣弑其君者也。"韩非子认为，舜、禹、汤、武王四人都是弑君的逆臣，舜逼迫尧让出帝位，禹逼迫舜让出帝位，商汤放逐了夏桀，周武王讨伐商纣王，均是臣子夺取了当朝君王的天下，为大逆不道之举。韩非子身处战国时代，他接触的原始史料与《竹书纪年》是一致的，比战国后成书的史书更接近历史真相。

其实，禅让制的说法本身就有诸多矛盾之处：历史上西汉末君刘婴禅位于王莽、汉献帝禅位于曹丕、魏元帝曹奂禅位于司马炎等都是被迫为之，均是当朝权臣逼现任皇帝退位。这些禅位后的前朝帝王尚能苟延残喘，但南朝宋、齐、梁、陈的禅让，不但旧皇帝不能幸免，连家族都惨遭屠戮。

作为帝王，即使在有生之年把帝位传位给儿子也都心不甘、情不愿。例如宋高宗赵构和清高宗乾隆在当上太上皇后，仍然把持着朝政，紧抓权力不放。古代的权力交替，若没有依"父传子"的模式进行，就基本伴随着权势和武力的压迫，因此《竹书纪年》对舜、禹用武力夺取帝位的记载是符合逻辑的。

当然，也有很多学者质疑这部另类史书的真实性。但现实情况是，《竹书纪年》的成书时间比《史记》早200多年，其记录更接近于那段历史，而后世出土的甲骨文和青铜铭文更是印证了《竹书纪年》的真实性。据《史记·殷本纪》记载，盘庚迁都是从黄河以北的邢（今河南温县东），迁到黄河以南的亳（今河南商丘和山东曹县一带）；而《竹书纪年》记载，盘庚是从黄河以南的奄（今山东曲阜），迁到黄河以北的殷（今河南安阳西北）。1928年，因安阳殷墟开始发掘，此后历史学者开始相信《竹书纪年》记录的准确性。

　　在《史记·殷本纪》中，商朝共三十一王，中宗为太戊；而《竹书纪年》的记载是商有二十九王，中宗为祖己。殷墟出土的甲骨文证明，商朝确实是二十九王，而中宗确为祖己，而非太戊。在《史记》的商君世系表中并无"王亥"的记录，而《竹书纪年》中有此人较详细的生平事迹记录。而后，"王亥"的存在和他的身份均在殷墟甲骨文中得到了证实。由此可见，《竹书纪年》中的很多记载比《史记》等史书更为准确。

　　孔子修订《春秋》后，将尧代兄位，舜、禹夺位的冷酷历史善意美化，使之成为无法效仿的美德典范。在儒家经典中，尧、舜、禹均被推崇为上古圣贤，禅让符合儒家对美好道德的宣扬。它时刻提醒后人：人类本是善良和高尚的，只是后来"德之不存"才日益堕落，因此今人要仿古、学古，才能恢复古代的高尚道德。但《竹书纪年》告诉人们一个冰冷的事实：古代的禅让制不过是圣贤为营造一个美好的世界而编造出的美丽神话，其真实面目不过是一场血腥的夺权。

3. 大禹的棋局和太甲的逆袭

据《史记》记载，大禹死后，伯益因助禹治水有功、政绩突出而继帝位。伯益本是帝舜时期掌管畜牧农林的虞官❶，是后来秦、徐两国君王的先祖，德行高尚，才能突出，博学能文，《山海经》这部上古奇书据传就是伯益首作。大禹对他十分赏识，特意将女儿许配给他，并在临终前按着禅让制的传统，把帝位禅让给了伯益。

其实大禹在世时，最看好的是心腹皋陶，早早就确定他为自己的接班人，但皋陶早死。直到大禹在会稽巡狩时病倒，感到时日无多，才决定死后将帝位禅让给伯益。但是，伯益虽政绩突出，却资历尚浅，他治水的"高光时刻"是在帝舜时期，跟随大禹的时间并不长，因此"天下未洽"。而大禹的独生子启得到各方的支持与拥护，诸侯们更愿拥立启为帝，因此拒不服从伯益的领导。

迫于形势，有自知之明的伯益将帝位交还给了夏启，自己则躲到箕山（位于今河南登封东南）南麓开始了隐居生活。《史记》中刻画的伯益是一个高风亮节的圣人，他认为自己的德行不足以让属下服从，更不具备做帝王的资格，因此不但把帝位禅让给夏启，还竭力拥立他上位。但是，《竹书纪年》对这段历史的记载却与《史记》大相径庭：禹从未想过要把帝位禅让给贤者伯益，而伯益的结局更是让人唏嘘。

伯益在帝舜时代治水有功，且对国家畜牧业的发展有突出的功绩而博得帝舜的青睐。他和当时庸碌无为的大禹之子启相比，无论品德、才华还是功绩都更胜一筹，是接替大禹的不二人选。因此，大禹在临终前不得不确立伯益继位。但

---

❶ 出自《尚书·舜典》。

是，大禹早就提前对未来的天下之势做了布局：他把军队的指挥权交给了儿子启。清华简❶《厚父》篇还透出大禹的另一个布局："帝亦弗恐启之经德少，命咎繇❷下为之卿士。"大禹并不担心儿子的德性和经验不足，他让皋陶做启的谋臣来抗衡伯益。

伯益掌国时，启的军事实力已远超伯益。他暗中积蓄力量，准备抓准时机举兵反叛，夺取伯益的帝位。当时绝大多数诸侯都是大禹的"旧部"，因此他们明确反对伯益而支持启，最终伯益因寡不敌众而被启率军杀死于箕山南麓："益干启位，启杀之。"❸《竹书纪年》的这段记载很快被另一部先秦史料证实：1994 年，上海博物馆斥资从香港文物市场购回 1200 枚战国楚简，其中一篇《容成氏》中记载："禹于是乎让益，启于是乎攻益自取。"

对于大禹禅让伯益的历史，战国思想家韩非子看得非常透彻，《韩非子·外储说右下》中说："启与友党攻益而夺天下，是禹名传天下于益，而实令启自取之也。"看来大禹一开始就没想禅位于外人伯益，他所做的都是在为儿子能够最终继位进行铺垫和布局。但是，伯益真的就是这一变局中的受害者吗？事实恐怕并非如此。清代王夫之《楚辞通释》卷三引用了《古本竹书纪年》中的一段话："益代禹立，拘启禁之，启反起杀益以承禹祀。"看来，篡位夺权并拘禁继承人的伯益也属咎由自取。

通过《竹书纪年》的记载，人们看到了上古时代残酷的权力争夺，所谓禅让制只是一个美丽的神话，而一直被史书追捧的"君臣如父子"的关系也受到了极大的挑战。在上古时代，臣子与主上的关系究竟如何？所谓的千古明君和忠臣贤相之间是相辅相成，还是早就礼崩乐坏？《竹书纪年》中的一处内容不仅给出了答案，更颠覆了历代史料的记载，这就是"太甲杀伊尹"。

---

❶ 2008 年清华大学从香港文物市场获得的战国史书类竹简。

❷ 即皋陶，上古"四圣"之一，尧、舜时期大臣，建构了中国最早的司法体系。

❸ 出自《古本竹书纪年辑校》和《晋书·束晳列传》。

图 100　浙江绍兴会稽山上的大禹陵

据《史记》记载，太甲是商代第三任国君，是开国之君商汤的嫡长孙。太甲继位后十分昏庸，做了许多失德的错事。此时，当时最有名望、最有权势的大臣伊尹挺身而出，将太甲囚禁在桐宫❶，并令其反省。3 年后，太甲终于改过自新，且有了良好的表现，伊尹就把他迎回并郑重地将国家大政交还给他。

太甲对伊尹说："过去我违背您的教导，做了很多错事，现在追悔莫及，我希望您继续指导我走正路。"他复位后接受之前的教训，并不负众望，成为一个勤政爱民、励精图治的圣君。他的一句话还成为流传至今的名句："天作孽，犹可为；

---

❶　商朝桐地的宫室，位于今河南商丘市虞城县，相传商汤的陵墓所在地。

图 101 位于河南杞县的伊尹故里遗迹。历史上的伊尹是千古贤臣的典范,但《竹书纪年》中的
他最终无法寿终正寝

自作孽,不可活。" ❶

不过,《竹书纪年》对此段历史的记载却完全相反:太甲在继位之初就任命伊尹为卿士,但伊尹却将他放逐、囚禁后自立为王。3年后,太甲趁士兵不注意逃出桐宫,潜回国都亳(今河南商丘境内)杀掉篡位的伊尹,重新夺回了王位。在当时,伊尹的行为是十恶不赦的灭族大罪,但太甲对伊尹的后代非常宽容,不但没有加以杀害,还让他的两个儿子伊陟、伊奋承袭了伊尹的爵位,平分了伊尹留下来的田宅,直至太甲去世,也没再追究伊尹家族后人的责任。

伊尹作为商代重要的大臣,司马迁给予了他高度的评价,把他塑造成大公无

❶ 出自《尚书·商书·太甲中》。

图102　位于陕西宝鸡的周原遗址，周王朝的崛起从这里开始

私的圣人和忠贤之臣的典范；而《竹书纪年》中的伊尹却是谋权篡位的奸臣，其千古良相的形象毁于一旦。《史记》的史料来源主要是《春秋》等儒家史书，而春秋时期的孔子虽了解这些"谋权篡位"的历史，但为了让大家向高尚的品德看齐，在他的作品中只字未提，反而大力宣扬尧、舜、禹的禅让制，因此这是一段被儒家学者刻意美化的灰暗上古史。

《竹书纪年》中的臣下靠实力忤逆主上，而主上对臣下也是一样冷酷残暴，这在"文丁杀季历"的历史段落中表现得淋漓尽致。季历是周文王姬昌的父亲，当时他还是商王武乙属下的一个诸侯。武乙昏庸无道、性情残暴，他和失国的太康、身死的后羿一样喜欢外出打猎。一次，武乙为追捕猎物远行至渭河平原一块隶属周部落的飞地上，不料突然遭遇雷击，武乙当场倒地身亡。

武乙以这种离奇又万中无一的方式暴亡，国人并没有感到意外。因为就在几年前，武乙命人用土、木制成偶人，命名为"天神"，交由手下操纵，然后自己与这些偶人搏斗，当然每次都是武乙获胜，于是他就对这些"天神"进行羞辱。疯狂的武乙还把装满鲜血的皮囊挂在高处，然后拈弓搭箭射向皮囊，射中处血流喷洒，武丁称之为射天❶。在商代民众看来，武丁的暴死是上天对他的惩罚，但是，武乙之子文丁却不这么看。

商王文丁继位后，多次派人调查父亲遇害之地，怀疑他是被周人害死的。当时季历率领的周军非常强悍，连续打击周边的少数民族部落。季历在武乙时期就兼并程国、大败义渠并俘获其君主，在得到武乙的支持后，季历又讨伐"西落鬼戎"❷，战斗中周军俘获了鬼戎的 12 个番王，使其丧失了元气和战斗力。

在文丁继位的第二年，季历又渡过黄河讨伐"燕京之戎"❸，并继续东进，彻底击败了"余无之戎"❹。季历的胜利和势力的扩大让文丁如芒在背、寝食难安，但是为了笼络住声势正旺的季历，文丁封他为"牧师"，成为商代西部诸侯之长。《周礼》规定"……六命赐官，七命赐国，八命作牧，九命作伯"，此时成为"牧"的季历离天下诸侯之长只有一步之遥。

有了商王的任命，季历更是放开手脚，对戎狄接二连三展开攻势。3 年后，周军又灭"始呼之戎"❺，势力越来越大，商、周边界的距离第一次如此之近。此时的文丁已经将季历视为眼中钉、肉中刺，必先除之而后快。

4 年后，季历打败"翳徒之戎"❻，俘获其 3 个大头目，不仅一洗多年受戎狄欺侮之耻，而且获取了大片土地和大批的奴隶，国力迅速增强。得胜后的季历十分得意，携俘虏去商都献捷。文丁先是假意赞美季历的功绩并给予嘉奖，赐玉圭、

---

❶ 出自《史记·殷本纪》。

❷ 殷、周时位于今山西西北的强大部落。

❸ 古族名，生活于今山西汾阳一带。

❹ 古族名，生活于今山西壶关、纯留一带。

❺ 古族名，商代时居于今山西南部地区。

❻ 古族名，商代时居于今山西太原北。

图 103　周原遗址出土的南宫乎钟

图 104　周原遗址出土的二式兴钟　　　　　图 105　周原遗址出土的三年兴壶

美酒，并封其为伯。但等季历刚摘下佩剑、准备换上新朝服时，就被"执诸塞库" ❶，最终被囚禁致死。

《史记》中并没有"文丁杀季历"的内容，因此有学者对《竹书纪年》的这段记载提出质疑。但是，考古的实物证据让这一切都清晰起来：商汤的长孙在《史记》中被称为"太丁"，但在《竹书纪年》中却被称为"文丁" ❷。后来，殷墟出土的甲骨文证实，其名字为"文武丁"，由此看来，《竹书纪年》的记载比《史记》更为准确。

据《史记》等史书记载，国人暴动后，周厉王被驱逐出国都，周公和召公一起联合执政，史称共和执政。但是，根据时间推算，此时的周公、召公已死去100多年，怎么可能联合执政呢？而《竹书纪年》也对这段历史进行了重新修止：所谓共和执政，并非两个贤臣联合执政，而是由共国 ❸ 的国君共和伯摄政，他才是那段时间西周王朝的真正统治者。《竹书纪年》让人们认识到，"礼崩乐坏"并非始于春秋战国，而是在中国上古时代就已出现。权欲往往会湮灭人性的光辉，历史虽然冰冷，但真相不容篡改。

---

❶ 出自《今本竹书纪年疏证》。

❷ 见于《晋书·束皙传》《北堂书钞·四十一》等引《竹书纪年》。

❸ 西周初封国，位于今河南辉县。

4. 太康失国及少康的反击

《竹书纪年》还记载了一个重大的历史事件——太康失国。其实这一事件在《史记·夏本纪》中也有记载，只不过记载太过简略，一共只有18个字："帝太康失国，昆弟五人，须于洛汭❶，作《五子之歌》。"说的是，太康失去帝位后，他的5个弟弟被驱逐到洛汭，无处归依，于是集体创作了《五子之歌》。但是司马迁对于太康失国的原因和过程，以及《五子之歌》的内容都没有做出具体的说明。

有关《五子之歌》的记载最早出现在《尚书·夏书》中。古本的《尚书》原有100多篇文章，后来随着朝代的更迭，很多篇章都已佚失，但有关《五子之歌》的记载一直保留至今。歌词中有一句"民惟邦本，本固邦宁"，意思是：治理国家要以人民为根本，只有稳固了根本，国家才能安宁。这和现代国家的治国思想很一致。

《尚书》对《五子之歌》的创作背景和太康失国的原因做了较详细的交代：由于太康不理政事、喜好淫乐和无节制地游猎，夏朝的诸侯和民众对他都怀有二心。有一次，太康到洛水的南面打猎，居然100天不回朝。他的行为让官员和百姓不能忍受，于是，有穷氏君主后羿"顺应民意"，趁机占据国都，篡取了夏朝的王位。

后羿令军队在河边阻截太康，不让他回到国都。此时，太康的5个弟弟侍奉着母亲一路颠沛流离，在洛水河畔作《五子之歌》，对太康进行指责和劝诫。文中追思大禹的遗训，表达了5人对太康失国的愤懑与伤悲。《五子之歌》的前半段控诉太康在位期间的一些错误作为，如贪图女色、嗜酒玩乐，最后因失德导致了政

---

❶ 古洛水入黄河处，今河南巩义河洛镇一带。

权的覆亡；后半部分表达出 5 位王子对现实境遇的不安和对往事的唏嘘。

《尚书》对"太康失国"的记载主要通过《五子之歌》展开，而《左传》对这段历史的记载却出于春秋时期晋悼公和魏绛（即魏庄子，春秋时晋国的国卿）的一段谈话。魏绛为了说服晋悼公接受自己修民事、和诸戎的主张，就列举了"后羿代夏"的历史典故。不过在内容上有两处重要的增加：一是"寒浞杀后羿"，二是"少康灭寒浞"。魏绛所引用这段历史的重点是后羿代夏后倒行逆施，远贤臣而亲小人，最终被奸臣寒浞所杀，江山也被寒浞所得。后来，少康在诸侯的帮助下夺回本属于自己的政权，并让夏朝再次振兴。

长期以来，这段历史有颇多的费解之处。司马迁的《史记》中只提到"太康失国"四字，但对于太康为何失国，失国于何人均未交代，《尚书》《左传》补充了"后羿代夏""寒浞代羿""少康复夏"的内容，但究竟是《史记》言之不详，还是《左传》添枝加叶，后人无法判断哪部史书记载切实。而《竹书纪年》对这段历史记载得非常详细，并与《尚书》《左传》等记载有很多处不同，如此互为补充，完整还原出一段遗失的历史真相。

据记载，太康是夏启的长子，也是自有国家以来第一位名正言顺继位的太子。他出身高贵，自幼未受过饥寒劳累之苦。其父启年轻时好武功、不好美色，因此 35 岁时才成家，先后娶了 3 个妻子，但所生的都是女儿。后来太康出生，成为启的第一个儿子。启对他自然十分溺爱，无论外出打仗还是处理政务都带着太康。

但是，晚年的启生活日益腐化，喜欢喝酒、打猎，每日声色犬马，不重视对孩子的教育，而且性格变得愈加残暴，这些对太康产生了很大的影响。太康即位后根本不理政事，把主要的精力都放在享乐上。首先，他觉得国都的位置不好，宫殿也不够气派，决意兴建新都。太康看中了黄河南岸、洛水北岸一块丰腴的土地，令人在此建立了新都，名为斟鄩（今河南洛阳偃师二里头遗址）。此地宫殿、宗庙宏伟，街市、作坊完善，仅王宫就占地 10000 多平方米。

太康整日沉迷酒色，生活非常奢靡。他在治国方面也是赏罚不明、忠奸不分，久而久之，朝纲不整、诸侯不服。太康还特别喜欢狩猎，他在一群阿谀奉承之臣的吹捧下，自认为是无人能敌的天下第一猎手。他的失德行为引发了内忧外患。

图106　位于河南偃师的二里头文化遗址，被认为是夏朝中晚期的都城所在地

内部，统治阶级矛盾重重、争权夺利，百姓则怨声载道；外部，许多异族趁机发起进攻，侵吞掠夺。但太康不以为然，仍沉迷于酒池肉林之中。

太康四年（前2048）的一天，太康突然心血来潮，带随从去黄河南岸的"有洛之表"（即前文提到的洛汭）打猎。这一次太康玩得高兴，因此3个月没有返回斟鄩，这给一个野心家带来了机会。这个野心家就是东夷部落的有穷氏首领——后羿。禹继位后，后羿的父亲因拥立之功被任命为"司羿"，成为管理弓箭部队的世袭统帅，具备了一定的军事地位。到后羿时，有穷氏已具备相当强的实力，此时的后羿野心勃勃、跃跃欲试，时刻准备夺取夏王朝的权力。

此时，正逢太康不得人心，把国家管理得一团糟。而他这次长时间、远距离的打猎活动，为后羿反叛提供了天赐良机。后羿率军队如入无人之境，很快就攻下斟鄩，夺取了夏王朝的政权。而此时的太康仍在野外打猎，殊不知国都已被占领，待他带着大批猎物兴高采烈地归来时才发现，黄河北岸已全是后羿的部队，

图 107　湖南岳阳巴陵广场上的后羿斩巴蛇雕塑

这才知道后羿已反、国都已陷。太康回国不得，只好在黄河南岸过起了流亡生活，两年后才在阳夏（今河南太康）安顿下来。不久，太康在悲困交加中病死，此时距他继位不过短短 4 年。

历史上的后羿因实力强大而被世人视作神明，因此才有了后羿射日的传说。

后羿掌握政权后，出于诸多考虑，他既未称王、改号，也没有屠杀夏后氏的宗族，很多原来的官员仍然留用。这倒不是后羿突发慈悲心肠，而是因为太康和他的臣工已不足惧。此时的太康尽失天下人心，诸侯和百姓早就希望他下台，如今后羿把他赶跑，正是深得民心之举，得到了百姓的支持与拥护；若后羿改朝换代、屠戮旧臣和王室，恐怕会遭到前朝残余势力甚至人民的激烈反抗。

不过，后羿的夺位毕竟属于大逆不道、有失臣伦的行为。他在各路诸侯的压力下，把王位暂时交给了太康的弟弟仲康。当然，仲康只是傀儡，他的一言一行、一律一令都需要得到后羿的授权和批准。原来有穷国每年都要向夏王朝缴纳大量

166

贡税，后羿夺权后，有穷国不但不再缴纳，反而要从夏王朝收取双倍的贡税，可见仲康这个王当得相当窝囊。

后羿虽未称王，但他通过傀儡夏王仲康操纵政局，把实权抓在手里，并广罗党羽、翻云覆雨。在此情况下，仲康不可能有什么作为。不过，《竹书纪年》中却透露，仲康也并非庸碌之辈，他在位期间做成了两件大事：一是在继位第五年"命胤侯帅师征羲和"❶，让近臣胤侯掌管国都的"六师"，去讨伐日益骄横的羲和国，借此增强了自己的军事掌控权；二是在继位的第六年封昆吾氏首领为伯爵，借此扩大了自己的政治影响力。当然，仲康的两次行动均事先得到后羿的许可，军政大权仍在后羿掌控之中，仲康见复国已不可能实现，郁郁寡欢，终于在继位7年后忧郁而死。

仲康死后，他的儿子相继位。在汲冢竹书出土前，人们对这位为"少康复国"奠定坚实基础的夏王知之甚少，因为在东汉之前的史书上根本找不到其生平记载，《史记》只交代了相的世系，而《尚书》《左传》对相这个人只字未提。但历史学者们通过《竹书纪年》上绝无仅有的记载，了解到这位神秘夏王的传奇一生。

早在相做太子的时候，他就找机会逃离了权力的旋涡和是非之地斟鄩，居住在旧都帝丘❷，依靠同宗的邳侯国（今河南浚县东南的大伾山一带）给予保护。仲康去世后，后羿立相为夏王，要求他去国都登基。但是相不甘心再做后羿的傀儡，拒不前往。同时，他积极联络斟灌（今山东寿光东北）、斟鄩两个同姓诸侯国寻求支持。不过，他仍然默认后羿对夏王国实际领导权的控制。

相继位后，开始通过积极对外扩张来加强自己的军事掌控权。在登基的当年，他就派大军征讨王国东南的淮夷❸；第二年，又伐风夷和黄夷❹；5年后，迫于军事

---

❶ 出于《今本竹书纪年》。

❷ 今河南濮阳县高城遗址。

❸ 位于今江苏、安徽淮河流域的多部落合称。

❹ 风夷、黄夷均为东夷的分支，位于今山东境内。

压力的于夷主动来朝，表示对相政权的臣服。此时的后羿虽日益骄横，但并未对相的行为进行打压，也未产生警惕，而是自恃武力过人、箭法精准，竟和晚年的太康一样不修民事，迷上了骑马、射猎，把国家的军务和政务都交给亲信寒浞处理。看来在夏代，狩猎是一项对权贵们有着巨大吸引力的户外运动。

寒浞本是伯明氏❶的子弟，因造谣惑众被氏族首领后寒驱逐，但他通过阿谀奉承和巧舌如簧的本事，得到了后羿的信任和重用。在他的谗言下，后羿疏远了武罗、伯因、熊髡、龙圉等忠臣和贤臣，任用寒浞为相。得势的寒浞如鱼得水：他在内用奇珍异宝谄媚后羿的宠妾；在外用高官厚禄收买地方权臣和各方诸侯；蛊惑后羿终日声色犬马、沉迷于射猎；并任用奸佞之臣，朝中的大臣几乎都换成了他的死党；用狡诈的手段愚弄百姓。寒浞逐渐取得了王朝的控制权，他认为杀死后羿并取而代之的时机已经成熟。

此时的后羿还浑然不觉。在一次长时间打猎的返回途中，后羿的家丁在寒浞的授意下将他杀死。其子最终也被杀死在城门外。其后，寒浞在三年内陆续清除了后羿的宗族和子孙。后羿不但自己不得善终，其血脉也最终断绝。

不过这里还有一个疑点，后羿的家丁为何听从寒浞而背叛自己的主人呢？《竹书纪年》中虽然没有具体说明，但屈原的《天问》中却提供了线索："浞娶纯狐，眩妻爰谋。何羿之射革，而交吞揆之？"结合南宋罗泌《路史·国名纪》可知：寒浞与后羿的妻子纯狐通奸，被酒醉的后羿捉奸在床，后羿盛怒之下想杀死寒浞，反被寒浞、纯狐合力杀死。

后羿死后，寒浞立刻宣布后羿的罪状，并自立为王，改国号为寒，立纯狐为正妃，并尽数收纳后羿的后宫妻妾。寒浞可没有后羿那般大度，担心夏后氏的血脉延续会威胁他的王位，于是展开杀戮，到处抓捕夏后氏的子孙。此时的相岌岌可危，只好迁到斟灌寻求保护。据《竹书纪年》记载，商代先祖相土趁机在此时将自己的统治中心迁到了商丘，为后来以商代夏打下了基础。

---

❶ 即寒氏，东夷族的一支，妘姓，居住于今山东潍坊寒亭区一带。

紧接着，寒浞开始对相的支持者进行无情的征讨。他先是亲率大军灭掉夏后氏亲族戈国 ❶，派次子寒殪镇守；随即令长子寒浇攻灭收留相的斟灌国。相逃亡到斟鄩，寒浇的军队很快随之而至，在一场潍河上的大型水战之后，寒浇彻底灭亡了斟鄩国，相也被寒军俘获。次年，相被寒浞下令杀死。这位一心抱着复国梦并有所作为的夏王终躲不过篡国者的戏弄。

图108 2003年出土于巩义花地嘴遗址的夏代彩绘陶瓷，花地嘴正是《五子之歌》中洛汭的所在地

相的妻子后缗已怀身孕，侥幸从城墙破洞中爬出，逃回娘家有仍国（今山东济宁一带），生下少康。少康生活在舅舅家，早年历经磨难，长大后凭才能被任命为有仍国的牧正，负责部落的畜牧工作。少康时刻不忘为父报仇和恢复国家的梦想，并时刻警惕寒浇的威胁。少康20岁时，寒浇得知他的下落后，便派特使椒前来有仍国要人。为了不连累母亲的族人，少康不得不出逃到有虞国（今河南虞城一带）。

少康才干过人，被国君虞思任命为庖正。虞思决定对夏后氏的复兴进行豪赌：他不但把自己的两个女儿嫁给少康，还把一块方圆10里的封地和500人赐给少康。少康从此安定下来，在封地内任用贤能，广施恩德，收罗夏王朝旧部。在少康的筹划和行动之下，复夏势力日益壮大。

少康的复国行动也得到了夏王朝旧臣的广泛支持。本着"敌人的敌人就是朋友"的原则，少康对来自后羿旧部的帮助也来者不拒。伯靡本是后羿的近臣，在后羿被杀后逃亡到有鬲国。在那里，他收留了大量被寒浞所灭的斟灌、斟鄩两国

---

❶ 夏禹后裔，姒姓，居于今河南太康一带。

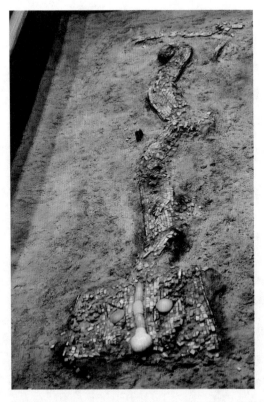

图 109　二里头遗址出土的绿松石龙形器，龙身由 2000 多片绿松石粘嵌而成，疑为王室所用

的遗民，征兵备战，并公开拥立少康为帝。而寒浞凭借奸诈虚伪上位，自然不可能施德于民，他们父子对百姓采取镇压和愚弄政策，因此逐渐失去民心。

不过，对于寒浞如何灭亡，本只有《左传》❶上的简单记载："靡……灭浞……"，"少康灭浇于过，后杼❷灭豷于戈"。看来寒浞父子是被少康、后杼和伯靡联合攻灭的。不过，《古本竹书纪年》对此却有另一番精彩的描述：寒浞的继任者寒浇掌权后终日花天酒地，自恃强大而不加戒备。少康派心腹汝艾打入寒浇集团内部，以监视他的一举一动，却发现了一个惊人的秘密。

多年前，寒浞的爱妃纯狐氏为他生下一子，但不想该子少年夭亡，留下寡妻女歧，而寒浇贪其美貌竟将其霸占。他几乎每晚都到女歧住处过夜的行踪被汝艾得知，于是他安排杀手在当晚暗杀寒浇，结果误杀了倒霉的女歧，惊跑了狡猾的寒浇。寒浇的力量和奔跑能力几乎无人能及，就在他要逃出众人的掌控之外时，

❶　出自《左传·襄公四年》和《左传·哀公元年》。

❷　少康之子，即帝杼。

汝艾及时骑着快马、带着大批猎犬赶到。寒浇被猎犬撕咬倒地，被汝艾一刀斩杀，其首级被呈送给少康。

《竹书纪年》记载的这段历史中，寒浇的终结者从君王少康变成了间谍汝艾，书中还把暗杀细节写得绘声绘色。不过无论如何，少康最终杀死了寒浞父子，夺回了王位。两名来自东夷部落的篡国者先后灭亡，国家又回到夏后氏手中。少康在位期间积极发展生产，使国力迅速增长。他恢复了已被废除的农官职务，让后稷的后人世袭担任；他令商侯冥去治理常年泛滥的黄河并取得了成效。从太康到少康，夏朝在经历了100多年的混战后终于恢复过来，原来失去控制的诸侯国也纷纷来朝，因此这段历史被称为"少康中兴"。

5. 古墓里的帝王传奇

《穆天子传》被誉为中国上古三大奇书之一。

本来，最早的三大奇书是《山海经》《易经》和《黄帝内经》。《山海经》描绘了上古世界的地理、民族、物产和风土人情，还有许多志怪与猎奇的内容，是研究上古史的重要物证；《易经》是上古时代用来预测未来的三册奇书，为《周易》《连山》《归藏》，通过爻卦的手段揭示宇宙万物循环变化的道理，后两册已失传；《黄帝内经》涉及中国最早的医疗、医药和养生。后来，有历史价值且充满玄幻色彩的《穆天子传》取代《黄帝内经》，成为新的上古奇书。

《穆天子传》又称《周王游行》，经束皙等人整理后分为五卷，作者已不可考，是一本由多位西周史官撰写的史书，以时间为序，记录了周穆王在位期间率军南征北战的盛举。文字质朴详尽，缺乏《国语》《左传》的文采，更像是一本史官的笔记或对天子的随行实录。一本史书若有太多的文笔润色和主观判断，定会降低其史料价值，《穆天子传》正好避开了这一点。

《史记》对周穆王的记载比较简略，只知道周穆王名姬满，是周昭王之子、武王姬发的四代孙，在位长达55年。汲冢出土的《穆天子传》和《竹书纪年》上的文字显示，周穆王不仅是西周时期在任时间最长的周王，还是中国历史上最具传奇色彩的天子。

周昭王在位时，承继"成康之治"的余威，国家策略以对外扩张为主，败东夷、平荆楚，靠征伐四方来平息内部矛盾，导致"王道衰微"❶、诸侯不服，周昭王最终也死于征伐途中。

---

❶ 出自《史记·周本纪》。

172

周穆王继位后，认为要处理国家乱政、维系周天子权威，应先解决统治阶层内部存在的制度问题、刑法问题和管理问题，于是他登基后做的第一件事就是任命伯臩为太仆，发布《臩命》，通过重申执政纪律、整肃官员队伍、明确中央与地方关系等措施，重新树立了周王室权威。接下来周穆王又任命吕侯为司寇，制定并颁布《吕刑》，重新整顿了积弊多年的司法制度，在要求严格执法的同时，减少了大辟、宫刑等重刑的比例，使天下再度安宁。

要想成就霸业，仅有德政是不够的，因此周穆王执政后的第二件大事就是对外用兵，而其攻伐最为频繁的，当数在西周北部坐大的犬戎部落。据《竹书纪年》记载：犬戎一直是周王朝的属国，但在周穆王十二年没有进贡，因此周穆王勃然大怒，准备发动大军讨伐犬戎。大臣祭公谋父劝阻说，穆王应学习先王"耀德不观兵"的策略，兵力是储存起来在关键时刻发挥作用的，一旦使用就要发威，使对方畏惧；若只为炫耀武力而兴兵，那就成了滥用兵力的"玩兵"，会失去威慑力。

祭公谋父还提醒说，按先王定下的朝贡制度，犬戎属于边远蛮荒的臣属，无须纳贡，其首领一生只需朝拜一次即可。若他不来朝拜，天子应端正自己的德行，让他感恩怀德；若犬戎仍执迷不悟，就按法律制裁他；若再不听，才可以讨伐他，但必须提前做好准备，事先发出文告声讨他的罪行，否则突然的征讨会使其他蛮夷部落惊慌失措。再说犬戎王已来朝拜过一次，起码在名义上服从了周天子，我们应免除他们进贡的义务。❶

但是，周穆王的性格既火暴又直率，不可能接受这样保守甚至屈辱的建议，因此率毛公班、井公利、逢公固部三支大军攻打犬戎。虽然取得了胜利，但由于无法找到游猎状态下的犬戎主力决战，最终只获取了 4 只白鹿和 4 只白狼回国。此战产生了比较恶劣的消极影响，从此，原臣服于周的蛮夷部落不再朝觐，更不听从周王的调遣。

---

❶　出自《国语·周语上》。

图 110　1843 年出土于陕西扶风的毛公鼎。毛公班曾追随周穆王攻打犬戎，他的后代铸造此鼎以纪念先辈的功绩

第二年春天，周穆王特意带着祭公谋父再次西征犬戎，他要让反对出兵的大臣看看他武力征服的正确。这一次，他吸取上次的教训，没有漫无目的地去寻找犬戎的主力，而是直接把队伍开到阳纡之山❶，占领并切断犬戎部落的主要水源地。事实证明这个方法非常有效，当年七月，犬戎就派人朝见并送上贡品，表示再次臣服。

但仅仅 4 年后，反复无常的犬戎又不来朝贡，于是周穆王第 3 次征犬戎。这一次周军兵分两路，一路向西、一路向北，对犬戎采取合围之势。大军翻越千里流沙和大漠沼泽，最终在三危山一举击溃犬戎军队，俘获 5 位大单于。经深思熟虑，周穆王决定将整个犬戎部落全部东迁到太原（今甘肃平凉到宁夏固原一带）一带，便于控制与管理。此战过后，犬戎在很长一段时间里丧失了对周王朝的威胁，在穆王执政期间未敢再叛。次年正月，大批诸侯国和番邦纷纷来朝，于是周穆王也开始崇尚武力，对包括犬戎在内的少数民族政权实行高压统治政策。

---

❶ 据任乃宏：《"阳纡之山"新考》（《宁夏社会科学》2017 年第 5 期），为今内蒙古地区的狼山、乌拉山、色尔腾山一带。

强压之下必有反弹，但周穆王从来都无惧无畏。周穆王十三年十月，就在周军西征犬戎，于阳纡之山大获全胜之时，蓄谋已久的徐偃王突然起兵发动叛乱，兵锋直指镐京。穆王收到镐京被围的报告后，急令造父以最快的速度驾车，载他赶回国都。造父驾车"日行千里"，最终在镐京被攻破前及时赶回，周穆王和前来勤王的楚军一道大败徐军。次年，周、楚联军攻灭徐国，僭越称王、受36个诸侯国朝拜的一代霸主徐偃王被杀。

穆王十四年九月，陵翟❶侵入毕国❷，毕君出逃求救。周穆王亲率大军到溴泽（今山西阳城）拉开阵势，修筑虎牢关（位于今河南荥阳西北汜水镇）与其他工事，并日夜操练和军演。陵翟在周军强大的压力之下，主动向穆王献上良马400匹，并把夺取毕国的玉器归还。周穆王虽然收受了陵翟的礼品，但仍然把使者斥责一顿。

穆王三十五年，楚军侵徐，周穆王派毛伯迁领兵在济水击退楚军。两年后，周穆王又从九江出发，向楚国的越地发起大规模进攻，周军势如破竹，一直打到广西附近，楚王被迫承认错误，亲自到镐京朝拜天子并献上厚礼。

图 111 周穆王时期的"长思"青铜编钟，1954 年出土于陕西西安的普渡村

---

❶ 商周时期一支北方的少数民族。

❷ 周武王弟毕公高的封国，位于今陕西咸阳北，可能为陵翟所灭。

图112 周穆王的八匹骏马成为后世艺术创作的主角，图为清代宫廷画师郎世宁所作的《八骏图》，现藏于台北"故宫博物院"

  周穆王无败绩的对外用兵很快让他威震宇内。不久，穆王宣布将在涂山召开朝会，大会诸侯，这其实是他对天下臣服状况的一种试探。结果诸侯、番邦纷纷来拜，盛况空前，这一场景也被《史记》《左传》等史书记载下来，成为与武王的"孟津之誓"、成王的"岐阳之蒐"和康王的"丰宫之朝"并称的彰显天子权威之举。为显示军威，周穆王还在军丘、萍泽、盐泽（今山西运城盐湖区）等地举行大规模的军事演练。

  "颁制""征伐""观兵"是许多帝王都可以做到的事，而在周穆王执政的55年中，所做的最与众不同的事是"西巡"和"东游"，这一切源于周穆王对旅行和探险的迷恋。列子批评周穆王"不恤国事，不乐臣妾，肆意远游"❶；《左传》更是讽刺他因旅行而放弃政务，说他"欲肆其心，周行天下，将皆必有车辙马迹焉"。但"欲肆其心"中的"肆"字却给现代人一种不同的感触。"肆"本是放纵之意，

---

❶ 出自《列子·周穆王》。

这特别符合周穆王天马行空、随心所欲的性格。他时刻都想放飞自我，让足迹遍布天下。

要旅行就得有得力的交通工具。周穆王从造父手中获得八匹名马，分别名为：赤骥、盗骊、白义、逾轮、山子、渠黄、骅骝和绿耳。这八匹马从名字上就能看出颜色各异：赤骥火红，盗骊纯黑，白义毛白，逾轮青紫，山子灰白，渠黄如向日葵般鹅黄，骅骝浑身枣红、黑棕黑尾，绿耳青灰，均是气宇不凡、身强力壮、日行千里的良马。造父也因献马有功，被任命为穆王座驾的专属"驭手"。

其实，造父并不是只会献马的等闲之辈，他是那个时代顶尖的驭者，"造父学御"❶的成语说的正是他。造父的老师名泰豆，是中国历史上首位驾车驾出境界的高人。泰豆氏教导造父：擅造良弓的人，要先学会做簸箕；擅长冶炼的人，要先从皮革处理入手。大事必须从头做起、从最基础处学起。要驾驭车辆，就要先观

---

❶ 出自《列子·汤问》。

177

察我快走的姿势，学成后再学习如何同时掌控六根缰绳，驾天子才能乘坐的"六马之车"。

之后，泰豆在路上打下一根根木桩，教造父如何在木桩上快走、快跑而不跌落。经多次练习后，造父终于可以在木桩上步伐稳健、如履平地。泰豆最后教给造父的驾驭秘诀是：用心感知、人车合一。造父遵循老师的教导，运用直觉调动本能，和车驾形成完美的默契，最终成为一代"驾驶员"的宗师。

由于造父以一日 150 公里的速度驾车载穆王及时赶回国都，才使周、楚联军解了镐京之围，平定徐国的叛乱。周穆王认为，这是周王朝生死攸关的一战，若没有造父的高超驭术，战争的天平就可能向另一方倾斜。于是周穆王论功行赏，赐给造父一座城池，为赵城（今山西洪洞）。而后，造父据此城不断发展壮大，经过几代的经营，最终成为战国时期声名显赫的赵氏家族，而造父则成为赵国的始祖。

据《穆天子传》记载：除造父外，穆王还有三名"后备"的专属驭手耿翛、三百和芍及，他们或与造父轮流驾车；或随时待命，以备不时之需。除了优秀的马匹和驭手之外，周穆王还有重工、彻止、蓳狠、来白等六条最出色的猎犬，它们将在旅行的途中助天子狩猎、护天子平安。具备户外远行的所有条件后，周穆王的旅行就要开始了。那么，他西行的目的地是哪里？最远到了何处？在漫漫西行路上又会有哪些意想不到的惊喜呢？

6. 天子西游记

距今约 3000 年前，周穆王开始了西征昆仑山的远行。据《穆天子传》记载，穆王的队伍从国都宗周 **❶** 出发，在越过无数高山、河流、森林、荒漠和沼泽之后，到达"群玉之山" **❷**。其路途不但曲折遥远，且"以观四荒，北绝流沙" **❸**，其自然环境也十分恶劣。在经历无数的艰难险阻之后，周穆王终于到达昆仑山，与西王母欢歌宴饮于瑶池，乐而忘归。

很多学者对《穆天子传》中有关周穆王西行会见西王母的记载表示质疑：3000 年前的人们在缺乏专业户外装备的情况下，是否具备在荒凉、凶险的地理环境下长途跋涉的能力？关于周穆王的西行路线，在《穆天子传》中有非常详尽的记载。不过，文中的很多地名、部族和邦国名称与今天有很大的不同，但是专家通过一些标志性的地理特征，结合古代文献进行实地考证，最终破解了周穆王的西行路线图，并复原了周天子的这段奇妙探险。

穆王十七年（前 950），周穆王乘坐以盗骊、骅耳为主辕马的"八骏豪车"，以"驾驶员之祖"造父为驭手，以"水文专家"伯夭为向导，带领最精锐的贴身禁卫武士"七萃之士"，牵着六条最出色的"天子猎犬"，从洛邑出发，一路向西，直奔昆仑，总旅程达到了"三万五千里"。这个直线长度足够周穆王从洛邑行抵西欧、越过大西洋再横跨美国，甚至还有富余。在远洋航海技术非常落后的公元前 9 世纪，周天子就进行了环球旅行，这可能吗？

---

❶ 周穆王时指成周洛邑，今河南洛阳。

❷ 即今新疆昆仑山脉。

❸ 出自荀勖《穆天子传·序二》。

图 113 巍巍昆仑，正是周穆王大约 3000 年前那次远行的终点

其实，这只是古今度量标准的差异问题。据《春秋穀梁传》记载，西周为了推行井田制，需要衡量田地的大小，于是就确定了300步为一"里"。但当时标准的一步和今天不同。成年男子以最大限度进行跨步，接下来后足迈到前足的前方，再双腿并拢，为一"禹步"，约合今天的1.3米；而今天的一步只相当于古人的半步，被称为"跬步"，这就是荀子"不积跬步，无以至千里"的由来。因此，西周的一里约合410米，周穆王西行的总旅程应在14000公里左右。

当然，周穆王西行的总里程不是单程而是往返，要计算其旅行的终点但又不能简单地除以二，因为《穆天子传》对穆王每一段的里程数都做了详细记录。从宗周出发，到此次旅行的终点"西北大旷原"的距离是"一万四千里"，即5700多公里。按这个直线距离，可以把"西北大旷原"定位于今天的伊朗西部或俄罗斯的前高加索地区。若是伊朗西部，位置可能在伊朗高原上的卡维尔盐漠；但从"西北大旷原"的名字分析，位置则更可能是位于俄罗斯罗斯托夫州上的东欧平原。

但是，地理专家必须考虑到的问题是，周穆王当时从宗周向西出发，要经过崇山峻岭和沙漠高原，因此这"一万四千里"不可能是直线距离。因此，《穆天子传》中的记录就成为周穆王西行路线图的重要依据：

他从宗周出发，先向北渡过黄河、涉过漳水，然后翻越太行山、蹚过滹沱河，出雁门进入蒙古高原，在毛乌素和库布齐两座大沙漠间的鄂尔多斯穿行，再从今包头抵达阴山山脉，即"阳纡之山"；从这里开始，队伍转而向西南，经贺兰山，再跨过积石山入青海，沿祁连山到达柴达木盆地。

在这里，周穆王的队伍突然奇怪地向西、向南突进"一千里"之后，又从东北方向返回。随后，周天子行至天山南麓的塔里木盆地附近，到了新疆和田河、叶尔羌河一带，这里是塔里木河的源头，如今早已枯竭，但周穆王有幸见到它们的存在。不久，西行队伍终于越过"群玉之山"，抵达天山北麓的"西王母之邦"。那么，周穆王舍近求远的绕行之地究竟是哪里呢？

《穆天子传》中有一个频繁出现的标志性地点叫春山，在书中作为关键地名被反复提及，而它正是队伍急进400公里抵达又折返的地方。周穆王对这座春山产生了浓厚的兴趣，在这里登山、采集、游猎，流连忘返。春山在《山海经》中被称为边春山，其位置正在今天的帕米尔高原，中国古代称之为葱岭。据《山海经》记载，其山不但高大，而且生长有许多葱、葵、韭一类的植物，春逐渐演变成今天"葱"的发音。

周穆王在行至昆仑山之前，特意折返到帕米尔高原登山探险。

周穆王登顶后极目远眺，遥望四野，感怀道："春山，是唯天下之高山也！"如今帕米尔高原的平均海拔在 4500 米以上，其中最高峰乔戈里峰❶的海拔达 8611 米。不过，周穆王完全可以先进入海拔 4000 多米的高原地带，然后从高原出发，选一座高山逐步登顶，在雄壮高原的衬托之下，称之为"天下最高峰"绝不为过。周穆王所登顶的山峰海拔至少有 5000 米，否则，他绝不会在炎炎夏日之下感言"春山……孳木华不畏雪"。

按《穆天子传》表述的地理定位，春山以北便是"群玉之山"。没错，如今的帕米尔高原东北便是和田，而和田玉就产于其南面的昆仑山中，所以"群玉之山"名副其实。周穆王称"春山之泽，清水出泉，温和无风，飞鸟、百兽之所饮食，先王所谓悬圃"。古代传说中的"悬圃"是昆仑山上的仙境，有金台、有玉楼，都是神仙的居所。而帕米尔高原是天山、昆仑山、喀喇昆仑山和兴都库什山四条山脉的交会处，景色多变，高山、森林、积雪、河谷、绿洲、荒漠风光各异，很多高山湖泊处雾气缈缈，犹如仙境。

周穆王在春山足足驻足了 5 天，对山中的动植物进行了一次"探索发现"之旅。他考察了一些特别的植物，并收藏了它们的种子；他还发现了许多从未见过的珍禽异兽，并一一记录。户外考察结束后，周穆王发表了他的首次旅行感言。他说，春山是百兽的聚集地、飞鸟的栖息所，是自然万物的美好家园。说完，他命人立下石碑，刻下纪念性文字，类似"到此一游"，以供后世瞻仰。

周穆王返回时走的是完全不同于来时的路线，更具挑战性：队伍从"西王母

---

❶ 喀喇昆仑山主峰。

图 114　帕米尔高原

国"出发，继续向西、向北，又行一千九百里（约合今 780 公里），最终到达"飞鸟之所解其羽"的地方，即"西北大旷原"。这里是飞鸟栖息和繁衍之地，按书中的里程计算，应是今天吉尔吉斯的哈萨克斯坦大草原，也便是周穆王旅行的终点。"打卡"之后，队伍沿天山北麓来到巴里坤湖，然后沿河西走廊经凉州回到国都。

很多学者对《穆天子传》中记录的西行路线产生了强烈的质疑：周穆王西行时年纪已不轻，即使身体再健硕，是否能够适应高原、荒漠等特殊的自然环境？而且以西周时期的科技水平，缺乏保暖衣物、防雨雪的帐篷、防滑的登山器材、辅助的补氧装置以及导航设备等，仅靠 8 匹马拉的车如何登雪山、涉大河、过森林、越沙漠，行驶 10000 多公里的路程呢？况且，经河西走廊到帕米尔高原必须经过塔克拉玛干沙漠，缺水的问题又该如何解决？这位中国古代史上首位探险旅行家是如何做到的呢？

另外，古代的山峰要比今天更为难登，毕竟现代的许多山峰修了栈道、铺了台阶，甚至建了索道，使攀登高山的难度大大降低。但是，在没有这些科技条件的古代，人类仍然能够到达地球上的任何一个角落，征服自然界的任何一处地方。中国有作品留存的探险者便是明代的徐霞客，他走遍神州的大江南北，攀登过无数的高山险峰。他所征服的有武夷山、黄山、庐山、恒山、九嶷山、天台山、雁荡山等，均为徒步登顶。周穆王出游并不是一个人独行，而是带了一支数目庞大的军队和随行人员，设备、补给也是带得足足的，因此要论登山条件，穆王要远强于徐霞客。

当然，一般的高山险峰还不能与中国西部以及帕米尔高原的环境相比，那里动辄就是海拔5000米左右的高山和方圆百里的沙漠。不过，西汉的一个历史事件却可以和这做对比：

据《汉书》记载，汉武帝一直梦想着建设一支强大的骑兵以对抗匈奴的侵扰，他从张骞口中得知，西域有一种高大雄壮、快速灵活又耐力极强的"汗血宝马"，产自大宛❶。汉武帝派使臣带着重金前去交换，结果被大宛王拒绝，使臣也在回程途中被劫杀、财物被抢。于是汉武帝大怒，于太初元年（前104）派贰师将军李广利率数万部队前去讨伐。李广利征大宛的行走路线和周穆王"西游"的前半段是相同的。汉军越过罗布泊后，沿途的西域小国坚守城池，拒绝提供饮食和给养，因此李广利只能边进攻、边补给，能攻下来就有饭吃，攻不下来就只能饿肚子。等汉军到达郁成城❷时，只剩下了几千名饥渴、疲乏的士兵。李广利强行攻城，结果死伤惨重，不得不狼狈撤退，回到敦煌时士兵只剩下出发时的十分之一，可见食品短缺、粮草不继是在该地区行军的最大问题。

太初三年（前102），李广利从敦煌出发，沿原路第二次出征大宛，这一次汉军做了充分的准备。除6万作战部队外，还有一支由10万头牛、3万匹马、上万头驴和骆驼组成的庞大运输队，载着无数的粮食、武器与辎重为汉军提供强有力的保障。而沿途小国一改"紧关城门"的态度，无不拿出饮食"以迎王师"，并充当向导。补给充足的李广利终于攻克郁成城，次年又破大宛首都贵山城（今乌兹别克斯坦卡散赛），从此大宛开始臣服于汉朝。

---

❶ 今乌兹别克斯坦、塔吉克斯坦、吉尔吉斯斯坦三国交界的费尔干纳盆地地区。

❷ 大宛边城，位于今乌兹别克斯坦境内。

图115 巴里坤湖是周穆王西行归途的起点，图为巴里坤湖沿岸的雪山和森林

古代的大宛位于帕米尔高原西麓的费尔干纳盆地，正是中国古代史上的"葱岭地区"。而周穆王的西行路线与终点与李广利的行军路线基本吻合，往返也均用了两年。李广利第一次西征失败的主要原因是缺乏给养，而沿途又不能补充；而他第二次西征的胜利很大程度上归功于庞大的后勤队伍和充足的给养。而周穆王同样有人、有马、有车、有辎重给养，沿途的邦国纷纷表示臣服并提供物资，那么他当然能力行"三万五千里"，到达"飞鸟解羽之地"。

周穆王的此次旅行是中国陆路交通史上的大事，从其行走路线和途中的交易品来看，最早开拓"丝绸之路"、打通中国西行路线的不是西汉的张骞，而是周穆王姬满。他的队伍在长达两年的行程中，与沿途各民族之间进行了频繁的物资交流，例如珠泽人向天子献白玉石若干，肉马300匹，牛、羊2000头，而周天子的赏赐为金环15只、带有贝饰的红丝带30条，黄牛12头，名剑4把。鉴于周王室的权威和穆王的精于算计，他仅用少量的工艺品就换到了丰厚的特产。

除此之外，周穆王这一路上舍出去的物资还有 40 镒 ❶ 黄金、一只银鸟、700 裹 ❷ 珍珠，以及一些布匹、竹笋、桂姜 ❸ 和 300 裹朱丹。朱丹就是朱砂，在当时主要用作药材的原料，价值并不高。但周穆王获得的却是上万匹的牛羊、良马，上百车的美玉、皮草，这些都是不可再生的珍贵自然资源。

《穆天子传》对中国地理学史的发展也有很大影响。中国古代有很多地理、旅游方面的书籍，如《山海经》描写各地的地理定位、山川河流和风土人情；北魏郦道元的《水经注》对中国的名山大川和大江大河的走向、地理位置做了详尽的考证与记载；明代的《徐霞客游记》则记录了一些山水的特别地貌、地形细节。而《穆天子传》不同，通过描述周穆王旅行途中的所见所闻，以第一视角观察 3000 年前的部族、国家和人文风貌，内容涉及自然探险和人文探索，更像一本"动起来"的游记。

周穆王乘着八匹驾马的皇家马车，率"七萃之士"，统"六师之人"，携带着数量庞大的辎重部队高调西行。但即便如此，他们顶着狂风暴雨、历经严寒酷暑、翻越雪山森林，路途仍然艰辛而凶险。穆王冒着生命危险，如此兴师动众、劳师远征，其西行的主要目的究竟是什么？难道真的只是为了探险旅行吗？

---

❶ 古代一镒约合 320 克。

❷ 包裹，约盛放珍珠 300 颗。

❸ 一种植物根茎，古代用作调味料或香料。

7. 穆天子与西王母

周穆王劳师动众，率领大队人马西行至昆仑山，其目的肯定没那么简单。首先，这是周穆王的一次探索发现之旅。这符合他一贯的酷爱户外旅行的性格，他在最险峻的地方登山、狩猎，观察奇异的动物，并带回了珍贵的植物种子。其次，这也是周穆王的一次寻根之旅。相传轩辕氏黄帝生于昆仑山，山上建有他的行宫，《山海经》中就有类似的记载。周穆王登昆仑山，第一件事就是去黄帝的行宫祭拜这位华夏族的祖先。

周穆王西行昆仑当然还有更重要的事，这也是他的一次寻宝之旅。虽然《山海经》《穆天子传》中对世界各地的产金和产玉之地都有较详细的描述，但周穆王却只去了产玉之地。玉作为西周时期国家的礼器、帝王权力的象征，被视为天地精气的凝结、人神沟通的媒介，寓意祥瑞，因此深受帝王喜爱，周穆王当然也不例外。

周穆王是鉴赏水平很高的玉石爱好者，他能根据玉石的不同特点分辨出它们的种类，如枝斯、璿瑰、玟瑶、琅玕、玙琪、琭尾等。但是，这些晶莹美丽的石头在周穆王眼中都不是玉，仅是把它们归类为较好看的石头。今天所说的"玉石"在当时是分开的，玉是玉，石是石，西周时期对玉的认定标准是非常严苛的，只有质地温润柔和、细腻凝重如羊脂的才能被称为玉，否则就只能叫石。

据《穆天子传》记载，周穆王在经过采石之山（今甘肃北部的马鬃山）的时候，除了让当地土著政权为其队伍提供5天的饮食外，还迫使他们贡献出当地的特产——玉石。为了更加便于运输和携带，周穆王令当地百姓把玉石原石打制成精美的玉器。由于打磨和雕琢非常费时，周穆王一行人等在此逗留了一个月之久。

不仅如此，当周穆王抵达和田玉产地"群玉之山"的时候，就显得更加不客气。他亲自上阵，监督工人采玉达4天之久。他只精选最优质的和田玉石，装了

图 116 据《穆天子传》记载，西王母古国位于今新疆天山天池一带

图 117 《穆天子传》中的"群玉之山"正是今天盛产和田玉的昆仑山，图为昆仑山下策勒戈壁滩中的羊脂玉料

满满三大车，总数达到了 10000 块。在离开前，他还留下邢侯长期驻守于此，继续监督工人采玉并运回国都。既然到了昆仑山，见到了和田玉，周穆王不仅要满载而归，更要"源源不断"。

《穆天子传》中记载，周穆王此次西行最重要的目的就是去会见西王母。在此之前，周穆王从未见过被传得神乎其神的西王母，既不知她的美丑，也不清楚她的老少。若《山海经》真为上古伯益所作，那么周穆王应该能够看到此书并了解她的形象。但极具猎奇和探险精神的周穆王不但没有害怕，反而一意孤行要去见她，甚至对会面充满期待。结果，西王母非常美丽，于是两人之间暗生情愫，产生了一段浪漫的情缘。

周穆王的西行更是一次扬威之旅。他巡视西域诸国，传周天子的国威于四方，一路上都在接受当地政权的朝拜和贡礼，而"西王母之邦"正是这些邦国中的一个。有关西王母的记载，最早出现在《山海经·西山经》中，说她"其状如人，豹尾虎齿而善啸，蓬发而戴胜"。如此说来，西王母仅仅是外貌"如人"，却长有豹尾、虎齿，善于嘶吼，蓬乱的头发上还戴着玉质的发饰，简直是一副半人半兽的强悍形象。

《穆天子传》的内容真实性一直受到质疑的原因，正是书中西王母的存在。其实，西王母早在商代就出现在神话传说中，她的形象也一直在变化演进：从最初主宰阴气的上古凶神变成掌管不死神药的女神；东晋后随着道教的兴起，西王母又成为宗教的偶像，被称为金母元君、西灵圣母、王母娘娘等；到了明代，她更是成为来自上天的万民之母，这在吴承恩的小说《西游记》中有很充分的描写。《穆天子传》把周王和一个神话人物杂糅在一起，作品的真实性必然大打折扣。

但事实恐怕并非如此。据《竹书纪年》记载，"西王母之国"是古羌人在西域建立的一个奴隶制国家，自黄帝开始一直延续到汉代，存在了 2000 多年。它自母系氏族社会开始发展到公元前 10 世纪的奴隶社会，并没有进行父系社会的演化，因此一直由女性执政。很多古代文献和文学作品都赋予西王母的形象以神话色彩，但事实上西王母容貌妍丽、气质高雅、雍容华贵，令周穆王为之倾倒。

周穆王初见西王母，立刻露出了温文尔雅的神情和谦恭有加的态度。他赠送给西王母一白、一黑两块美玉，名"白圭""玄壁"，可以严丝合缝地合在一起，宛如太极图。再献 400 匹织花的丝锦，轻薄到每匹的重量不超过 5 两，可见其工艺的高超。丝绸、锦缎在西周时期是极其珍贵之物，周穆王之前从未对外赏赐过，可见他对西王母是真舍得花钱。

其实，周穆王的对外赏赐非常吝啬，但从《穆天子传》的记录来看，却有五次例外。第一次是在他进入大漠前祭祀河神之时。管理祭祀的河伯在黄河畔举行仪式，此时河神附身，告之最佳、最吉的西行路线：先去春山，再去昆仑，并在平泉七十里处饮水。为了西行顺利，周穆王大方地赏赐给河伯一件玉璧作为祭祀品。

第二次是在他外出狩猎之时。这次狩猎走得很远，穆王正高兴着，突然就心生惭愧，开始自责起来。他问身边的"七萃之士"："我整日只知玩乐，不注重德行修养，后世的人会不会骂我呢？""七萃之士"中有一人回答说："后世的百姓也希望天下太平，如果他们看到今天的农民、工匠都有活干、有钱赚，人们都能吃饱，穿暖，百姓富裕平安，官员秉公办事，除了赞美天子还能做什么呢？国家治理已走上正轨，就无须天子日日操劳，外出游玩是很正常的事，所以您不必在意。"周穆王听完如沐春风，舒服极了，于是赏给这位会说话的卫士一块精美的玉佩。

第三次的赏赐所处的形势就比较危急。周穆王一行进入沙漠后饮水殆尽，想尽了办法却找不到水源。就在这危急时刻，一名叫高奔戎[1]的"七萃之士"用刀刺破了自己左驾马的脖颈，以马血救了周穆王和一众人等。周穆王非常感动，把自己随身的佩玉赐给高奔戎，以示和他亲密的关系。

第四次赏赐是周穆王返回国都之时。因为河伯在周穆王出发时做的"路线指引"非常重要，让整个队伍平安归来，因此立下了大功，穆王赐给河伯的孙子一

---

[1] 传说在荥阳生擒一只猛虎的猛士，该地因此得名虎牢关。

图 118　天山天池东岸的西王母庙遗址，始建于元朝，1999 年在原址上重建

块玉佩。

相比前四次来说，穆王对西王母的第五次赏赐可谓丰厚、贵重至极。

见周穆王对自己如此殷勤，西王母甚是开心。第二天，她就在瑶池边上安排了一场宴会。宴上，二人一起载歌载舞、饮酒谈心，展开了一场充满哀怨色彩的对歌。西王母作《白云谣》❶唱道："白云在天，山陵自出。道里悠远，山川间之，将之无死，问复能来。"歌词大意是："中原离这里路途遥远、山川阻隔，祝穆天子长命百岁，一路平安，不知我们能否还有再相会的一天？"

---

❶　出自《穆天子传·卷三》。

图 119　令周穆王与西王母流连忘返的瑶池正是今天的天山天池，图为民国时期书法家于右任书写的瑶池门额

　　穆王听后欣喜又忧郁，他唱答道："予归东土，和治诸复。万民平均，吾顾见女。比及三年，将复而野。"歌词大意是："现在我必须回去治理我的国家，因为国家需要我。等天下大同，万民平均，一切都平顺安宁之时，我不做国君也一定再来和你相会，请你安心等待，最多也就三年的时间。"❶西王母的思恋是何等缠绵，而穆王的誓言又是何等豪壮，刻画出一幕犹如电影《罗马假日》般刚陷入热恋便要面对永久的分别而对歌的场景。所以"悲莫悲兮生离别"❷，令人无比

---

❶　出自先秦《穆天子谣》。

❷　出自屈原《九歌·少司命》。

唏嘘。

酒席过后，周穆王登上弇兹山，在山顶的巨石上亲自题下"西王母之山"五个字，并刻下他和西王母相会的事迹。周穆王又命人在石碑两侧种下几棵槐树，以示爱情的万古长青。周穆王将要离开时，西王母十分不舍，又写了一首感伤的诗："徂彼西土，爰居其野。虎豹为群，乌鹊与处。嘉命不迁，我惟帝女。彼何世民，又将去予。吹笙鼓簧，中心翱翔。世民之子，惟天之望。"❶

西王母向周穆王诉说着衷肠：自从我来到西方，就住在西方的旷野；在这里，老虎、豹子和我同群，乌鸦、喜鹊与我共处。我守着这一方土地而不迁移，因为我是黄帝的子孙，必为祖先守土；只可怜我的那些善良的人民呀，他们又将和你分别。乐师吹奏起笙簧，心魂在音乐中翱翔；万民的君主呀，只有你才是上天的瞩望。

就这样，周穆王和西王母在瑶池相会，二人把酒言欢、惺惺相惜，从而生出一段传遍千古的绯闻。周穆王虽然乐而忘归，但也必须离开，至于是否一去不返，《穆天子传》中没有说明。不过，和它在同一墓穴出土的《竹书纪年》却透露了一个重要信息：就在周穆王"瑶池之会"的同年，西王母再也耐不住望穿秋水的相思之苦，不畏长途跋涉来到国都，和穆王缠绵于昭宫。

昭宫是周穆王在得知西王母将来时特意兴建的行宫。其实，周穆王有不停建造宫殿来显示国力的爱好。在继位的当年，他就建祇宫；穆王九年又建寝宫春宫、郑宫；穆王十四年平定徐国叛乱后又建范宫。这些宫殿有的用于自己居住，有的用于会见外国的国王和使节，更多的则送给自己宠爱的女人。这些宫殿的修建，也从侧面反映出穆王的多情，而他最喜欢的女人也绝非西王母。

周穆王的多情集中体现在他对其美姬的宠爱上，这段史实被记录在《穆天子传》的终篇《周穆王美人盛姬死事》中。盛姬是穆王最爱的女人，即使穆王出行也是相伴左右、形影不离。他特意为盛姬营造重璧台以示宠爱。后来盛姬去世，

---

❶ 出自先秦佚名《西王母吟》。

图120　汲冢书出土后，周穆王的西行传奇被广为传颂，图为位于青海茶卡湖畔的穆天子会见西王母盐雕

周穆王为她超规格地办了一场盛大的葬礼。即使多年以后，穆王还是对她念念不忘，时常提起。他睹物思人，潸然落泪，在五鹿山又为其建了一座豪华的陵居。穆王对盛姬执着的爱恋和刻骨的相思成为千古佳话，流传至今。

周穆王几乎一生都在旅行，他游遍高山大川、翻越大漠大泽，除了一路游玩，他在途中也增添了知识见闻，吃遍了各地美食，又受到当地民众的朝拜，心情自然大好。"旅行天子"周穆王共在位55年，执政时长在中国帝王中名列前茅，因此才有那么多波澜壮阔的事迹。由于心胸开阔，他也非常长寿，寿命在中国古代普遍短命的帝王中排在前列。

出土于汲冢的《穆天子传》是中国古代现存最早的游记，而周穆王也就当之无愧地成为我国有文字记载的最早的旅行家和户外探险的开拓者。《穆天子传》不

但涉及自然、地理、历史、物产、贸易等，更涵盖了人文、爱情与传奇。周穆王一路爱江山，更爱美人，更不忘顺路取走西王母之邦的玉石和皮草。他的西行，可谓既是寻爱之旅，又是"财色双取"之旅。

8. 藏在竹简里的东周秘闻

西周灭亡、东周初立时出现了两个周王并立的这一段史实，包括《史记》在内的绝大部分史料均无记载。仅有《左传》留下极为简短的八个字："携王奸命，诸侯替之。"至于携王是谁、为何被杀、被谁所杀等内容均是谜团，《竹书纪年》却对这些问题一一给出了答案。

那么，究竟是哪位诸侯如此胆大犯上，违人臣之礼，竟杀死了周天子呢？众所周知，西周的衰败是从周幽王烽火戏诸侯开始的。周幽王非常宠爱褒姒，但是褒姒不爱笑，周幽王为了逗笑褒姒，就点燃了烽火台。各路诸侯看到烽火以为有外敌入侵，就慌忙派兵去救驾。看到慌张、狼狈的救兵，褒姒笑了，而诸侯们也明白了这只是周幽王与褒姒玩的一个游戏。

为了让褒姒更开心，周幽王废掉贤德的申后和原太子姬宜臼，让褒姒的儿子姬伯服成为国家的储君。姬宜臼感觉形势不妙，自己不但当不成太子，可能性命都难保，于是他寻机携母亲出逃到申国❶。申国的国君是申后的父亲、姬宜臼的外公，从此姬宜臼就和母亲在申国安顿下来，并和昏庸无道的周幽王结下了深仇大恨，西周的亡国悲剧就在这种情况下开始上演。

周幽王在得知申后和儿子出逃申国后勃然大怒，准备率大军攻打。申国只是一个小国，国力非常有限，申侯为了自保，居然向犬戎、鄫国❷称臣❸，图谋一起对抗周王朝。犬戎是中原王朝的大患，历史上的高辛氏就有"犬戎之寇，帝患其侵

---

❶ 西周初年受封的姜姓诸侯国。

❷ 原夏少康次子曲烈的封国，位于今山东临沂，春秋时期为鲁国所灭。

❸ 见于《竹书纪年》："九年，申侯聘西戎及鄫。"

暴，而征伐不克"❶的历史教训，可见犬戎力量的强大。申侯答应犬戎王："只要你帮我攻破镐京，国都里的财宝、美女都是你的战利品，由你任意处置。"贪婪的犬戎王顿时答应下来。

周幽王十一年（前771），一场残酷的战争爆发了。周幽王很自大，认为自己的军队会很快平息叛乱。但让他意外的是，当诸侯们看到戏弄过他们的烽火再次点燃时，并无应援之意，而貌似强大的西周在犬戎与申国、鄫国的联合打击下，一夜之间就灭亡了。犬戎攻破镐京后大肆焚烧、杀掠，不仅杀死了太子姬伯服，还掳走了褒姒。许多西周的王公贵族、卿士大夫全家被屠，大量的金银、珠宝被犬戎军队劫掠一空，周幽王和郑桓公也在此乱中被申军杀死。

废太子姬宜臼和其外公申侯引狼入室，导致西周王朝和无辜百姓遭受了灭顶之灾。之后申侯虽带领人马夺回已人去城空的镐京，但此时的犬戎已失去控制，四处烧杀抢掠，让原本安宁富庶的王畿地区变成了人间地狱。申侯在得知幽王已死的确切消息后，考虑到镐京已被严重破坏，且不再安全，因此伙同鄫侯、许文公、郑武公等返回申地，拥立姬宜臼为天子，史称周平王。

此时，曾为周幽王掌兵征战的柱臣虢公翰对此情景忧心忡忡，同时也对申侯等人拥立姬宜臼为王十分不满。申侯、姬宜臼竟勾结西戎外邦杀死当朝天子，虢公翰作为王室宗亲、幽王的重臣，又是王畿的守护者，当然十分痛恨"叛乱者"，况且他的父亲虢石父就在此乱中被犬戎所杀。于是，他找到留守镐京的幽王胞弟姬余臣，鼓动并拥立他继承幽王的大统。姬余臣为人比较贤德，在诸侯和百官间有着很好的口碑，因此深受王公贵族和周地百姓的支持。

此时的镐京，不仅有犬戎作乱、时而侵扰，其他的少数民族部落也在虎视眈眈。姬余臣和虢公翰料定京畿地区已无险可守，更无法安定发展，于是姬余臣决定迁移到虢公翰的领地，在虢公翰及许多诸侯、旧臣的拥立下宣布继位，史称周携王，此时周王朝出现了两王并立的局面。

---

❶ 出自《后汉书·东夷列传》。

同时出现两个天子，究竟谁才是正统呢？由于不同史料的政治立场不同，给出的结论也不同。《竹书纪年》中并称"平王"和"携王"，并承认"二王并立"❶，似乎是采取中立的态度，但之后用的却是平王纪年，可见其仍以周平王为正统；而在清华大学于 2008 年收藏的战国楚简（又称"清华简"）"系年"篇中，却以姬余臣为正统，并且称其为"周惠王"，而非"周携王"。据《竹书纪年》❷的记载和专家的考证❸，"携"字是庶出和怠政之意，具有贬义，是姬余臣死后平王给予的具有污蔑和讽刺的谥号，而周惠王才是其拥立者对他的尊称。

东周的历代天子均是平王的子孙，因此所有周代正史不仅以周平王为正统，更刻意回避周携王的存在，后世的正统史书更是如此。如孔子修订的《春秋》、司马迁撰写的《史记》，由于为尊者讳的缘故，均没有记载周平王勾结犬戎、弑父、杀弟、亡周、祸乱人民的罪行，更没有提到过"周携王"这三个字。仅在《左传》中看到一句"携王奸命，诸侯替之"，究竟何意，让人摸不到头脑。多亏了战国墓出土的《竹书纪年》，才使这一段历史大白于天下。

但是比较而言，周携王才是正统所在。首先，周携王是包括虢公翰在内的周王室成员所立，得到了大多数诸侯和民众的拥护；而平王是引外族进京、与周王朝为敌的申国所立，在法统上周携王更胜一筹。其次，周平王是废太子，早已被剥夺储君的身份，从制度层面上已不再有成为国君的可能性，他的继位可谓名不正、言不顺；而姬余臣是先王之弟，继承王位虽不符合法理，但西周也有周孝王"兄终弟及"的先例，且西周末年的"嫡长子"制度已名存实亡。

当然，周平王不被大多数诸侯信服的主要原因是：他的拥立者为让他继位，居然勾结犬戎进京，给周王朝带来了灭顶之灾，让国都和宗庙所在陷入浩劫，百姓生灵涂炭，这是通敌卖国的行为；周幽王虽然昏庸，却是名正言顺的周王，更

---

❶ 出自《古本竹书纪年》、《通鉴外纪》卷三引《竹书纪年》及《春秋左传正义》孔颖达引《竹书纪年》。

❷ 出自《春秋左传正义》孔颖达引《竹书纪年》。

❸ 童书业：《春秋左传研究》，中华书局 2006 年版。

是平王的生父，引外族入侵来消灭自己的君主、杀死自己的父亲，终逃不脱弑君杀父的罪名。在那个注重父子、君臣之礼的时代，这是为人所不齿的行为。据清华简记载，诸侯们9年都不来朝贡，周平王已失去了人心和天子的权威。

很快，各地的诸侯因拥立的周王不同而分化成两大阵营：明确支持周平王的除了"外公家的"申国之外，仅有鄫国、许国和郑国；而支持周携王的是周王室贵族、重要的辅政大臣、镐京的百姓以及虢国、褒国、毕国、霍国、蔡国、虞国等10多家姬姓诸侯；而更多的诸侯国，尤其是大国，干脆谁也不支持，采取了中立、观望的态度，并趁机发展自己的势力。

但随着时间的推移，各诸侯国对两王的态度发生了明显变化，并选择了重新站队。因为周平王在当时只是个十几岁的少年，易于威压和控制；而周携王已年逾三十，不但年富力强，而且深得王室宗族的推崇，极难掌控。于是，晋国、郑国、秦国、卫国等实力强大的诸侯国为谋私利，转而支持周平王而舍弃周携王。而之前一直中立观望的鲁国乐于见到王室在内斗中被削弱，于是对周平王采取默认的态度，并借机增强自己的实力。

此时，周平王的原保护国申国、鄫国都已没落，原位于汾河谷地上的晋国开始壮大起来。为了把天子掌握在自己手中，晋文侯亲自率军前往申国，把周平王从少鄂[1]迎接到国都京师[2]就近控制，周平王不敢不从。之后晋国不断在汾水流域扩张领土，并要求周平王予以认可。周平王眼见故土被晋文侯所侵，却无力索回，又不甘坐以待毙，于是决定东迁，希望能得到"堂叔"郑武公和其他东方大国诸侯的支持，但晋文侯依然紧跟不舍。周平王元年（前770），晋文侯依靠自身实力和威望，会同郑武公、秦襄公、卫武公集合四国军队，共同护送周平王东迁洛邑，设立新都，至此东周才正式开始。

郑国的第一代国君郑桓公是周幽王的亲叔叔，在犬戎之乱中临危不惧，最终

---

[1] 晋邑，位于今山西乡宁。

[2] 指当时的晋都故绛，位于今山西绛县、曲沃、翼城一带。

与周幽王一同被害，尽显其对周王室的忠义。周平王东迁后，本期待郑桓公之子郑武公能尽心辅佐自己，任命其为司徒，不想郑武公却利用把持朝政的机会不断扩张自己的势力。他先是灭掉了郐国❶、东虢❷等小国，又吞并了周围的 8 个城邑，将势力延伸到溱水和洧水❸流域。郑武公还以拥立平王、护其东迁之功自居，不时向周平王讨要一些封地，郑国的领土得到迅速扩张，很快成为东方诸侯中的"小霸"。

为了遏制郑国的扩张，周平王让已被郑国灭国的东虢复国，把原东虢国君的后裔虢序封于夏阳（今山西平陆一带），在周携王的王城所在地和晋国之间插下一个"楔子"，并和拥立周携王的虢公翰打得火热。为了巩固自己的统治，周平王也极力拉拢有实力的诸侯：他表彰晋文侯的东迁护驾之功，特赐镐京封地，并作《文侯之命》，对晋文侯极力追捧，感恩其辅佑之功，并赐多种礼器，同时勉励他尽心辅佐王室。

除此之外，周平王还先后将周王室已无力控制的豳地（今陕西旬邑一带）和关中平原赐予秦国，以换取秦国的保护和支持。秦国本是一个不入流的小国，但军队的战斗力超强，在勤王和抵御西戎的战斗中战绩不俗，凭这次借护驾之功获得了岐山以西的千里沃土——虽然大部分需从西戎手中抢回。从此秦国被正式列入周朝的诸侯，并一跃成

---

❶ 郑国占据该地前的原始封国，位于今河南郑州西南。

❷ 郑国占据该地前的原始封国，位于今河南荥阳汜水镇。

❸ 溱水、洧水均为古水名，发源于登封，在河南新密合流。

图 121 虢国的国君一直是周王室的坚定拥护者，图为在虢国墓地遗址上修建的三门峡虢国博物馆

为西部的大国。

"两王并立"的情况持续了 20 年。这段时间，周携王在虢国的庇护之下安然做着天子。他虽仁德有余，却谋略不足，其间既未发展自己的武装，也没有迁都镐京，增强自身的实力，而虢公翰则沉浸在"挽狂澜于既倒"的赞美之中，并以"国之柱石"自居。此时携王阵营的军事实力已非常弱小，而支持他的齐、楚等大国均距离遥远，其他小国自保尚难，仅靠虢国一己之力，岂能保护他的安全呢？

周平王二十一年（前 750），感觉大权旁落、收益最少的晋文侯突然发兵攻进虢地，袭杀了毫无防备的周携王，结束了长达 20 年的两王并立局面。晋文侯因此大功，获周平王许可独霸山西，并持续对外扩张。晋文侯早就觊觎黄河西岸的土地，而这里又在周携王阵营的控制之下，因此晋国不断发兵攻打，很快吞并了这一地区，为后来晋国成为春秋霸主奠定了重要基础。

此时的周平王虽然没有了周携王和犬戎的威胁，但更大的隐患就在他面前。周平王五十一年（前 720），周平王为防止郑国势力专权独大，准备重用虢公翰的继任者虢公忌父。郑武公死后由儿子郑庄公继位，他对周平王宠信并分权给虢公忌父十分不满。郑庄公认为，拥立周携王的虢国是周王室的敌人，而拥立平王的郑国是周王室的恩人，怎么能把恩人的权力分给敌人呢？嚣张的郑庄公派军队两次抢割了周王地里的麦子，在他的威压之下，周平王竟同意互换双方的儿子为人质，以示互不辜负的诚意，"周郑互质"事件是东周"礼崩乐坏"的标志。

《竹书纪年》的记载表明：平王末年，周室衰微，拥立他的诸侯大国犹如虎狼，随意操纵政局为己国谋利，可谓"挟天子以令诸侯"。而周平王只能唯唯诺诺，成为诸侯们的傀儡，周王室为天下共主的威信扫地，从此一蹶不振。而晋、秦、齐、楚四国取代周王朝成为新的发展势力：晋国掌控天子、把持朝政，秦国在西周故地拓野千里，齐国渐成霸主，而楚国在南方开疆拓土，遂成春秋之霸局。

由于"两王并立"的这段历史在几乎所有留存下来的文献中均无记载，因此《竹书纪年》从一开始就受到广泛质疑。直到 2008 年清华简被发现，其中"系年"篇详细记录了"两王并立"和周携王被杀的过程，内容与《竹书纪年》大致相同，从而为《竹书纪年》内容的真实性提供了有力证据。

9. 姬仇与周天子的恩仇记

晋文侯名姬仇，这个名字的来历与一场战争有关。周厉王三十七年（前841），周厉王的倒行逆施引发了国人暴动，许多偏远的诸侯国背叛了周王室，条戎❶等游牧民族也趁机崛起。周宣王即位后，励精图治，持续打击从陕西到山东的叛乱势力。此时晋国成为周宣王的马前卒，是战斗在平叛第一线的先锋力量。姬仇的祖父晋献侯执行周宣王的命令，率军攻打前来进犯的夙夷❷，结果大获全胜，占领了两座城邑。在他的东征西讨之下，周王室稍稍恢复威严，周宣王给予他高度的评价，赞誉晋军是周王室的"宿卫军"❸。

到了姬仇的父亲晋穆侯执政时期，晋国仍然紧跟周王征讨"不朝"诸侯的步伐，四处出击，却常以惨败告终。据《竹书纪年》记载：周宣王三十八年，晋穆侯随天子一同讨伐条戎和奔戎❹，结果一败涂地；第二年周、晋联军再伐姜戎❺，仍是大败而归。晋穆侯深以此两战为耻，适逢其长子出生，就给他起名为"仇"，意寓永不忘记被戎人打败的仇恨。

晋穆侯以周天子的名义不断打击周边的诸侯国，并在周宣王四十年击败北戎，领土大大扩张。姬仇就在这个时期出生、长大，自少年时就随父征战，终生都与战争为伴。不久，姬仇以嫡长子的身份成为晋国世子，按周礼所规定的嫡长子继

---

❶ 古代戎族的一支，分布于今山西中条山鸣条岗一带。

❷ 东夷的一支，位于今山东东平一带。

❸ 出自山西曲沃8号晋侯墓西周晋侯苏钟铭文。

❹ 部族名，位于今山西中条山一带，和条戎毗邻。

❺ 部族名，位于今山西介休一带。

图 122 周宣王在位期间多次派
兵反击犬戎的袭扰，图为尹吉甫
受宣王命率军北伐猃狁的浮雕

图 123 晋文侯执政时期晋国国都翼城遗址前的牌楼

承制，他继位的合法性不容置疑。但就在晋穆侯去世，他就要顺理成章成为下一任国君时，一个重大的变故出现了：晋穆侯的弟弟晋殇叔在率大军征战返回的途中竟宣布自己为国君。

晋献侯以来，战争与扩张成为晋国生存和发展的主要手段，多年的争战使军队拥有极高的权威和地位。晋殇叔常年在外领兵作战，早已把军权牢牢抓在自己手里，在军中威望极高，因此待他振臂一呼，得到的是一呼百应。反观当时的姬仇既无威望，又没实权，手中更没有能够调动的军队，能做的只有逃跑，姬仇成为晋国首位没有顺利即位的太子。

按理说，晋殇叔未经周王授权就自立为君，这种公开破坏礼制和法统的行为是对天子尊严的践踏，更是对周王室权威的挑战。所以姬仇满怀信心地请求周宣王为自己主持公道，结果却让他大失所望。

周宣王是周幽王和周携王的父亲、周平王的祖父，他认为，要想不被诸侯吞并、戎狄所灭，晋国是他必须仰仗的力量。但他必须考虑到，他需要的是能支持他的晋国，而并不在乎谁来做晋国国君。如果因为姬仇而无法得到晋国现任统治者的支持，甚至兵戎相见，那就太愚蠢了，因此他拒绝了姬仇的请求。

姬仇满怀希望而来，失望而归，其刻骨铭心之恨，挥之不去。他恨篡权夺位的叔叔，更恨见死不救的周宣王，但最恨的是看似冠冕堂皇实则形同虚设的周代礼制。从那一刻起，他决心为自己而战。姬仇默默积蓄力量，收拢了愿意效忠自己的旧部，团结了一些反殇叔的力量。但此时的周宣王却警告他：不要让晋国陷入内乱，否则我会出手灭了你。姬仇只能隐忍，被迫流亡国外等待时机。

机会很快来了。在他逃出晋国的第3年，周宣王去世，其子周幽王继位，而周幽王对诸侯家族内部的争斗采取无视的态度。这一回姬仇再也没有了忌惮，他迅速聚集了支持者的队伍，一举攻破晋国的国都，杀死殇叔，夺回了本应属于自己的国君之位，史称晋文侯。此后10多年，他兢兢业业地为周幽王服务，并努力扩张自己的军队和领土，甚至协助幽王之子"多父"大败鄫国，在其故地建立郑国，"多父"被幽王封于此，是为郑桓公。

6年后，他得到周幽王废掉太子姬宜臼的消息。兔死狐悲、物伤其类，储君被废的经历让他感同身受，形如摆设的周代宗法礼制让他感到愤怒。周幽王十一年（前771），申国勾结犬戎攻破镐京，周幽王被杀，西周灭亡，周携王和周平王相继宣布继位。在二王并立的情况下，晋文侯要如何选择阵营呢？从个人角度说，本着对周宣王的厌恶和对废太子的同病相怜，他更喜欢平王；但从现实的角度看，周平王有弑父夺位的坏名声，而周携王有王室贵族的支持、股肱之臣如虢公翰的辅佐，是人心所向。最好是左右逢源，谁也不得罪，因此他不想轻易站队。

镐京一带已残破不堪，而且犬戎不断侵扰和劫掠该地区，因此周平王东迁洛邑。既然周王室已对丰镐之地失去控制，就不如送个顺水人情，让它发挥更大的价值。周平王找到远在西北的秦襄公，把岐山以西之地封赏给他，并正式赐予他诸侯身份，以换取秦国对周王室的支持和保护。除此之外，周平王还重用郑武公，让郑国拥有三公的地位。

晋文侯对周平王赏赐给秦、郑的土地和地位垂涎三尺。他认为，周平王对拥护他的诸侯封赏的都是真金白银，而这个时候支持周平王的诸侯很少，弥足珍贵。洛邑一带是中原最好的地方之一，不但人口多、城市繁荣，土地也非常肥沃，因此晋文侯看好周平王的未来，决定亲自带兵护送其东迁，成为拥立周平王的"国之柱石"。

晋文侯在拥戴周平王的同时，也不忘和周携王处好关系。周携王的领地离晋国很近，他结交一些小诸侯国和民族部落的政权，并获得燕、齐等大国的支持，其领地内的经济也恢复起来。晋文侯对这位新邻居恭敬有加，经常嘘寒问暖。晋文侯左右逢源，游走在周平王和周携王之间，既获得了实际的好处，又为自己的对外扩张找到了无法反驳的理由：他在攻打携王派系如韩国时高举周平王的旗号，又在攻打平王派系时打着周携王的旗号，因此晋国在接下来几年的发展中顺风顺水，没有遇到太多的障碍。

随着时间的推移，晋国的军事力量已经十分强大，两个周王都不敢得罪晋文侯，甚至还要依仗他来保卫安全、管理国家。这时的周携王40多岁，正是年富力强的时候，在诸侯的支持下凭借自己的威望逐步强大起来，能够影响很多诸侯国的决策和军事行动。这时的晋文侯感受到了来自周携王的威胁，而周平王年纪小、实力弱，易于控制。一个是不受控制的隐患，一个是手里操控的木偶，如何选择对他来说并不难。

晋文侯利用周携王的信任，突然倒戈杀死了周携王，使其周边势力和阵营分崩离析。晋文侯的弑君忤逆行为得到了周平王的赞赏，特意作《文侯之命》表彰晋文侯的功绩。晋文侯是周平王获得正统地位的最大功臣，因此获得了大量的土地赏赐和诸侯的特权。在周天子的支持下，晋国很快就成为春秋初期的一霸，此时的晋文侯精神抖擞，梦想着国祚的永久。

说起来，晋文侯本是宗法制度被破坏的受害者，但却在获取权力后转而藐视宗法制度，给晋国弑君夺位的恶行开了先河。让晋文侯没有料到的是，他运筹多年，打下的江山却落到了他的亲弟弟手里。

晋文侯有个弟弟叫成师，早年被封在曲沃，故又名曲沃桓叔。曲沃这个地方是晋国的故都，祖宗的宗庙、社稷都设在这里。经过多年的发展，这个城市非常繁荣，规模比当时的晋都翼城❶还要大。晋文侯死后，成师凭借曲沃的富庶，开始和晋文侯一样藐视礼法，无视晋文侯之子的正统地位，开始了自己的夺位之路。成师一系的后人一共历经三代、68年的时间，前后杀死或驱逐了晋文侯一系的国君6位，最终夺走了他打下的江山。"小宗"剿灭并取代了"大宗"，史称"曲沃代翼"，由此而导致晋国的"两君并立"内乱长达近70年。

周王室本由晋、郑两国把持，但晋国由于长年内乱退出，由郑国独霸。周平王的孙子周桓王继位后，反倒干涉起晋国的废立之事，他时而支持晋文侯系的"大宗"，时而支持曲沃桓叔系的"小宗"，最后竟收取"小宗"的贿赂承认其吞并"大宗"的事实。在这之后，血气方刚的周桓王决定给独断专行、操控周王室于股掌之中的郑国一点教训，结果两军开战，却以周军惨败、周桓王被箭射伤而告终。此时的周王室连一个新兴的诸侯国都打不过，顿时威风扫地，丧失了复兴的最后希望。

---

❶ 今山西曲沃、翼城接壤地带。

　　周王室的衰败与晋文侯有很大的关系，他开了一个弑君杀亲、礼崩乐坏的坏头。那么，由小宗取代大宗而建立起来的新晋国，结局又如何呢？成师死后，他的儿子晋武公、孙子晋献公依次继位。但从晋献公开始，晋国发生了质的变化，一度支离破碎、雄风不再。

　　晋献公在晚年宠爱一个叫骊姬的美人，她为献公生下一子，名为奚齐。为了让奚齐继位，骊姬蛊惑献公，逼已被立为世子的嫡长子申生自杀，接着又诬陷献公另两个成年的儿子夷吾和重耳篡位谋逆，昏庸的晋献公竟然信以为真并起兵征讨他们，二人被迫流亡国外。

　　晋献公死后，晋国再次大乱。已被立为太子的奚齐和骊姬妹妹之子卓子均被权臣里克杀害，夷吾被迎立回国继位，是为晋惠公，在他之后由其子晋怀公继位。此时，已在外逃亡19年的重耳在秦国的支持下杀死晋怀公，夺得君主之位，这就

图124　山西太原的晋文公祠

是历史上鼎鼎有名的晋文公。

晋文公流亡期间境遇十分悲惨，缺吃、少衣，经常风餐露宿、居无定所，但很多追随他的大臣都忠心耿耿、不离不弃，历经 19 年的艰辛，一直坚持到最后。晋文公没有忘记这些人，因此在他即位后便大封功臣，其中狐氏、先氏、郤氏、胥氏、栾氏、范氏、中行氏、智氏、韩氏、赵氏、魏氏等 11 个家族被封为世袭的贵族，轮流担任晋国的六卿。但是，随着公卿权力的集中，纷纷坐大，不仅控制政局，还随意废立。到了晋国后期，晋国的公子们已被杀得所剩无几，公室力量极度衰微。

作为称霸 200 多年的中原第一大国，晋国的实力不容置疑，但其权力均在卿室手中。春秋晚期的晋国，范氏、中行氏、智氏、赵氏、韩氏、魏氏六大卿室中的任何一家，其军事实力都可堪比中等大小的诸侯国。后来，韩氏、赵氏、魏氏联手灭掉了范氏、中行氏和智氏三家，晋国终被这些卿大夫所瓜分肢解。

晋文侯一生机关算尽，最终换来的却是晋国常年的内战和宗室的手足相残，周王室也失去了重振的最后机会。而晋国这段波澜壮阔的历史，被清晰地记录在《竹书纪年》上。

西汉时期的司马迁在写《史记》时，必然无法看到埋在战国墓中的《竹书纪年》。而《竹书纪年》是"战国的人叙述春秋事"，更是"晋人叙晋事"，因此在记载晋国历史方面，自然比 200 多年后成书的《史记》要可靠得多，它可校正《史记》所载的战国史之失。

第四章

云梦遗书……回望秦的兴亡

1. 大泽乡的预谋

学生时代，我们都对司马迁《史记》中讲述的大泽乡起义印象深刻。前往渔阳（今北京密云）戍边的陈胜、吴广等人因暴雨耽误了行期，面临被斩首的厄运，于是二人揭竿而起，杀死押送的县尉，建立了张楚政权。而后起义军军势大盛，兵锋直抵咸阳。后因秦军的疯狂镇压和叛徒的出卖，二人功败垂成，却吹响了反抗暴秦的号角，为刘邦、项羽等风起云涌的起义开辟先河，可谓历史意义重大。

起义前，陈胜的动员煽动性极强。他指出秦法严苛，误期当斩，而戍边也多半是死，既然结局都是死，不如揭竿而起，如果侥幸成功，还可以坐天下，享富贵；如果失败了，和不起义而因失期被杀的结局是一样的。

从这段记载看，陈胜、吴广好似临时起意，但湖北省一座秦墓中挖出的竹简表明，大泽乡起义是早有预谋的，我们重新梳理一下大泽乡起义的整个过程，来剖析陈胜、吴广的动机。

公元前209年，秦二世当政，朝廷从阳城（今河南登封）征发了900名戍卒，到渔阳去充实边境防卫。他们途经的地区荒芜凶险、环境恶劣，一路上走得十分艰辛。当他们行至大泽乡（位于今安徽宿州境内）的时候，天降暴雨，无法继续前进。陈胜和吴广是队伍中仅有的两名屯长，相当于行军中的领队。这说明二人有一定的事务处理能力，很可能还能言善辩，否则县尉不会任用此二人做屯长。

图125 云梦睡虎地秦墓中出土的武士斗兽纹铜镜，其图案展现出战国时期秦人的尚武精神

陈胜又名陈涉，"涉"是他的字。在那个时代，很多白丁、黔首连姓名都使用俗称，如"李四""王五"等，极少使用字。由此推断，陈胜可能是没落的大户人家之后。并且，能说出"燕雀安知鸿鹄之志哉"这样的体现庄子哲学的名句，陈胜至少受过一定的文化教育。吴广是阳夏（今河南太康）人，字叔，和陈胜一样，可能也是没落的大家之后。

被征发戍守渔阳的900名戍卒本是穷苦的百姓，在秦代被称为闾左。秦朝把25人划为一个居民组织单位，称为一闾。在这个小型社区内只有一条小路，从闾口进入，路左侧的房屋低矮破旧，住的都是穷人，被称为闾左；路右侧的房屋高大宏伟，住的都是富人或名门望族，称为闾右。一条乡间小路把穷人、富人完全分开。

秦代的闾左虽然穷苦，却是自由民，原则上不发戍边，不强迫做苦役。当时做苦役或戍边的都是奴隶、囚徒和战俘。但到了秦始皇统治后期，对外用兵频繁，兵役、劳役的来源严重不足，因此地方官府常常网织罪名，把许多闾左变成囚犯，这样就可以名正言顺地罚他们做苦役和戍边了。到了秦二世时期，他大兴土木，建设了很多的大型宫殿、陵寝，不断镇压起义，因此劳工和兵源都严重不足。秦二世干脆直接修改法律，规定闾左也要随时听调服劳役或戍边，这也是秦末爆发农民起义的一个重要原因。

陈胜在家乡务农闲暇之余，跟同乡一起聊天时说"苟富贵，无相忘"，遭到了大家的嘲笑。于是陈胜说出了名句："燕雀安知鸿鹄之志哉！"陈胜认为自己的志向高远，不愿和普通人一样苟活于世。他不甘家族的没落和由此带来的巨大落差，对建功立业怀有强烈的渴望。因此他不愿与"燕雀"为伍，想主宰自己的命运。所以他要推翻秦的统治，建立自己的政权，这不是临时起意，而是早有图谋。

如《史记》所载，在900名戍卒因暴雨滞留大泽乡期间，陈胜、吴广躲在角落里开始密谋。陈胜说大秦帝国的皇帝本来不该由秦二世来担任，他没有继承皇位的合法资格。秦始皇在驾崩前本是安排长子扶苏继位，举世皆知，但秦二世杀了扶苏，篡夺了皇位。楚国的名将项燕爱民如子，而且立了很多战功，但如今不知道他是死是逃。我们可以冒用扶苏、项燕二人的名义造反，会得到很多人的响应。可见，陈胜对于起义早有计划，确定了起义的名义、口号，为起义的合法性

图126　陈胜、吴广等人要戍守的渔阳是远离阳城的燕国故地，图为位于今北京怀柔的古渔阳城城址

做好了准备。

暴雨连续下了七八天，这些戍卒要想从大泽乡走到渔阳，连理论上的可能都没有。古代行军完全靠步行，再加上两地之间一路崇山峻岭、崎岖不平，全是泥泞的土路，加上大雨滂沱，寸步难行。此时的陈胜、吴广开始了起义前的思想引导工作。900名戍卒因暴雨滞留大泽乡，要自己掏钱去市场买食物，官府根本没有这部分支出的预算。好在秦代末期鱼的价格还比较便宜，所以戍卒们每天买一些鱼来填饱肚子。

陈胜、吴广抓准机会，偷走渔民刚刚打上来的鱼，然后把事先用朱砂写上"陈胜王"的帛书塞进鱼肚。第二天早上，戍卒买走渔民的鱼，在杀鱼时看到了鱼肚里的"陈胜王"，觉得很惊讶。到了晚上，吴广又在树林中点燃篝火，用高超的口技学狐狸说"大楚兴，陈胜王"，把陈胜捧上神坛。

当时的人们都非常迷信，因此人心浮动、议论纷纷。看到时机成熟，陈胜开始正式行动。他首先灌醉押送他们的县尉，然后吴广故意用言语刺激县尉，多次扬言要逃亡，目的就是要激怒县尉。果然，县尉非常生气，不但用语言侮辱吴广，

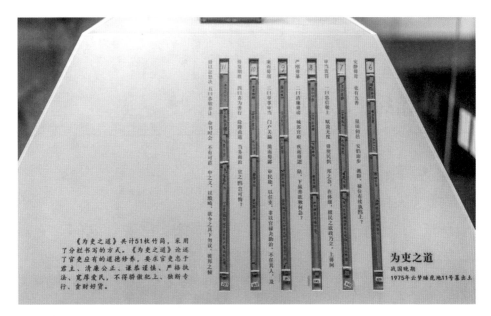

图 127　从云梦睡虎地 11 号秦墓中出土的竹简《为吏之道》

还拿出鞭子抽打他，最后又拔出剑准备杀死吴广。早就伺机而动的陈胜一跃而起，帮助吴广夺剑杀死了县尉。按严苛的秦律，押送的县尉被杀，所有人都要"连坐"，这样一来这些戍卒不得不跟着陈胜、吴广一起干了。

杀了县尉，陈胜就开始对戍卒喊话："公等遇雨，皆以失期，失期当斩；假令勿斩，而戍死者固十六七，且壮士不死则已，死则举大名耳！王侯将相，宁有种乎！"意思是，即使我们不因失期被杀头，大概率也会因戍边而死。因此他鼓动大家抓住机会，干出一番大事业，名扬后世。口号既豪迈，听起来又有道理。于是戍卒们激情澎湃、揭竿而起，攻克了大泽乡、蕲县（属今安徽宿州），并在陈县（今河南周口淮阳区）建立了张楚政权。

从政权的名字是"张楚"，而不是"秦"或"楚"可以看出，陈胜、吴广不再顾及他们起义的初心和口号：替扶苏鸣不平，为项燕报仇。后来，陈胜起义军遭到秦将章邯❶的绞杀镇压而失败。虽然大泽乡起义的火焰被扑灭，但陈胜那句"王侯将相，宁有种乎"的豪言壮语千载之下读之仍让人热血沸腾。

---

❶　秦末名将，后降项羽被封雍王，为刘邦所杀。

2. 大泽乡领导团队的结局

大泽乡起义的领导者陈胜、吴广手下有两名最重要的将领：周文和武臣。周文是陈县人，在陈胜攻克陈县、建立政权的时候就投奔了起义军，成为陈胜的心腹。周文早年的经历比较复杂，他给楚国的春申君黄歇做过仆从，还曾为楚国大将项燕占卜算卦。虽然经历不怎么光彩，但毕竟被他服务过的两人都是战国后期名人，他自称得了二人真传，领会了谋略和军法的精髓，因此被陈胜授予大将军职衔。

秦二世元年（前209），陈胜令周文率起义军主力向西攻打秦都咸阳。周文率领数十万的军队、一千辆战车逼近咸阳，秦二世惊慌失措，任命章邯为将军，集中郦山（即骊山，位于今陕西西安临潼区）的刑徒，从中精选身强力壮者数十万出城迎敌，和周文的军队在戏（位于今陕西西安临潼区）狭路相逢。章邯号令全军：只许前进，不准后退；奋勇杀敌有赏，犹豫不前者立斩。那些各地征集来的奴隶和囚徒，其中有很多十恶不赦的死刑犯，听说杀人有功还有赏，便一窝蜂地扑向敌阵，"秦军"一时间士气如虹，锐不可当。

当初周文从陈县一路西征，仗着人多势众，基本没遇到大的抵抗，因此有些轻敌。章邯军队如猛虎下山，周文军一下子就乱了阵脚，在慌乱中后退，秦军趁势掩杀。起义军在撤退途中被消灭大半，其余溃散逃亡，周文则出函谷关向东逃窜。周文在曹阳（位于今河南省三门峡市）被章邯追上，他组织残兵败将仓促应战，又败，再逃。最后周文只身逃到渑池，但追兵已近，绝望之际，周文拔剑自杀。

再说武臣，武臣是陈胜的同乡，本来也是陈胜信得过的"自己人"。武臣自告奋勇请求北攻邯郸，夺取赵国的故地，得到了陈胜的允许。武臣在北上之前特意点了两名副将，他们就是在后来的楚汉战争中脱颖而出的张耳和陈馀。武臣在这

图128　秦始皇梦想把皇位传至万世，但只二世而亡。图为被一西安居民小区包围着的秦二世陵

两个副将的支持下，通过赦免和招抚的方式，在不到一个月内一连收服了 30 多个城，最后占领了赵国的故地。

此时，张耳和陈馀鼓动武臣干脆自立为王、划地而治。他们说："陈胜起义，刚刚攻占陈县就自立为王，却不愿立六国的后裔，可见他起事只是为了自己的荣华富贵。将军您仅率 3000 人，就攻下赵地几十座城池，不称王不能安民心。况且陈胜多信谗言，功劳越大的人越危险，您现在已功高震主了，不如趁现在自立为王，脱离陈胜的控制，免得将来遭受祸患。"武臣本出身草莽，见如今有机会称王，就毫不犹豫地答应了。公元前 209 年 8 月，武臣自立为赵王，任命张耳为左丞相，陈馀为大将军，不再听陈胜的调动和差遣。

武臣称王后，在得意洋洋之余又自不量力，任命部下李良为将军，继续向北攻打燕国。李良之前做过秦代的小官，因位微言轻得不到重用而归附了武臣。他接到命令后率军北上，势如破竹，先占常山、后克太原，一路打到井陉关，在这里遇到秦将王离的部队。王离出身于秦代名将世家，祖父为名将王翦，父亲是连灭魏、燕、齐三国的虎将王贲，从小就受到严格而系统的军事教育，也继承了先辈的统军才华，李良根本不是他的对手。

李良的部队虽兵力占优，但仍久攻受挫。此时，王离趁机诱降，在招降信中许诺高官厚禄，李良开始动摇。不过，李良对再次叛变有着很深的顾虑，所以思来想去，决定先回邯郸。不想在归途上遇到了一个人，正是这个人，改变了他的命运。

公元前 208 年，李良在返回邯郸的途中恰好遇到赵王武臣的车驾，于是立刻下马跪拜，不想车上坐的竟是武臣喝醉酒的姐姐。李良羞愤中与之争执，又被骂了个狗血喷头，于是他恼羞成怒，当场将其杀死。事后，李良自知已酿成滔天大祸，索性一不做、二不休，趁武臣不备，带兵突袭邯郸。结果，武臣在王宫里被李良一剑砍死，其家眷及近臣也被李良杀光，唯有张耳、陈馀因事先有人报信得以逃脱。二人逃离后马上纠集残兵重整旗鼓，并采纳门客的建议，立赵国王室的后裔赵歇为赵王，在信都（今属河北邢台）建立了赵国政权。而李良在邯郸自立为王后率军进犯信都，结果人心不服，部众溃散，只得在万般无奈之下投降了秦将章邯。

再说武臣的两位副将。张耳是河南人，强言善辩，早年作为信陵君的门客却未有机会立下寸功。后来因家里太穷，生活拮据，被迫入赘到一家富户，和一个大龄寡妇结了婚，生活从此有了保障。后来他参加了起义军，成为武臣的副将，又做了"赵国"的左丞相。

武臣死后，张耳拥立赵歇为赵王，后又跟随项羽，被封为常山王，成为一方诸侯。不久，他原来的同僚陈馀为争权与他翻脸，率领大军攻打他，他不敌，一路南逃归顺了刘邦。为报一箭之仇，张耳后来随韩信北上伐赵，攻打陈馀的老巢，这就是韩信与张耳共同指挥的"背水一战"。结果，赵国被灭，陈馀被杀，张耳报了仇。西汉王朝建立后，张耳被封为赵王，是汉初所封异姓王中少有的得到善

图 129　位于安徽宿州的大泽乡起义遗址

终的。

　　周市是大泽乡起义军中另一名重要将领。周市奉陈胜之命，率军攻占了魏地，没想到部下欲拥立他为魏王。齐、赵两国也各派战车 50 辆，支持周市称王。但周市却说："天下混乱，忠臣才能显现出来，如果你们一定要拥立国王，那必定是魏王的后代。"周市派人前往陈县迎回被秦始皇废掉的魏公子魏咎。在周市的请求下，陈胜答应立魏咎为魏王，周市则被魏咎任命为相国。

　　公元前 208 年，秦大将章邯进兵临济，攻击魏王。周市从齐国、楚国请来救兵解围，但章邯击败援军、杀死周市，并团团包围了临济。魏咎为了百姓的安危，提出了只要秦军不杀害平民，自己就可以降服的条件，最后谈判成功，魏咎自焚而死。

　　最后再说大泽乡起义军的两位最高首脑。吴广本在荥阳指挥打仗，久攻不下，几个月下来，人困马乏、军心涣散。此时周文军大败的消息已传到军中，但吴广

221

图 130　秦末一场轰轰烈烈的农民起义最终烟消云散，图为位于河南芒砀山西南麓的陈胜墓

仍紧围荥阳，不做应对打算，麾下的将士们忧心忡忡。部将田臧对大家说："周文已全军覆没，秦军乘势东征，而吴广却不想应变之法。若秦军一到，内外夹击，我们必死无葬身之地。吴广这个人非常骄横，又不懂兵法，跟着他只有死路一条，不如我们今天除掉他，再从长计议。"大家一拍即合。

夜晚，田臧等人直入吴广营帐，假借陈胜之命说："你久留荥阳，暗藏祸心，蓄意谋反，我等受陈王之命予以立斩。"话音未落，吴广早已人头落地。田臧拿着吴广的首级召集全军，宣布吴广谋反，已奉陈王之命斩首。接着，田臧写了一封信给陈胜，痛斥吴广"阴谋叛变"，并已果断处置："我等揭发其图谋，已经就地处斩。"最后还把吴广的人头献给了陈胜。出人意料的是，犯上作乱的田臧不但没有受到惩罚，还被陈胜封为楚令尹和上将军，相当于张楚政权的宰相和兵马元帅。

这简直是对田臧行为的鼓励。

大泽乡起义伊始，陈胜自称"将军"，封吴广为"都尉"。"都尉"到底是多大的官？《商君书·境内》记载："国封尉，短兵千人。将，短兵四千人。"就是说陈胜可以带领 4000 名侍卫，而吴广只可以领 1000 名，在秦朝，"都尉"比"将军"要低好几个等级。后来，陈胜攻下陈县，自称为王。陈县在春秋时期是陈国的首都，后又成为楚国的都城。当初陈胜是打着扶苏、项燕的旗号起事的，在楚国的旧都称王后却把楚国旧贵族和王室后裔扔在一边，原形毕露，这也是后来很多人反叛他的重要原因。

陈胜自立为王后，封吴广为"假王"，毕竟一国不能封两王。但是，同是政权创始人的吴广却理直气壮地分走了他的权力，让陈胜愤懑不平。他其实一直都想杀死吴广，只是苦于没有机会。不久，陈胜的很多亲属同乡、故友旧识找上门来求富贵，因为他们都记得那句"苟富贵，无相忘"，但说起这句话时，他们不再带有嘲笑的口吻，而是以恭敬的心态。但最终结果是，他们全部被陈胜杀掉。这一切都反映出陈胜的薄情寡恩。

其实，陈胜非常忌惮吴广的存在。毕竟，吴广是和他共同起事的政权创立者，二人资历相当，都在起义军中有相当的地位和分量，而且心腹武臣的背叛让他更加猜忌吴广。如今吴广既死，正好去掉了一块心病。因此他对吴广之死非但不追究，反而封赏了凶手。吴广推举陈胜为王，同举大事，浴血奋战，结果就这样不明不白地死于自己人之手，也算是一桩千古奇冤。从田臧杀吴广事件中，可以看出张楚政权经过一段茁壮成长期后，在争夺胜利果实的过程中，内部已经逐渐分裂和相互倾轧。将领间钩心斗角，内讧不断。欲成大事的团队却不能一心，必定行之不远。

张楚政权随着吴广之死而迅速覆灭。陈胜在一次战斗中惨败，他在狼狈逃窜的路上嫌车夫庄贾驾车的速度太慢，就不断地呵斥和辱骂他，甚至用鞭子抽打他。庄贾对他早已恨之入骨，再加上章邯的高额赏金诱惑，遂当场暴起，杀死陈胜，割下他的头颅献给了秦将章邯。于是，陈胜就这样死在自己的车夫手里，身首异处、死相凄惨。从他在大泽乡起义开始算起，到他的政权土崩瓦解，只有短短 6 个月。

3. 两封来自前线的士兵家书

1976 年初，考古专家在湖北省云梦县睡虎地的 11 号墓附近，发现了 4 号墓坑中的一具枯骨和两片不太起眼的木牍，似乎不具备多少文物价值。但专家经过仔细辨识后发现，两片木牍竟是约 2200 年前两名普通秦军士兵的家书。家书的字里行间，充满着兄弟情深；话里话外，透出军营生活的艰辛。更重要的是，它揭开了战国后期秦军军营内的三段秘闻。

这是存世最早的家书，书者是秦国统一战争中两名在外征战的士兵，同时也是一对亲兄弟。一位是家中次子，名黑夫；一位是家中老三，名惊。二人把家书从驻地淮阳（今河南周口淮阳区）寄至家乡安陆（今湖北孝感一带），收件人是家中的长兄衷❶，后来家书成为衷的陪葬。木牍虽历经千年仍保存完好，上面的字迹清晰可辨，虽有少量模糊与残缺，但经过整理和辨识，仍能读出书信大意。

第一封家书是二弟黑夫写给长兄衷的。信的行文方式和现代人很类似，从问候开始，以家长里短切入正题：

> 二月辛巳，黑夫、惊敢再拜问衷，母毋恙也？黑夫、惊毋恙也。前日黑夫与惊别，今复会矣。黑夫寄益就书曰：遗黑夫钱，母操夏衣来。今书（即）到，母视安陆丝布贱，可以为禅裙襦者，母必为之，令与钱偕来。其丝布贵，徒〔以〕钱来，黑夫自以布此。黑夫等直佐淮阳，攻反城久，伤未可智（知）也，愿母遗黑夫用勿少。书到皆为报，报必言相家爵来未来，告黑夫其未来状。闻王得苟得……❷

---

❶ 睡虎地秦墓 4 号墓的墓主。

❷ 牍片本面至此写满。

　　　毋恙也? 辞相家爵不也? 书衣之
南军毋……不也? 为黑夫、惊多问
姑姊、康乐孝须(嫛) 故尤长姑外
内(?) ……为黑夫、惊多问东室
季须(嫛) 苟得毋恙也? 为黑夫、惊
多问婴记季事可如? 定不定? 为黑
夫、惊多问夕阳吕婴、匾里阎诤丈人
得毋恙……矣。惊多问新负(妇)、
嫛得毋恙也? 新负勉力视瞻丈人,毋
与……勉力也。

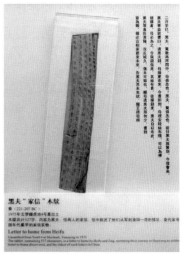

黑夫"家信"木牍
秦 (221-207 BC)
1975年于云梦睡虎地4号墓出土
木牍共计527字, 内容为黑夫、惊两人的家信, 信中叙述了他们从军到达阳一带的情况。秦代家书
国存代最早的家信实物。

Letter to home from Heifu
Unearthed from Tomb 4 at Shuihudi, Yunmeng in 1975
The tablet, containing 527 characters, is a letter to home by Heifu and Jing, narrating their journey to Huaiyang as soldiers. The letter is home discovered, and the oldest of such letters in China.

黑夫先向大哥问好,再向母亲请安,并询问
她近期的身体情况。接下来的问候涉及很多人:
有他牵挂的姑妈,万分想念的姐姐,放心不下的
侄女,还替弟弟惊询问他的新婚妻子是否安好。
黑夫特意叮嘱:惊的妻子一定要精心地照顾二位
老人,不要和老人置气,顶撞他们。要多承担
委屈,尽力维持家庭和睦。黑夫还请大哥代他
向村里的两位长者吕婴、阎诤问安;并替惊询问
邻居,之前商量好的事定下来没有? 信的内容虽
然有点啰唆,却无不透出浓浓的亲情,更体现出
秦国人尊礼仪、奉孝道、重亲情的传统,并非后
世史料中所说的秦"与戎狄同俗""不识礼义德
行""苟有利焉,不顾亲戚兄弟,若禽兽耳"❶。

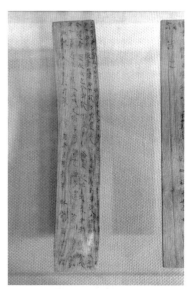

图 131　出土于云梦睡虎地 4 号墓的木牍家
书,上面书写着两名秦军士兵对家人的嘱托

---

❶　均出自《战国策》。

其实，秦朝很重视社会风气的淳化。《秦律》及司法解释道：老人控告儿女不孝，要求判以死刑的，不需要经过三次原宥❶程序，应立即拘捕并处死；凡殴打祖父母或曾祖父母的，均在脸上刺墨并强制劳动改造。男子罚修筑城墙，女子罚为官府春米。因此西汉贾谊在《治安策》中说，秦国的社会风气已败坏到子女借给父亲锄头都很犹豫，母亲借用子女的簸箕、扫帚就会遭到唾骂的地步，实在是难以采信。

寒暄之后，黑夫提出了两个请求，同时也无意间泄露了两个秘密。第一个请求是黑夫写信的主要目的，那就是恳求家里赶快寄钱过去。他垂头丧气地表示，自己运气太差，所在的部队被编入了突击兵团，马上要参加攻打淮阳城的战斗。黑夫预测，这场战斗会持续很久，自己很可能在攻城中负伤，因此希望母亲多寄一些钱给他。

黑夫还表示，炎热的夏天马上就要到来，而他身上穿的还是冬衣，因此请母亲务必做几套夏装寄来。为了减轻家里的经济负担，他让母亲事先询问一下当地布帛的价格，若价格便宜，就做成衣物和钱一起寄出；若价格昂贵，就只寄钱，黑夫可以在驻地的市集上买布做衣服。他还嘱咐在邮寄钱和衣物时，千万不要写错姓名和地址。

黑夫的第二个请求是要大哥及时回信，因为自己刚刚在战斗中获得爵位。秦国有一套严格的军功授爵制，官府按士兵杀敌数计算军功，士兵一家老小的吃穿用度全靠爵位岁俸的支撑。因此黑夫要大哥在回信时告知，官方颁发的爵位证明是否送达。他还特意叮嘱，家人对送书官员要好好招待，走的时候也要客气礼送。

黑夫在信中透露出的第一个历史真相涉及秦国的军事制度。兄弟二人虽同在淮阳前线，但并不在一个作战单位。而且这些作战单位均为临时编组，经常变动，这是为了避免士兵间因过于熟悉而出现反乱或哗变的情况。不过在非战时的休整

---

❶ 指宽大处理和赦免政策。

期间，秦军士兵有较大的自由活动空间。因此黑夫在信中说，战斗期间两兄弟多日没有见面，但战后可以在一起聊天。这封信有助于后人了解秦军的作战建制和战休制度。

信中揭开的第二个真相涉及秦军的军事机密。黑夫兄弟二人马上要投入淮阳之战，黑夫表示：刚刚反叛的淮阳城城池十分坚固，因此这场战事不知要持续多久。有关这座"叛乱之城"降而复叛、久攻不下的史实，在史书上并无任何记载。那么，黑夫兄弟参加的到底是哪一场战斗呢？

公元前223年，秦国发动的统一战争已接近尾声。据《史记·白起王翦列传》记载，为消灭实力雄厚的楚国，大将王翦率60万秦军攻楚，战况胶着，持续两年。而黑夫和惊正是这60万秦军中最普通的两名士兵，二人在信中提到的"淮阳之战"正好就发生在秦灭楚战争期间。"一封家书"为我们的史料补充了更多有价值的细节。

黑夫兄弟所在的淮阳战场，距离他们的家乡安陆近1000里，或许第一封家书在路上辗转没有送达，或许母亲亲手缝制的衣物没有及时寄出，于是老三惊又写了第二封家书。这封家书的内容更加简短，语气也更为急促：

> 惊敢大心问衷，母得毋恙也？家室外内同……以衷，母力毋恙也？与从军，与黑夫居皆毋恙也。……钱衣，愿母幸遣钱五六百，布谨善者毋下二丈五尺。……用垣柏钱矣，室弗遗，即死矣。急急急。惊多问新负、妤皆得毋恙也？新负勉力视瞻两老……❶
>
> 惊远家故，衷教诏妤，令毋敢远就若取新（薪），衷令……闻新地城多空不实者，且令故民有为不如令者实……为惊祠祀，若大发（废）毁，以惊居反城中故。惊敢大心问姑秭（姐），姑秭（姐）子彦得毋恙……？新地入盗，衷唯毋方行新地，急急急。

---

❶ 牍片本面至此写满。

惊反复询问母亲是否安好，这不仅仅是出于礼节和对长辈的关心。他们发出第一封信后并没有收到钱和衣物，所以担心是母亲的身体出了问题，才无暇顾及他们的要求。接着，惊再次提出了黑夫在上一封信中的要求：钱和衣物。但不同的是，这次惊提出了具体的数字：铜钱需要 500 到 600 枚，做衣物的布至少需要两丈五尺，而且一定要挑选品质好的。

从两封书信中可以看出，"秦卒三兄弟"的家中并不富裕。老大在家务农，老二、老三在外打仗，而家中的母亲年事已高，还有幼童要抚养。这样的情况下，惊怎能大言不惭地提出这么过分的要求呢？按《秦律十八种》和岳麓书院秦简中披露的货币信息计算，战国时期，600 枚"秦半两"可以买到 20 石❶粟，折合黄金为 17 克左右，购买力相当于今天的 8000 多元人民币。这笔钱对当时的普通农户来说，无疑是一笔巨款。

惊似乎也担心索要太多而被拒绝，因此他向家人表明了自己危险的处境：他们向一个叫垣柏的人借了钱。这个垣柏绝非善类，如不能及时偿还，恐怕兄弟俩的性命难保。他一连用了三个"急"来强调二人的生命可能已进入倒计时。两兄弟是否受到高利贷者的死亡威胁，我们无从知晓，但从惊对衣物尺寸和用料质量提出的更高要求来看，严重的事态可能会博得家人更多的同情。

除此之外，惊多次对大哥给予高度评价和殷切的嘱托，比如"家里、家外的和睦全靠大哥了"。同时他请大哥督促自己的新婚妻子好好照顾两位老人，管教约束自己和前妻的女儿嫛，并时刻保护她的安全。在信的最后，惊没有像第一封信那样啰里啰唆地问候很多人，他只用最简短的语言问候了姑姑和表哥。

惊的家书中还暗藏着第三个历史真相。此时的形势和黑夫邮寄第一封信的时候大为不同：淮阳城已被攻克，但秦军得到的却近似一座空城。据惊透露：城中的百姓差不多已经逃光，于是秦军就把占领区内不听指挥的楚国遗民强行迁进城内。即便如此，这里仍盗贼蜂拥、反抗不断，于是他警告大哥，一定不要让家人

---

❶ 秦国的 1 石约合 30 公斤。

进入新占领区。第二封家书披露了秦在统一战争中遭到六国民众激烈反抗的细节。而这些在史书上都没有详尽的记录。

图 132　战国秦半两钱，秦统一中国后发行的半两钱是在战国秦半两的基础上改进而成的

在两封家书中，两名壮汉向家中的老人伸手要钱、要衣，简直就是秦版的"啃老"。但是，若你了解战国军队的给养制度，就不会再嘲笑他们。战国时代的士兵不但没有军饷，而且个人的服装、甲胄、武器、马匹和所有的日常花销都要自己提供，秦国也不例外，国家不提供除军粮以外的其他供给。这与后世从军，由国家包办衣、食、住、行的情况截然不同。

从信中可以看出，两名士兵在家乡安陆有许多亲友和社会关系，生活在一个三世同堂的大家庭。母亲已做祖母，是家中的家长，掌管钱财、事务；长子衷在家务农，照料田地、赡养母亲，并负责照顾其他家庭成员；黑夫和惊两兄弟则随军参战，为家人争取爵位、田宅和为官府效力的机会。即使二人战死，争取到的爵位也可以被家人继承。因此，士兵在前线作战立功，家人在后方为其提供后勤保障，负担开销，做坚强后盾，也是理所应当的事。

两封家书还透露出秦国征兵制度的信息。黑夫和惊应召入伍，不仅仅是为争取军功，更是一种必尽的义务。依秦律规定：爵位自不更❶以下、年满十五岁的男子，都有为政府服劳役和兵役的义务，随时被征召、征调，直到六十岁为止。每人一生中至少要服满三种卒役。卒役是兵役和劳役的一种结合。

第一种是在本郡、县服役整一年，主要负责驻守地方，属地方常备军，叫正卒。第二种是在外地服役，要么拱卫京城，要么戍卫边疆，相当于国家常备军，

---

❶　秦国的第四级爵位，可免更役（秦国男丁每年一个月的徭役）。

时间也是一年整，叫戍卒。第三种地点不固定，但以本郡县周边为主，主要从事与军事有关的劳役，例如筑城、修路、运输、养马，有时也参与建宫殿、造官舍、修陵墓。服役时间每年只有一个月，但年年都要参加，而且一旦有战事会马上被征调参战，相当于民兵预备役，叫更卒。

但实际情况中，秦国常常会根据战争需求随时征发士卒，全然不顾及现行兵役制度。例如为应对长平之战，河内郡十五岁以上的男子被悉数征发；再比如云梦秦简中的基层官吏喜，他曾在秦王政三年、四年、十三年、十五年共四次从军作战。而当年的泗水（今江苏沛县）亭长刘季，即后来的汉高祖刘邦在秦始皇三十五年（前212）被派往咸阳修阿房宫，本来只是服更卒役，却被迫整整服役一年。

许多战国题材的影视作品，为了严谨会聘请历史学家做顾问，意图使内容更接近历史真实。但影视剧中出现的军装都是整齐划一、有特定颜色的，这并不完全符合史实。在战国时代，各诸侯国按自己所属的"五行之德"来确定崇尚的颜色，军服自然也不例外。如魏国尚红、韩国尚绿、燕国尚蓝、齐国尚紫、楚国尚黄、秦国尚黑。但从秦兵家书可知，秦军的军服要靠家里寄送或自己购买，必定参差不齐，不但颜色不同，材料、款式也难以统一，西安秦俑战袍上混杂的颜色为此提供了佐证。

秦始皇陵中的兵马俑最初均为彩绘，只是出土后因氧化和颜料脱落而成为灰色。

两封家书出土于大哥衷的墓中，这说明信件全部平安抵达了目的地。但衷直到临终也没等到弟弟们回家，否则也不会把家书作为纪念品陪自己下葬。黑夫和惊是战死沙场还是客死他乡，衣物和钱有没有送、是否送到，我们都无法得知。可以想象的是，母亲期盼的眼神和深深的担忧。

但故事并未戛然而止。专家根据衷的墓葬地点❶和规模判断，他应该是承袭了两个弟弟的爵位。黑夫兄弟二人很可能最终战死沙场，永远不能再回到自己的故

---

❶ 睡虎地秦墓基本以低级吏墓为主。

乡，因此在衷的墓地周围找不到二人的墓葬。二人用血和生命换来了家族的富足、荣耀以及血脉的延续，而衷让这两封最后的家书陪伴自己长眠于地下，寄托他永恒的思念、感恩和悲伤。

公元前 224 年，王翦率 60 万秦军攻楚，他步步为营，荡平了秦灭六国中的第四个国家。这场昏天黑地、流血漂橹的战争，在《史记》中只用了寥寥 18 个字来记录："二十四年，王翦、蒙武❶破楚，虏其王负刍，秦灭楚。"❷战争是残酷的，生死只在一线间，黑夫这样的小人物根本无法掌控自己的命运。但冰冷的黑暗中却闪过一丝希望之光，他力图把握这宝贵的机会，改变自己的未来。

图 133　几件刚出土的兵俑身上仍残存部分彩绘

黑夫和惊邮寄的两封家书还涉及一个古老的行业，那就是官邮。在秦代，传送官邮的"邮递员"被称为邮人。邮人在秦国的地位较高，属于国家公务人员，不但收入高，还可享受减免赋税的待遇。因此，虽然这个职务比较辛苦，却是很多人梦寐以求的。

但是，黑夫和惊的家书不可能交由官邮递送。在战国末期，官邮只传递官府的公文和信函，不许私带书信。士兵的家书大多是由军队中服役期满的同乡带回家中的。至于信会不会被寄送到家，家中寄出的衣物、钱财是否能安全送回士兵

---

❶　战国末秦国将领，蒙骜之子，蒙恬之父。

❷　出自《史记·六国年表》。

手上，这就涉及道德和诚信问题了。带信者若非善良淳朴之人，邮寄的物资和书信就很难安全到达。

公元前307年，秦国因战事需要大量招募邮差，目的是让战士与家人能够保持联系。但因路途遥远，战场不固定，所以邮差仅靠双腿无法及时把信件送达目的地。于是秦国官府高薪招募一些跑得快、会骑马的青壮年担任邮差。因此，在特殊年代，官邮也参与到普通士兵的书信传递服务中去，尤其是在前线和战区。两封家书最终在目的地湖北云梦出土，说明它们已被安全送达。至于两兄弟讨要的衣物和钱财是否寄到，我们就不得而知了。

4. 舍生忘死的秦军

  战国时的秦军士兵不仅作战艰苦、时刻面临着死亡的威胁，而且要自备服装、武器乃至军饷，但他们却不会放过战场上任何杀敌的机会，湖北"云梦家书"中的黑夫和惊正是如此。那么，秦军如此忘死作战，其动力从何而来呢？这要从秦国实行的军功爵制说起。

  公元前 356 年，商鞅在秦孝公的支持下开始变法，奖励耕战是其变法的核心。法令规定：生产粮食、布帛多的人可以免除徭役；凡行伍中人，不论出身门第，一律按其所立军功的大小授予爵位和田宅；即便是秦国宗室，未立军功者也不能拥有爵位，更无法享有贵族的特权。在商鞅新法的激励下，秦国经济得到发展，军队战斗力也不断加强。正是在这样的大背景下，许多百姓告别亲人，拿起武器，走向战场。

  秦国的军爵共分二十个等级：士兵在战斗中只要斩获敌方一名甲士❶的首级，就可获得一级爵公士，这代表他将拥有田一顷、宅一处、仆人一个，岁俸粟米 50 石；若斩获敌方两名甲士的首级，就可获二级爵上造，这不但代表了更多的田宅、仆人和岁俸等物质待遇，还可以让做囚徒的父母被释放，让被罚为奴隶的妻儿恢复自由。总之，士兵在战场上斩获的首级越多，获得的爵位就越高，待遇也就越好。

  在秦军中，依爵位高低的不同，饮食档次也不一样。获得三级爵的簪袅虽仍是普通士兵，但可以进入战车部队成为驭者，每日有精米一斗、酱半升、菜羹一盘，另有配给战马的干草半石；二级爵上造只有粗米一斗，配少量菜羹和盐；而

---

❶ 佩戴盔甲的战士，指军官或部队精锐。

图134　秦大良造商鞅在变法时颁发的标准量器——商鞅方
升，成为战国时期各国制造量具的标准

没有爵位的普通士兵仅配给能填饱肚子的粟米。

军功爵只是一种待遇，类似于近现代军队的军衔。但要想在秦国做官为吏，就必须要有军爵，无爵者不能当官。普通成年男子从17岁开始服役，直到60岁，而有军爵的人到56岁即可免役；爵位达到四级不更及以上者，可以免除更役，而每级爵位可抵消一年的兵役期；有爵者犯罪时可减轻处罚，既可"降爵赎罪"，也可"以爵抵罪"，甚至能为亲人免罪。秦法严苛，百姓动辄获罪，而爵位在关键时刻可以保命。

如果士兵的军功较高，得到了九级爵位五大夫，那么他不但能拥有更多的田宅、仆人和450石粟米的岁俸，还可以拥有600户的采邑❶，可以养士。而最高爵位彻侯，意味着1000石❷粟米的岁俸。除了食邑之外，还能获得可世袭的封地。即使他战死沙场，爵位还可以由家人继承（三级及以上的军功爵都可以继承），可谓一人立功，全家受益。因此，军功爵制对普通士兵具有巨大的诱惑力。

当然，士兵在战场上获得的战绩与军功口说无凭，必须以敌人的首级为证，这本就是行军打仗的负担。而且，普通士兵若升到五级爵大夫，就已属于低级军官的范畴，想继续升迁，就需要团队战绩出色等诸多附加条件，绝非靠个人斩杀

---

❶　食邑、税邑各300户。

❷　约合今31吨。

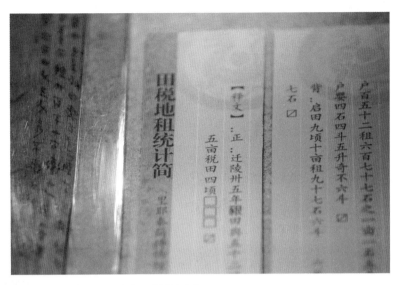

图 135 秦简中有关百姓田宅分配和计算的内容

敌军的数量就可达成。到升为九级爵五大夫的限制条件，几乎成为所有普通士兵难以逾越的鸿沟。因此，八级爵公乘基本就成了民爵中的"天花板"。

战国末期，战事频繁，秦国涸泽而渔式地征发士卒已影响到农业生产的正常进行。"云梦家书"中的黑夫三兄弟，竟有两个被征发上了战场，这势必导致家中劳力的不足；而由秦国军方负担的军粮消耗已十分巨大，需要军人家属来负担前线亲人的服装、花费，这让百姓们负担沉重、苦不堪言。但即便如此，获取军功仍是平民改变命运的唯一手段，即使自备装备和军饷也要争取从军的机会。

从家书中可以得知，黑夫兄弟的家乡安陆在云梦泽❶地区，那里有大量的湖滩沼泽，可开垦良田、种植稻米，维系家中开销。而且黑夫已在战场上立功受爵，由此家中可以置办更多的土地、获得更多的稻米，也就有了更多的钱粮，所以黑夫才敢向家里要五六百钱和一些布匹。而兄弟二人一同从军，又增加了获得爵位

---

❶ 古代大型湖泊群，位于江汉平原，唐宋时消退解体。

的概率。他们只能靠在战斗中拼命厮杀、砍掉敌人脑袋来获取军功。对他们来说，军功就是一切。

仅仅有激励政策还不足以让秦军士兵忘死拼杀，秦国对作战不力的军士、军官进行严厉惩罚是另一个原因。战斗中，若五人小队❶中有一人战死或脱逃，其余四人都要接受刑罚，但如果他们中间有人能斩敌首一颗，就可免罚；百将❷、屯长❸所率部队不能在战斗中斩获敌人首级的，二人就会被砍头，但所部若能斩敌首33颗以上，二人就可升爵一级；若一个军事单位的将官战死，他的卫兵要受刑罚，但若他们能斩获敌人的一颗首级，就可免刑。

战国时期兵书《尉缭子》第十三卷对此时期军队的惩戒制度做了生动的描述：统率百人以上的军官，凡有"战而北，守而降，离地逃"者，贬以"军贼"称号，给予"身戮家残，男女公于官"的惩罚；若是统率千人以上的军官犯了同等错误，则被贬以"国贼"，除了上述刑罚之外，还要"去其籍，发其坟墓，暴其骨于市"。因此，秦国的军官会强力驱使麾下的士兵杀敌立功。

秦国凭借这套"胡萝卜加大棒"的奖惩机制，极大地刺激了士兵打仗建功的积极性，让他们在恐惧中获得强劲的杀敌动力。因此秦军才能作战勇猛、悍不畏死，令六国闻风丧胆，军功爵制成为秦一扫六合的制胜法宝。

那么秦军士兵到底有多不畏死？他们的自杀式冲锋到底有多可怕？被称为"世界第八大奇迹"的秦兵马俑倒是能给出完美的解释：除弓兵俑外，几乎所有的秦国兵俑都身着铠甲，但却不戴头盔而是或头戴麻布小圆帽，或将长发挽成发髻，而中高级军吏俑的头上只有长冠、鹖冠❹，均没戴头盔。

纵观秦始皇陵兵马俑中，几乎所有的兵俑都没有头盔。

---

❶ 即秦军中的一"伍"，设伍长一名。

❷ 秦基层军官，辖100名士兵。

❸ 秦基层军官，辖50名士兵。

❹ 一种插有雉鸡羽毛的武士冠。

图136　无胄兵马俑

在战场上冒死拼杀的士兵，为何不佩戴头盔这种基本的防护装备呢？难道说在战国时代还没有普及头盔吗？当然不是。在商代，士兵就已经开始使用青铜盔；到了西周，军队已普遍使用皮质甲胄❶；而从考古出土的实物看，在战国末期，铁质战盔已经被广泛使用。据《左传·僖公三十三年》记载，秦军在春秋时期就已

---

❶　先秦时期称头盔为胄。

图137　秦始皇陵9801号陪葬坑内出土的秦国石胄

图138　云梦睡虎地11号墓中出土的一组竹简，记录了秦律对士兵"夺首"行为的处罚方法

装备头盔，在兵马俑附近的陪葬坑中也发现了43顶石质头盔。据湘西龙山出土的里耶秦简记载，迁陵县的一个县级武器库中就存有铠甲370套、头盔67顶。这说明秦军为普通士兵配备了盔甲。而《战国策·韩策一》描绘的"秦带甲百余万，车千乘，骑万匹"，更说明秦军的"甲士"数量之庞大。

　　既然秦军配备了盔甲，那为何在战斗中不使用呢？这可以从古代文献中找到答案：《韩非子·初见秦》记载：秦人一听说要打仗，马上就赤膊顿足、急不可待，兴奋得嗷嗷直叫，根本无所谓生死。《史记·张仪列传》也有类似的记载：战场上发起冲锋的秦军袒胸赤膊、跳跃着前进，别说头盔，连仅有的铠甲也脱掉了。可见，赤膊上阵绝不是三国时代的许褚首创，而是源自战国时代的秦军士兵。

　　秦军这么无惧无畏，当然是为了杀敌立功、获得军爵，从此过上衣食无忧的生活。但不戴头盔、不穿护甲，无疑会增加士兵伤亡的机会。《战国策·韩策一》说得很明白：山东六国❶的士兵都披着甲胄作战，唯独秦军士兵全都脱去铠甲，半裸上身，光脚杀敌。很明显，这样势必形成交战双方防护

------

❶　指殽山以东的齐、楚、燕、韩、赵、魏六国。

力的不对等。

但是，秦军如此的"逆操作"却是制胜的关键：第一，赤膊上阵表现出秦人的勇武和视死如归，会激发士兵的士气和自信；第二，秦军不吝惜生命的行为会从气势上压倒敌人；第三，沉重的盔甲会限制士兵的肢体活动，妨碍杀敌效果，因此除去盔甲轻装上阵，会使作战的机动性、灵活性更强。如此，非但没有增加士兵的伤亡，反而使秦军战力大增，所向披靡。

秦兵马俑给我们的第二个启示就是秦军士兵的肚子。从兵俑的外形可以看出，他们的肚腹向外微凸，这在今天被我们称为"啤酒肚"或"将军肚"。但是，在战国时代高强度的军事训练和频繁的战场厮杀环境中，这些训练有素、能征善战的士兵为何会形成如此"富态"的体形呢？

其实，这源于秦军的战斗传统：在两军开战前，士兵们一般都要大碗喝酒、大块吃肉。俗话说"酒壮英雄胆"，酒可以让人生豪气、变兴奋、忘生死。当士兵们酒至微醺，其胆量、豪气陡然升起，打起仗来就不惧生死。正如《史记》中所描述的：微醺的秦卒卸去盔甲，"科❶头跣❷足"，英勇无比。他们左手提着兵器、右膊夹着俘虏，疯狂追杀自己的对手。六国军队和秦军相比，就如婴儿遇见力士，怯夫碰到猛士，犹如千钧之力击于鸟卵之上。遇见这样的虎狼之卒，任何一支军队都无法抗衡。

秦国军队的勇敢既是军功爵制催生的，也是严刑峻法逼出来的。但是，"勇敢"的秦军为了立功，不仅对敌人残忍，对自己人也毫不留情。云梦睡虎地出土的秦简中，有秦狱吏喜记载的两起发生在秦军中的案件。第一起，在攻打刑丘时，士兵甲斩获了敌人的一个首级。士兵乙企图杀死士兵甲，把首级据为己有，结果被第三个士兵丙发现并举报，图谋不轨的士兵乙终被捉拿归案。第二起，两名士兵为了争抢一个首级而大动干戈，由于没有目击者，首级到底属于谁已成千年

---

❶ 不戴帽冠称"科"。

❷ 赤脚称"跣"。

悬案。

两封中国现存最早的家书颠覆了今人印象中大秦武士的形象：他们穿的衣服是自己的，花的钱要家里寄；士兵间借钱不还会出人命，而冒死拼杀的动力源自爵位的诱惑和对军法的恐惧。不过，秦军虽然骁勇，但并非无敌。他们也曾"兵败如山倒"，被打得"一败涂地"，但究其失败的原因，却是一桩历史悬案。

司马迁在《史记》中记载，李信❶率20万秦军攻楚，结果楚军"大破李信军"。至于李信为何大败，如何大败，秦军在胜利在望的情况下为何突然掉头转向？这段缺失的历史链条，也在云梦睡虎地4号墓"秦简家书"中找到了答案。

---

❶ 战国末期秦国将领，西汉名将李广的曾祖父。

5. 秦军惨败的原因

《史记·白起王翦列传》记载，灭燕名将李信率 20 万秦军攻楚。起初，他大败楚军，一路凯歌。但是，接下来的战况却让人匪夷所思：李信在形势一片大好的情况下突然掉头回撤，而后被楚军紧咬不放，最后被打得丢盔弃甲、大败而归。至于他为何大败，为何在胜利的情况下突然掉头，这些在史籍中全无交代。没有想到的是，这段断裂的历史链条却在云梦睡虎地出土的两封家书中连接起来。

我们先来看看这段历史的时代背景。在李信攻楚前的公元前 228 年，王翦、李信破赵；两年后，王翦、李信再克燕国首都蓟，俘杀了太子丹。李信作为在这两场战争中表现出色的年轻将领，深受秦王嬴政赏识。公元前 225 年，秦国的统一战争进入倒计时阶段。此时韩、赵、魏三国已被秦国所灭，燕只余辽东边地，此时攻楚已箭在弦上。秦王抓住楚国内讧的时机，命李信为正、蒙武为副，率军 20 万大举攻楚。

李信进入楚国后立刻兵分两路，一路由自己率领攻平舆（今属河南一带），一路由蒙武率领攻寝丘（今安徽临泉），两路人马都取得了胜利。接下来，李信军不断向楚国腹地挺进，一路上连败楚军，如入无人之境。就当他准备乘胜进攻楚国首都寿春（今安徽寿县），一举攻灭楚国时，却好像哪里突发变故，导致其兵锋急转向西，去进攻已是后方的楚国旧都郢陈❶。几经苦战后，李信军最终攻克郢陈，但因此战消耗巨大，李信决定和蒙武率军回师城父（今河南襄城西）休整。此时，楚军在名将项燕的率领下抓住机会紧随其后，三天三夜马不停蹄，紧紧咬住疲惫不堪的秦军并给予致命一击。秦军惨败，李信麾下有 7 名都尉战死，楚军收复了

---

❶ 淮阳别名，今河南周口淮阳区，楚称郢陈。

图 139　云梦睡虎地秦简原址纪念园。有 1100 多份秦国的"档案"从这里出土

长江沿线的一些城邑。

史书对此战的记录戛然而止。至于那些留下悬疑的场景，李信回军的原因与细节，以及先胜后败的奇怪转换，着实让人困惑。

黑夫在第一封家书中所说的"直佐淮阳，攻反城"；惊的第二封家书所说的"以惊居反城中故"，记载的都是公元前 224 年王翦灭楚的战争。所谓的"反城"正是郢陈。因其在公元前 225 年李信伐楚前已属秦国，但在此战后又被楚国夺回。直到一年后，黑夫兄弟随王翦大军再次攻打，并称之为"反城"。

淮阳古称宛丘，本是陈国故都。公元前 478 年，陈国被楚国所灭，淮阳属楚，被称为"陈"。公元前 279 年，白起攻楚，连克楚都郢、别都鄢城，拔三郡，黑夫和惊的家乡安陆就是在此时纳入秦国版图的。此战后楚王被迫迁都于陈，改名为郢陈。公元前 241 年，五国合纵联军败北，楚王放弃郢陈，迁都寿春。公元前 226 年，王翦之子王贲攻楚，占领包括郢陈在内的十几座城池，淮阳从此属秦。

有了睡虎地秦军的家书，再结合相关的史料记载，我们就可以还原出 2000 多年前那场"诡异战争"的细节和始末：就在李信军势如破竹、大获全胜之时，处于李信后方的昌平君突然起兵反秦，得到郢陈周边原楚国遗民和原韩国百姓的响应。他们攻占了郢陈等城邑，切断了李信军的后路，使攻楚的秦军前后受敌，而最为关键的物资补给线路也被切断。于是，李信军不得不停止继续东进，回军进攻郢陈，虽经苦战重新夺回，却遭到楚军和叛军的前后夹击，最终大败而逃。

很明显，在这场历史之战中起到最关键作用的人物是昌平君。那么，这位昌平君究竟何德何能，只振臂一呼就让当地军民揭竿而起，败李信的 20 万秦师如丧家之犬？又是什么原因使他被推上宝座，成为楚国的末代国君？这个在秦灭楚之战的历史中并未提及的神秘人物，究竟是谁？

昌平君，芈姓，熊氏，本是楚国的王子。轩辕黄帝的七世孙季连（芈姓）建立了荆国❶，成为后来楚国君主的祖先，因此"芈"也就成为楚国王室贵族的姓氏，如屈原就是芈姓。而影视剧中出现的"芈月"，其原型是历史上的秦宣太后，她和昌平君有着非常紧密的关系。宣太后本是楚国人，为姐姐随嫁成为秦惠文王的小妾"八子"❷，而后成为秦昭襄王❸的生母。她最大的功绩就是诱义渠国王入秦，而后又设计把他杀死，最终灭了义渠国，为秦国消除了西北方的一个重大隐患。

宣太后之子秦昭襄王有一个女儿嫁给了楚考烈王熊完，二人之子便是昌平君。昌平君是两大诸侯国王室血脉的结晶。从父族讲，他的三个弟弟都相继在楚国为王：楚幽王熊悍、楚哀王熊犹和楚王负刍；从母族论，他的舅舅是秦孝文王，表哥是秦庄襄王❹，而他所反叛的，正是他的表侄秦王嬴政。

实际上，由于历史的姻亲关系，很多楚王室的成员都是秦王室的外戚，因此

---

❶ 立国于今湖北荆州、襄阳、宜昌一带。

❷ 秦王侍妾的称号之一，在良人之下。

❸ 秦国第 28 代国君，秦始皇嬴政的曾祖父。

❹ 秦国第 30 代国君，秦始皇嬴政的父亲。

图 140　秦昭襄王三十三年制造的鎏金龙凤纹银盘见证了秦统一战争、秦末农民起义和楚汉战争，1980 年在西汉齐王墓中被发现

在秦国很受重用，例如芈八子同父异母的弟弟华阳君芈戎、楚国公子昌文君等。昌平君先被表哥秦庄襄王封为昌平君，后被表侄嬴政任命为秦国的相邦，是两朝元老。昌平君最大的功绩是与吕不韦、昌文君共同平定嫪毐之乱。吕不韦常年与嬴政的母亲赵姬通奸，怕事情败露，于是找来"替代品"嫪毐。赵姬见之大喜，令嫪毐剃须扮成太监进宫，从此成为自己的男宠。

嫪毐进宫后备受赵姬宠爱，很快被封为长信侯。他越发嚣张跋扈，背地里称自己是嬴政的假父。后来，他的假宦官身份被人揭发，嬴政准备借此机会除去嫪毐。《史记·秦始皇本纪》记载：秦王九年四月，嬴政在行完成人礼后准备收拾嫪毐。狡猾的嫪毐有所察觉，于是盗用秦王、太后的玉玺调动京城的部队和王宫的侍卫，集合自己的家臣死士，企图发动叛乱，攻打嬴政所在的蕲年宫。

秦王嬴政命令吕不韦、昌平君和昌文君三人发兵进攻嫪毐。嫪毐临时拼凑起来的乌合之众根本不是秦国正规军的对手。数百乱军被杀，嫪毐最后被夷灭三族，他和亲信被五马分尸，他和赵姬生的两个幼子也被装进麻袋里活活摔死，赵姬则被赶出咸阳。嬴政给所有参与平叛的将领和士兵封爵，甚至内宫的宦官也拜爵一级，昌平君因功升任秦国相邦。

与平息嫪毐之乱相比，"叛秦为王"则是昌平君一生中所做的最重大的决定。公元前 230 年，韩国为秦国所灭，韩王安被俘。但灭亡韩国并非一帆风顺，占领区内反抗不断。据《史记·秦始皇本纪》记载，公元前 226 年，原韩都新郑（今属河南）突然爆发反秦之乱。秦国为消除韩王影响，防止君民呼应而酿成更大的暴乱，强的复国势力，韩王安被迁出韩国故地，软禁于新占的楚地郢陈。

此时的秦王正在谋划灭楚之战。在攻打楚国前，嬴政与王翦、李信及诸大臣讨论攻楚所需的兵力。王翦认为需要 70 万，这也是当时秦国拥有的全部兵力，此时昌平君也完全支持王翦的观点；而李信认为 20 万即可灭楚。秦王认为王翦年老惧战、昏聩保守，因此拜李信为将，王翦被迫选择退隐。嬴政对昌平君的态度也很恼火，怀疑他是在回护楚国。于是昌平君被罢相，贬往楚国旧邑郢陈。

王翦扫平三晋、破燕灭楚，是助秦王嬴政统一六国的最大功臣。

将昌平君贬往郢陈，嬴政是经过深思熟虑的。这样既可以实现对昌平君的惩戒，让他闭门思过，又可以利用他楚公子的特殊身份，去疏导和安抚当地楚人。郢陈地区属于秦国的新占领区，又毗邻韩国故地，离韩旧都新郑很近，而那里的韩国遗民并不安分，新郑的起义波及郢陈地区，当地楚人已经蠢蠢欲动，因此派昌平君去稳定局势再合适不过。嬴政本想一箭双雕，结果却埋下了反秦的导火索。

据睡虎地出土的秦简《编年纪》和《史记·秦始皇本纪》记载，韩王安在被强迁到郢陈的第二年死亡，这一年新郑发生了起义，所以韩王安究竟是因忧郁成疾，还是被嬴政所杀，至今还是一个谜。韩王安死后不久，昌平君带着门客和死士，在一个大雪纷飞的日子进驻韩王安原来的府邸，这里成为他新的住所，更是他今后反秦复楚的基地。公元前 225 年，昌平君就是在这里堵住秦军后路，给予李信致命一击。

李信铩羽而归后，楚军以郢陈为基地，大举进攻秦国，收复了大片失地。《史记·王翦列传》记载：李信败退后，楚军乘机西进深入原韩国境内。秦王万万没有想到，秦国灭楚不成，反倒丢失了许多领地。为了消灭实力雄厚的楚国，惊恐中的嬴政不得不亲自到频阳（今陕西富平一带）请退隐故里的老将王翦复出，除了防守边境所需的必要部队，他把所有能派遣的士兵都交给了王翦。于是王翦带着秦王的嘱托，开始了长达两年的灭楚之战，而睡虎地的两封家书，就写于这场战争期间。

公元前 224 年，王翦、蒙武率 60 万秦军沿着李信一年前进攻楚国的路线稳扎稳打，逐步收复失地，但在攻打郢陈的过程中啃到了硬骨头，久攻不下。王翦遂以秦军一部包围郢陈，自己则亲率秦军主力南下攻取平舆，而家书中的黑夫和惊就是留下围攻郢陈的秦军士兵。由于昌平君坚守郢陈，秦军几次攻打都劳而无功，急得秦王亲自赶到淮阳前线督战，这就是黑夫在第一封家书中提到的"攻反城久"，写信时，黑夫兄弟正在参加攻打淮阳城的战斗。

当昌平君得到楚军失利、寿春危急的消息后，迅速撤出郢陈，向东退回楚国境内佐卫首都。这就是第二封家书中惊提供的信息：淮阳已被攻陷，写信时，惊已身处淮阳城。但"百足之虫，死而不僵"，此时的楚军实力依然雄厚，许多城池的反抗也极为激烈，秦军攻占一座城池往往需要进行反复争夺。因此，惊在信中叮嘱大哥：如要外出，一定不要去新占领区，那里实在是太危险了。

王翦攻克平舆后，采取坚壁自守的策略，在城内养精蓄锐、伺机出击。项燕率楚军多次求战不得，给养日渐缺乏，只好率军东撤。王翦抓住时机果断追击，在蕲南（今安徽宿

图 141　王翦的塑像

图 142　淮阳旧名郢陈，故城位于今周口市淮阳区，图为明洪武年间在淮阳古城太昊陵原址重建的太始门

州东南）大破楚军，并乘势攻取了许多城邑。随后王翦乘胜东进，深入楚国境内，于公元前 223 年攻克楚都寿春，俘虏了楚王负刍。

　　当得到楚王被俘的确切消息后，楚大将项燕拥立昌平君为"楚王"。而王翦、蒙武在完成南下既定的军事任务后，率秦军主力移师北上，与昌平君、项燕统领的楚军决战于蕲（今湖北蕲春南），结果楚军战败，新楚王战死，大将项燕自杀。秦军乘势向江南广大楚地以及臣服于楚的越地进攻，不久越君降秦。至此，楚国灭亡。

　　睡虎地秦兵家书还颠覆了一个历史定论，那就是淮阳城名称的历史变迁。在昌平君反叛事件中的"反城"，在《史记》中被称为"郢陈"，在家书中则被称

"淮阳"。它的地理位置在今天河南省周口市的淮阳区一带，是自古兵家必争之地。《史记》认为，原楚国的郢陈并入秦国后并未改名，直到汉高祖七年置淮阳郡，才正式更其名为淮阳。但秦兵家书却显示，秦攻楚时郢陈已被称为淮阳。说这里是反秦大本营、秦国人的噩梦并不夸张：从韩人起义到楚人反叛，以及秦末的陈胜、吴广起义，都从这里开始。

云梦睡虎地的士兵家书颠覆了人们的一些历史认识，连接上了长年来史学界争论存疑的一些历史链条。但两封家书更多地流露出战争年代的残酷与无奈：黑夫和惊在离家乡400多里的淮阳，随秦国大将王翦作战，上百万秦楚士卒和家人的悲欢离合与纸短情长，最后凝聚成《史记·秦始皇本纪》里冷冰冰的22个字："二十四年，王翦、蒙武攻荆，破荆军。昌平君死，项燕遂自杀。"楚亡。

6. 最早的生态保护法

文物显示，秦国在治理国家的层面上，不但重视农事，而且尊重自然，更以人为本。他们不仅不是人与自然和谐的破坏者，还是保护生态、重视农林、推动人类社会可持续发展的倡导者。

挖出来的真相就藏在湖北云梦睡虎地的 11 号墓中，它们是墓主人喜棺中的 1100 多枚竹简。这些竹简不是按照随葬习惯安放在棺、椁的夹层中，而是散落在内棺中尸骨的胸前和两侧，可见墓主人对这些竹简的亲近与重视。

墓主人喜是战国末期一名负责地方刑法事务的秦国小吏，相当于地方法官。随葬竹简中很大一部分内容是秦国的法律条文，其中有关农林、畜牧和自然生态保护的法律法规，不但让人耳目一新，而且让我们对秦国采用可持续发展的思维方式面对自然有了深刻了解，对这个"带甲百万"的王朝有了新的认识。

这些涉及生态保护的律令，主要包括《田律》和《厩苑律》。《田律》是秦国制定的有关农田水利、山林保护方面的法律，《田律》是中国乃至全世界最早的环保立法，距今已 2200 年以上。《厩苑律》是与饲养牛马、苑囿林场相关的畜牧法。

这些律令对秦国的农牧管理提出了三个要求：

第一个要求是掌管农事的官吏必须掌握第一手数据，并及时传递信息。用今天的话说就是重视信息反馈、重视大数据采集与分析。律令要求：在下及时雨和谷物抽穗的时候，农吏应向上级书面报告农田受雨、抽穗的顷数和已开垦但未耕种的田地顷数；如果在禾苗生长期下雨，农吏要立即报告降雨量和受益田地顷数；如有因旱灾、涝灾、暴风雨或蝗灾、病虫害等受损的庄稼，农吏也要报告受灾顷数。

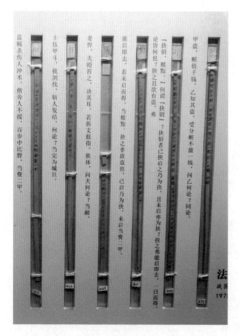

图 143　睡虎地的 11 号墓墓主是一
名地方司法官员，图为其墓中出土
的犯罪案例实务竹简（部分）

　　《田律》还对农事信息的有效传递做了详细的规定：距离郡治 ❶ 近的县，农吏可以从乡里选拔走路快的人传送报告；距离郡治较远的县，就可以利用驿站的官邮传送。不过，无论采取哪种传送方式，报告必须在八月底以前送达。为何规定这个时间呢？原因很简单，九月是秋收季，因此官府必须在秋收前掌握农事的第一手资料，这样有利于农业部门及时掌握各地灾情，以便采取有效措施进行赈灾救济或组织自救。同时此举也有利于核算丰歉，实行公平征收。

　　律令的第二个要求是重视生态保护，促进循环经济：在早春二月，不准任何人到山林中砍伐木材，但因家中有人亡故需要制造棺椁的除外；不到夏季，不准焚烧草场制肥料；不准采摘刚发芽的植物，或捉取幼兽、雏鸟和虫卵；不准毒杀鱼鳖，禁止设置捕捉鸟兽的陷阱和罗网，直到七月万物茂盛时才可以解除禁令。

---

❶　郡守驻所地。

图 144　睡虎地秦墓出土的《田律》，是为加强农事活动管理和保护生态环境而制定的律法

此律既考虑到生态保护，又不扼杀合理的经济活动，并充分尊重了民众的世俗观念，体现了对人性的尊重。

秦国的生态保护绝不是说说而已，官府对违反"生态保护令"的行为会给予相应的惩罚。律法规定：在野兽繁殖期和幼兽生长期，不准猎户带狗狩猎。如猎户违反这一规定进入禁苑捕猎，其猎犬没有参与追兽、捕兽还则罢了，一旦参与，猎犬将被处死。王室禁苑处死的猎犬要完整上缴官府作物证；在其他禁苑处死的，因路途遥远，允许吃掉肉而仅上缴皮。律令的制定因地制宜，不但保护生态循环，而且物尽其用，充分取得资源的最大使用价值。

律令的第三个要求是严格管理农业物资。为了农业的未来考虑，这也是权利与义务的统一。《田律》规定，农户的每顷田地都应缴纳秸秆和草料。不论垦种与否，每顷土地都要缴纳草料三石、秸秆二石，田中的干叶和乱草只要够一束以上的都要上缴，用作畜牧业的饲料。撤下来的草垫也不允许移作他用，要用来垫盖粮草。这个措施是用农业废料来支持畜牧业，是农业循环经济的雏形。

秦国对于农用物资的发放、管理也十分严格。律令要求：要做到物尽其用、禁止浪费。比如驾车牛马用的饲料，若超过期限两个月还没有领取或发送的，就截止领发；需要凭证领取的物资，要按领取凭证所标注的日期发放，不得超过凭证的限制规定。

保护生态、维持国家的可持续发展策略是需要制度保障的，因此秦国制定了严格的农业官员考核、奖惩制度。如《厩苑律》规定：在每年的正月、四月、七月、十月举行四次耕牛评比。正月是每年的大考，耕牛成绩优秀的县，官府将赏赐该县的田啬夫❶美酒一壶、干肉十条，养牛者可免除一次更役，牛长❷可免除劳役三十天；耕牛成绩低劣的县，该县的田啬夫会被官府申斥，养牛者将被处以两个月的劳役。这是典型的奖勤罚懒、奖优惩劣，并且赏罚分明。

秦朝律法非常重视对生产资料的保护。《厩苑律》规定，如果耕牛的腰围减瘦要处罚责任者，具体惩罚措施是：耕牛腰围每减瘦一寸，要笞打主事者十下。而放牧官辖下的牛、马若有死亡，应马上向死亡地所在县呈报，由县里检验后将牛、马尸首上缴。如因上报或处理不及时而导致牛、马尸首腐败，责任者必须按未腐败时的价格赔偿。

若死亡的是官家驾乘用的牛、马，应由其死亡地的县衙将肉卖出，然后将死亡牲畜的筋、皮、角和卖肉款全部上缴，如果销售额少于规定数目，驾用该牛、马的人必须补齐差额，这叫"多退少补"。补齐后还要向上级主管部门报告，由上级通知所在的县衙销账，做到借贷平衡、账目清楚。

秦国律令也严惩渎职，内史❸每年都要考核一次各县的官车用牛。律令规定：十头牛以上的，一年间有三分之一死亡的，或不满十头牛，一年死了三头以上的，主管牛的官吏，饲养牛的徒、令、丞都将被判有罪。法律虽然对不作为和渎职行

---

❶ 一县主管农牧、授田的官员。

❷ 管理耕牛的责任人。

❸ 先秦掌管法令的中央官员。

为处罚严厉，但是也规定：凡借给农民使用的铁质农具，确因破旧不堪而损坏的，主管官员只须以文书上报损耗，收回原物后不须向农户索要赔偿，官员也不会受到处罚。如此，农民才会放下心理负担，这也有利于铁质农具在农事活动中的大力推广。

其实，中国的生态保护意识由来已久，在周代就形成了较完备的自然管理部门，并对破坏生态资源、违反环境保护法令的人进行严厉惩罚。《管子》记录：对违反封山令进行采伐的人，死罪不能赦免；违反其他禁捕规定的，左脚进，砍左脚，右脚进，砍右脚。《韩非子》中记录，凡是把生活垃圾倾倒在街道上的人，被发现后剁掉其右手。

虽然古人早就具备生态保护意识并进行了管理干预，但其形成完备的法律且实际推行的，只有战国末期的秦国。秦人把保护生态资源、保障国家的可持续发展作为立法之本。《田律》成为中国最早保护农林经济和环境的立法，这与后来西汉刘安在《淮南子》中所讲的"畋不掩群，不取麛夭。不涸泽而渔，不焚林而猎……孕育不得杀，觳卵不得探"的意识是一脉相承的。

秦国有关保护自然资源和生态环境的法律是完备的，初衷是美好而善意的。但最后执行得如何无从知晓。虽然商鞅、李斯等有识之士力图通过变法聚民心、借民力，实现富国强兵、一统天下的宏伟目标，但无奈二世之流醉生梦死、不思进取，赵高之流则权倾朝野、祸国殃民。秦末官吏的腐败堕落和鱼肉百姓，使再好的法律也无法有效执行，倒成了他们随意摆布和解释、用来谋取私利的挡箭牌和遮羞布。

第五章

马王堆传奇：解密西汉贵族生活

1. 墓主人的离奇身世

马王堆汉墓位于湖南省长沙市附近，它本是浏阳河下游的两个土冢，因两土冢间有一个类似山谷的凹槽，形状酷似马鞍，故名马鞍堆。很多年来当地一直传说，这里就是五代十国时期楚王马殷（852—930）下葬的地方，因此又名马王堆。

马殷本是晚唐将领，恰逢晚唐时期黄巢作乱，他就在湖南地区拥兵自重，势力渐大。后来唐王朝被朱温（852—912）建立的后梁所取代，朱温为了安抚马殷，封他做了楚王。再后来，后唐取代后梁，后唐开国皇帝李存勖（885—926）又封马殷为南楚王。反正不管谁做皇帝，马殷的领地始终都是一个独立王国。不过，马殷在位期间减轻赋税、发展生产，极少对外发动战争，口碑很好。930年，马殷去世后，湖南地区战乱频仍，他的陵寝也遭到严重毁坏而踪迹难觅，马王堆到底是不是马殷的墓，谁也说不清楚，直到1971年年底马王堆汉墓被发现后才逐渐解开各种未知之谜。

马王堆汉墓有东、西两个墓冢，专家决定先对东面的1号墓进行发掘。在挖到白膏泥❶土层的时候，专家发现上面有一片翠绿的嫩叶。开始，大家都以为这是从附近树上吹过来的叶子，但再往下挖的时候，又发现了三四片一样的绿叶。专家们这才明白，绿叶本就是封在土里的，2000多年后依旧保持着鲜艳的绿色，让人觉得不可思议。不过，它们在接触空气短短几十秒后就变黄、枯萎，完全失去了本来的模样。

考古学家在发掘过程中还发现了绿色的竹枝和一个完好如新的竹筐，这说明

---

❶ 一种质地细腻的高岭土，是秦汉墓葬的常用土层。

256

图 145　位于长沙市芙蓉区东郊的马王堆汉墓遗址

图 146　马王堆 1 号墓的巨大椁室，几乎塞满了博物馆三楼的一个展厅

墓葬的保存环境良好，因此他们对文物的出土产生了极大的期待。果然，考古队在墓底发现了半米厚的木炭，总重量达5吨。白膏泥在外，可以绝水、绝氧；木炭在内，可以吸水、防潮，保持墓穴干燥。1号墓墓主的椁室非常大，相当于一个34平方米的房间。外椁的里面还有四层棺木，在棺与椁、棺与棺之间的夹层中藏有大量的随葬品，数量、种类都非常丰富。然而，更神奇的还在后面。

马王堆汉墓出土的漆器件件工艺精湛、光亮如新，专家们简直不敢相信它们竟是几千年前的东西。一名专家打开一个漆盒的盖子，不由得惊呆了：只见漆盒里盛满了水，水中是新鲜如初的藕片。藕片切得非常纤薄，看上去就像家中厨房里的一碗藕片汤。但令考古队员没想到的是，因漆盒在取出的过程中受到了微小震动，水中的藕片竟在片刻间消失得无影无踪。大家拿匙捞、用棍挑，结果什么也没得到。原来，藕片在接触氧气后就完全液化，变成了一摊黑水。幸好还有一名摄影师抓拍到了漆盒被打开时的景象，这盒"见光死"的"藕片汤"留下的唯一一张照片，如今也成了无价之宝。

考古队继续发掘1号墓，更神奇的事情发生了。他们在内棺当中发现了一具保存完好、没有腐坏的女尸，尸体的软组织跟新鲜尸体的软组织十分接近。她全身柔软，富有弹性，皮肤又细密又滑腻，部分关节甚至可以转动，手、足上的纹路也清晰可见，就像一个刚刚死去的人。专家经过临床检验后发现，她的结缔组织、肌肉组织、软骨，还有很多细微结构都保存完好。因为这具女尸的发现，马王堆被西方称为"东方的庞贝城"，而女尸被称为"东方的睡美人"。

当然，"睡美人"这个说法比较牵强。如今这具女尸被收藏在湖南博物院的地宫中，如果你看到她的真容就会发现，她的皮肤虽然看起来完好，但是面相比较恐怖：眼球微露，半张着嘴，舌头外吐，下颌骨已经脱臼，说明她死前非常痛苦。所以"睡美人"只能是她生前年轻时的模样。无论如何，千年不朽女尸的发现在世界考古史上是一个奇迹，她受到了来自全世界的关注。大家都想知道，马王堆女尸能保持如此新鲜、完整，到底出于什么原因？难道2000多年前就有高超的防腐技术了吗？

女尸不但皮肤、肌肉保存完好，体内的许多脏器也没有腐烂。

众所周知，古埃及有不腐的尸体木乃伊。但木乃伊属于干尸，是把尸体的内脏掏空后，向体内填充各种防腐药材和化学药物，再用白麻布里三层、外三层地包裹起来，最后放到密闭、干燥的洞穴或金字塔内储存。而马王堆女尸是湿尸，内脏完整，体内含有大量的水分，且尸体并未放在干燥的石棺里，而是泡在20厘米深的液体中。厚实的棺椁深埋地下，处于上有封土、中有白膏泥、下有木炭的严密封护下，但这样的条件并非马王堆独有，而唯马王堆女尸独存，这是一个未解的谜团。

随着大墓的进一步发掘，墓中出土了大量做工精致、美丽绝伦的随葬品。主要有礼器、乐器、兵器、酒器等铜器、漆器，食品、服装、药材，以及大量的竹简、帛书、帛画等，日常生活用品和文化用品应有尽有，甚至还有棋牌类娱乐用品。能拥有如此丰富的陪葬品，墓主人究竟是谁呢？通过解剖，专家确定墓主死时在50岁左右，而她身边的一枚印章揭示了她的身份：妾辛追。妾是谦词，本名"避"，长沙国丞相利苍的妻子。

两年后，考古人员对马王堆西冢即2号墓进行发掘。该墓葬的保存环境不佳，墓穴上的白膏泥和炭层都很薄，分布也不均匀，密封程度很差，里面的尸骨已荡然无存。2号墓自唐代起就屡遭盗掘，墓中的随葬品遭到严重破坏。就在大家感到失望的时候，却有了一个意外的收获：在2号墓南侧发现了3号墓。该墓葬没有封土，且规格比1、2号墓小得多。但尤为珍贵的是，随葬品中有大量的竹简和帛书，正是这些留存下来的古代文献，验证、填补或颠覆了我们了解的历史。

从马王堆3号墓的规格、位置判断，它和1、2号墓应属于同一家族，很可能是一家三口。其中2号墓在形制、位置上与其他两墓有很大不同，等级明显高于其他两座墓葬，表明了墓主人身份的特殊性。专家在2号墓的封土里挖出了3枚印章，得到了确定"马王堆家族"身份的重要物证。

这3枚印章代表了2号墓主人的3个身份：第一个身份是他本人的名字利苍；第二个身份是他的官职长沙国丞相；第三个身份是他的爵位轪侯（治所在今河南光山西北）。印章表明，他就是"马王堆家族"的当家人、生前担任西汉长沙国相的轪侯利苍。再通过《史记》《汉书》等史料的记载，可以勾勒出利苍一家人在

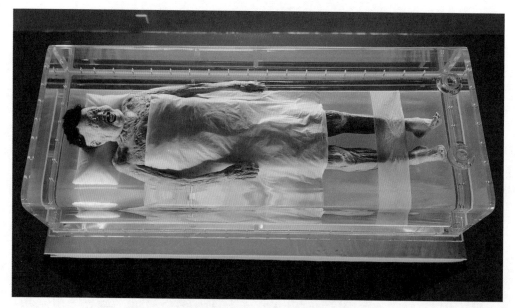

图 147　马王堆 1 号墓中的女尸不但皮肤、肌肉保存完好，许多体内的脏器也没有腐烂

2000 多年前的汉代，一段金戈铁马伴着奢美繁华的往事，一段有关美丽和残酷的传奇。

其实，《史记》和《汉书》对利苍的记载都非常简略。只知道利苍是荆州人，生于秦末。他早年追随刘邦打天下，成为汉军中一名中下级将领，因在作战中屡有战功，就被朝廷封了一个官职。至于具体是什么官职，属于何等级别，史书中并无详细记载。根据史料综合判断，他应是中央监察机构的一名普通官员。公元前 198 年，利苍迎来他人生中的一次重大转折。

这一年，利苍被派往长沙国任职，这是典型的"京官下放"。他虽然心有不满，但也无计可施，只能携带妻子和刚满周岁的儿子，从繁华的长安城远赴边塞之地。当时的长沙国地处偏远、气候潮湿，经济水平又十分落后，人们称这里为"卑湿贫国"，即居民卑贱、气候潮湿、国家贫穷。利苍觉得此时是自己人生的低谷。但他并没有意识到，这竟是自己仕途向更高峰迈进的一个转折点。而这一切，必须要从长沙王说起。

图 148　西汉时期，贵族的文化娱乐活动丰富，图为马王堆 1 号墓中出土的六博棋

　　汉初，刘邦分封了 7 个异姓诸侯王，都是在楚汉战争中立下大功的各路豪杰，但他们大多结局十分悲惨。楚王韩信、燕王臧荼、梁王彭越、淮南王英布和韩王信 5 人，不是因反叛，就是因被怀疑反叛而被刘邦所杀；燕王卢绾被刘邦逼逃到匈奴地区，最后死在那里；赵王张耳死得较早，其子张敖因彭越叛乱受到牵连，被削去王位。最后得到善终的只有一位，就是第一任长沙王吴芮。

　　吴芮本是吴王夫差的后人。吴国被灭后，越王勾践下令斩草除根，夫差的后人便作鸟兽散，其中一支逃到了江西并定居在那里，吴芮就是吴王江西支脉的第五代后裔。后来，吴芮接替父亲做了楚国的一名官吏，深受当地民众爱戴。秦末陈胜、吴广在大泽乡起义后，群雄并起。在秦代官吏中，吴芮第一个起兵响应，凭借其强大的感召力，令各地秦军纷纷归附。后来，项羽取得了霸主地位，分封了 18 个诸侯王，其中就有吴芮。但在之后的楚汉战争中，吴芮转而支持刘邦，刘邦取得天下后未忘吴芮前功，封吴芮为长沙王。

　　吴芮治国比较有一套，同时头脑也很清醒。他听取了已退隐的留侯张良的建

图 149　马王堆 3 号墓的墓坑

议，将自己的封地和军队不断削转给刘姓诸侯，因此取得了刘邦的信任，国家和
王位得以长时间保全。吴芮的王位一共传了五代，共存在近 50 年，是所有异姓诸
侯国中最久的，直到第五代长沙王因无子嗣而被朝廷除爵、国废。利苍去长沙国
任职，就发生在吴芮长子——第二代长沙王吴臣的治下。

利苍携妻带子来到边远的长沙国，绝非仅仅为担任郎中令❶那么简单。他肩负着大汉皇帝的特殊使命：监视长沙王的一举一动，把认为不寻常的事件——上报。在刘邦眼中，异姓王国永远都是政权稳定的隐患，必除之而后快。但长沙国之所以没有被废，最主要的原因在于其极特殊的地理位置——大汉帝国的南疆屏障。长沙国的南边，存在着一个非常强悍的南越王国。

赵佗建立的南越国，疆域横跨今广东、广西两省区。这里有大山和内地相隔，交通不便，用兵也非常困难，地理优势使之成为一个进可攻、退可守的独立王国。南越军队的战斗力也很强悍，实力绝不容小视。因此，长沙国的战略地位就凸显出来。刘邦为了保住这个战略要地，既要笼络住吴臣，防止他倒戈，又要派一名信得过的心腹去监视吴臣，而早年跟随刘邦的悍将利苍无疑是符合标准的合适人选。

公元前 196 年，利苍的机会来了。此时，刘邦平定了陈豨，杀死了彭越并将其剁成了肉酱，而后又把肉酱送给了淮南王英布，不知是警诫他不要造反还是要逼他造反，结果英布真的反了。同年，刘邦御驾亲征讨伐英布，英布出战不利，只剩下几百人败逃江南。在这关键时刻，利苍对吴臣说："英布谋反，您作为他的亲戚必受牵连。目前英布就在我国境内，手下没有多少士兵，且都饥饿疲惫，若此时不将之诱捕，恐怕以后会大难临头。"

吴臣觉得利苍的话很有道理，而且他也早已猜到利苍的特殊身份，于是吴臣找到英布，骗取了姐夫❷的信任。他说："如今你的反叛已经牵连到我，因此我只能和你一起逃亡。趁现在刘邦的大军还未到达，长沙国还是我的地盘，我们应马上南逃去投奔南越王赵佗。"英布信以为真，结果在途中被吴臣在一座民宅里诱杀，死相相当凄惨。最后，英布的尸体被吴臣交给刘邦，连全尸也没有留下。

公元前 193 年，因劝谏吴臣杀英布有功，利苍被封为长沙国相。又过了两年，

---

❶ 诸侯王高级属官，侍从左右，戍卫王宫。

❷ 吴芮当政时，将吴臣的姐姐嫁给了英布。

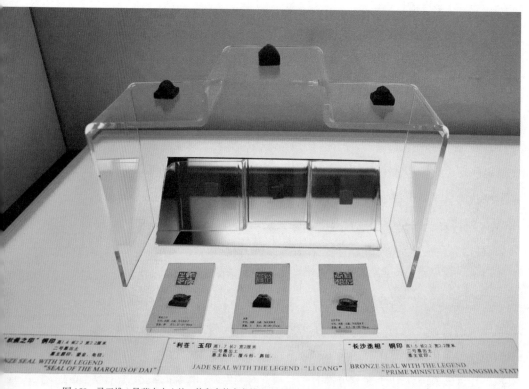

图 150　马王堆 2 号墓中出土的 3 枚印章使专家得以确认墓主人的身份

他被加封为轪侯，食邑虽只有七百户，但对利苍来讲，此时已经到达了他人生的巅峰。而利苍"辅佐"的两代新王吴回❶、吴右❷对他言听计从，从此他掌握了开启财富之门的密码。又过了 6 年，利苍去世，此时他的妻子辛追还不到 30 岁。

　　辛追是长沙国临湘侯的女儿，16 岁时就嫁给了利苍。公元前 191 年，她随丈夫一同受封，被封为辛追夫人。利苍死后，他的儿子利豨接替了长沙国国相的官职，同时也继承了轪侯的爵位。利豨曾多次带兵抵御南越国的进攻，颇有战功。

---

❶　吴臣之子，第三代长沙王。

❷　吴回之子，第四代长沙王。

公元前 168 年，利豨去世，被埋在马王堆的 3 号墓。他死时只有 30 岁左右，史书上并未记载其死因。

利豨去世 3 年后，50 多岁的辛追去世。第三代轪侯利彭祖在都城长安做官，第四代轪侯利扶曾担任武官，但因擅自调兵被判死刑，后来赶上大赦被发回湖北原籍。他虽保住一条性命，但轪侯的爵位被削除，从此大汉王朝再无轪侯。

2. 舌尖上的盛宴

马王堆汉墓出土的3000多件文物让人眼花缭乱。辛追墓中有500多件精美的漆器，包括各种造型的鼎、盒、壶、盘、杯、勺等。漆器上绘有美丽的花纹，看上去五彩斑斓、光亮如新，在灯光的照射下能反射出人的身影。许多餐具上刻着身份"戳记"，如"轪侯家""君幸酒""君幸食"；有的刻着容量，如"九升"；有的刻着"城市口"方章，说明它们来自成都的官府漆器作坊。

当然，若没有可口诱人的美酒佳肴，又如何配得上这么精美的炊具、餐具和酒具呢？辛追墓中出土了一套遣册❶，里面有中国最早的"菜单"，记录了103种名贵菜品和9类烹调方法，而遣册上的记录和出土的实物高度一致。也就是说，事死如事生，上面记录的都是墓中随葬的食品，而且严格按照其烹饪方式制作。

墓中随葬食品的种类十分丰富，漆器里盛放着已经煮熟的禽、畜类菜肴，陶皿中放着美酒、肉酱和各种调味品，墓主人生前最喜爱的食物全部被放到了里面。通过这些食物残骸和动物的骨骼，我们能勾勒出西汉初期一个贵族家庭一日三餐的情况：辛追生前最喜欢吃肉，常吃的肉类有牛肉、羊肉、猪肉、狗肉、鸭肉和鱼肉，这和今天人们常吃的肉类很相似。

不过，辛追最爱吃的还是珍禽野味。墓中出土了野兔、野鸡、斑鸠、鹌鹑、喜鹊和鸳鸯的骨骼，装有华南兔骨的竹笥❷外写着"熬❸兔笥"三个字。遣册上说野鸡、野鸭和鹌鹑要做成肉羹，而兔肉要干煎才好吃。遣册不但是菜单，在这里

---

❶ 即记录随葬品的清单和实录。

❷ 竹制的盛器。

❸ 煎的烹饪方式。

图151 马王堆汉墓中出土的漆器餐具，上刻有产地或归属者的戳记

图152 从辛追墓中出土的一副完整的天鹅骨架

还成了菜谱。

　　轪侯一家的一日三餐十分讲究，连名贵的"濒危野生动物"也纷纷"走"上餐桌，被吃进腹中。专家在一个精美的食鼎盒中发现了一副完整的白天鹅骨架。即使在汉代，白天鹅也十分稀少，而且极难抓捕，但它仍没有躲开被送到辛追女士案前的命运。

　　墓中的动物骨骼表明，鹿肉、鹤肉和大雁肉也是她的"菜"。从随葬品的数量上看，辛追对梅花鹿肉情有独钟。遣册上说，天鹅、仙鹤要煎焖，大雁要做成肉羹，而芹菜是这两道菜中必备的佐品。更离奇的是，墓中还发现了鸱鸮❶的骨骼，

---

❶ 猫头鹰的古称。

图 153　辛追墓中随葬有丰富的香料和用于烹饪的调味料，许多种类至今仍无法分辨

想不到连猫头鹰也成了她的盘中餐。

　　辛追不但喜欢吃肉，其吃法也花样繁多。遣册上记录的烹饪方式有烧烤、清蒸、煎炸、煮汤，还可以把生肉切成薄片即脍、熏成腊肉、风干成肉脯，或在肉中加菜用水涮煮，这种方式称为"濯"，与现代火锅的吃法基本一样，只不过食材换成了猪肉、鸡肉和牛杂。牛杂主要包括牛肚、牛脾和牛肺。遣册还对食材的选用提出了标准：只有细嫩的肉质才可以做成脍，例如牛肉、羊肉、鹿肉和鱼肉；熏制火腿要选用猪、牛、羊、狗等 8 种家畜的前、后腿肉。

　　种类丰富的烹饪方式自然少不了美味的调料，遣册上记录的调味品有脂、盐、酱、豉、䰼、锡、菹❶、醢❷、齑❸共 9 类 19 种，而实际出土的佐料除了盐、酱、酸梅、橘皮、酒曲、糖、蜂蜜外，还有花椒、桂皮、辛夷❹、茱萸❺等香料。烹制肉类时加入这些调味品和香辛料，想必定是香气四溢。

　　烧烤是辛追的最爱。辛追墓中出土了一大排烧烤用的竹签，烧烤用的食材也

---

❶　一种酸味的腌菜。

❷　一种由鱼肉制成的酱。

❸　捣碎的姜、蒜或韭菜碎末。

❹　一种带有香味的中草药，又名玉笔玉兰。

❺　一种带香味的中草药，有杀虫、祛风作用。

很丰富，很多鱼肉串、鹌鹑肉串、竹鸡肉串已制作完成，且事先经过文火烤焙；竹笥中切成小条的牛肉和羊肉正准备随时接受"烤验"。烤品有牛炙、牛乘❶炙、牛肋炙、犬肝炙、犬肋炙、豕炙、鸡炙、鹿炙，等等。在这其中，辛追最爱吃的是烤鱼。

美味的烤肉自然少不了蘸料的搭配，辛追使用的是豆豉姜酱。该酱用豆豉和黄姜调制而成，不但可以去除肉类的腥气，还可以促排汗、祛潮气，尤适于湖南地区潮湿、多雨的天气。当时辣椒还没有传入中国，因此

图154 汉代的漆耳杯既可用作调羹的盛器，也可作为饮酒器使用

豆豉姜酱成为日常三餐的必备品。除此之外，这家贵族常吃的酱品还有牛肉酱、羊肉酱、鱼子酱，甚至还有麻雀酱。盛装肉酱主要用漆耳杯，它是一种漆器，两边各有一个耳状的提手，用于把持，也可用作酒器。

辛追的墓中出土了许多鱼类的骨骼，除了常见的鲤鱼、鲫鱼、鳗鱼、刺鳊、银鲴外，还有许多名贵的生猛鱼种，例如野生的鳡鱼❷和美味的鳜鱼，遣册上记录的烹饪方法是制成脍或用于烧烤。

辛追家的肉汤也有很多讲究。用纯肉烧的浓汤叫太羹，白水清炖的叫白羹，加芹菜的叫中羹，用蒿烧的叫逢羹，以苦菜为辅料的叫苦羹。遣册上的汤羹菜单非常丰富，用的也都是美味稀缺的食材：如牛白❸羹、鹿肉鲍鱼生笋白羹、小菽❹鹿肋白羹、鲜鳜藕鲍白羹、鸡瓠菜白羹、鲫白羹、鲫藕中羹、狗巾❺羹、雁巾羹、

---

❶ 牛颈肩部的肉，即牛上脑。

❷ 一种性情凶猛的大型淡水鱼。

❸ 筋膜部分。

❹ 即红小豆。

❺ 通"筋"。

图 155　马王堆 1 号墓中出土的云
纹漆钫（盛酒、温酒的酒具）

牛逢羹、羊逢羹、豕逢羹、牛苦羹、狗苦羹，等等。

可口的食物当然需要美酒相配，马王堆出土了 4 种酒类。温酒是一种低度酒，其主料虽是米类，但要在发酵过程中不断加入酒曲，因此酒味醇厚不辣，是餐前的开胃酒；和今天的蒸馏白酒不同，墓中的"白酒"呈乳白色，酒精度只有 10% 左右，是佐餐用酒；肋酒是过滤后的清酒，可促进消化，是餐后酒；"米酒"和今天的米酒不同，用米很多但酒曲很少，类似于醪糟或甜酒酿，是当时的女士用酒。酒虽已出土，但至今没人尝过它的味道，因为它已陈酿了 2000 多年，太珍贵了。

辛追墓中随葬的粮食有大米、小米、黄米、糯米、面粉和赤豆等，其中大米包括粳米❶和籼米❷。稻谷刚出土的时候，颗粒饱满，呈金黄色，但一段时间后就会

❶　北方稻米的主要品种，米粒短而圆。

❷　南方稻米的主要品种，米粒细而长。

270

图 156　马王堆汉墓中出土的诸多种类的餐具

脱水而变得干瘪。当时米的做法不同于今天的蒸煮，而是磨成米粉再做成各种糕点。遣册上记录的点心主要有白米糕、麦米糕、蜜糖稻米糕、荸荠蜜糖米糕、蜜米饼、油饼、鸡蛋小米饼等，墓中还出土了保存完好的小米糍粑实物。

从出土实物看，轪侯一家常吃的蔬菜主要有笋、芋、莲藕，另有白菜、芹菜、韭菜、蒿菜、芥菜、冬葵、蔓菁、荷叶、菱角等。因为长沙国紧靠云梦大泽，所以靠山吃山、靠水吃水，湖区里的很多特产就成为当地人的主要食品，包括制作前文提到的神奇"藕片汤"的莲藕。

辛追也非常喜欢吃水果。墓中出土的水果有甜瓜、大枣、青梅、杨梅、橘子、枇杷、柚子、柿子、梨和荸荠等。封装在漆盒里的几个桃子在出土时新鲜如初，非常饱满，但出土后不久就烂成了一摊水。在 20 世纪 70 年代，限于当时的条件，我国考古部门对文物的保护措施还不够完善，技术水平还有待提升，因此许多珍贵的文物没有保存下来。

根据出土文物，专家还原了当时贵族的饮食日常：就餐时间到了，利苍一家人席地而坐，每人都靠着一个三条腿的倚几。倚几不是用来坐的，而是用来靠的，可调节大小和高低，以适合不同年纪、不同身高的人倚坐。每位就餐者面前还要摆放一个小桌，叫云纹漆案，案面的四周各有一个边栏，用来防止汤、菜落在案上后再洒到地面上。漆案上放着 5 个小漆盘，用来盛菜、盛饭；一个云纹漆耳杯用来放调料；再加一双竹筷和一大一小两个漆卮，大卮做酒壶，小卮做酒杯。

卮是一种酒器，此之前没有人见过实物。《史记·项羽本纪》说刘邦在"鸿门宴"上遇险，"项庄舞剑，意在沛公"，在危急时刻，刘邦的麾下猛将樊哙挺身而出。项羽被他的英雄气概所折服，于是赐了一斗卮的酒，樊哙一饮而尽。汉代一斗为十升，装满酒水的话重约 20 斤。一个勇士一次喝掉 20 斤酒，实在让人难以置信，因此许多学者认为司马迁的描述过于夸张。但随着马王堆汉墓斗卮的出土，专家发现它的容量不过两升左右，盛满最多 4 斤酒。当时酒的度数很低，樊哙作为一个勇士，喝掉 4 斤低度酒完全在情理之中。马王堆的出土文物印证了司马迁的治史严谨。

食品、餐具都已准备齐全，但就餐前还有一个重要的环节，叫作沃盥。仆人用漆做的水匜给每位就餐者洗手，就餐者手下放着一个漆盆，在上面用水淋洗双手后才可就餐。

辛追作为轪侯夫人，每天都过着养尊处优、钟鸣鼎食的生活。经法医解剖鉴定，辛追的胆囊先天畸形，她生前患有多种疾病如冠心病、多发性胆结石、全身性动脉粥样硬化、右上肺结核等。但从辛追臃肿肥胖的体形来看，这并未影响她吃肉的嗜好。过量的饮食不但导致她营养过剩，更引发了心血管疾病。

医学专家在辛追的食道、胃和肠道里发现了大量的甜瓜子，因此推断：在一个炎热的夏日，辛追在半个时辰内吃掉了大量生冷的甜瓜，引发了胆绞痛，导致冠心病急性发作而猝死，而此时她胃中的甜瓜还没来得及消化。先天的疾病和不

图 157 西汉贵族用于餐前洗手的沃盥

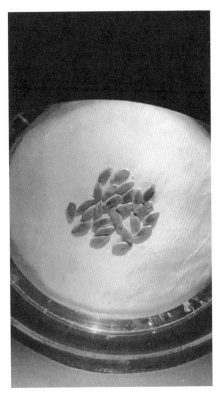

图 158 医学专家在辛追腹中取出的部分甜瓜子

良的饮食习惯，加上最后的 100 多粒甜瓜子，让这位 50 多岁的侯爵夫人在痛苦中逝去。

辛追生前也饱受寄生虫的折磨。经检验，她的直肠和肝脏内布满各种寄生虫的虫卵，如鞭虫卵、蛲虫卵、血吸虫卵。辛追体内之所以有这么多寄生虫，主要源于她生前的饮食习惯。辛追喜欢生食新鲜的脍肉，在她的随葬食物中就发现了生鱼片和生鹿肉。许多寄生虫卵只在水中孵化，会随着鱼类及食用这些鱼类的天鹅、大雁等水禽进入辛追的体内，最终成为压垮辛追的最后一根稻草。

但有一种寄生虫似乎不应出现在辛追的体内，因为该寄生虫的名字是日本血吸虫，因被日本学者首先发现而得名，最早援引的病例出现在 1904 年的日本。没想到在 2200 年前的中国汉代已有这种寄生虫，这不但印证了我国早期的医学著作如《黄帝内经》《千金要方》中对血吸虫病的论断，更把血吸虫病史的时间提前了 2000 多年，辛追用"现身说法"的形式改写了世界医学史。

3. 世上最轻的"超薄裙"与汉服的真面目

马王堆汉墓出土的两件素纱禅衣创造了许多世界之最：它们是目前世界上现存年代最早、保存最完整、制作工艺最精，同时也是最轻薄的衣物。禅衣是汉服的一种款式，又称单衣，"有衣裳而无里"❶，是秦汉时期上层人士平日所穿的单层罩衣。因为是罩衣，所以一般做得比较轻薄。清代段玉裁《说文解字注》中解释说："禅，衣不重。"但"不重"到底有多重，文献中并没有详细记载。马王堆汉墓的出土文物给出了最精准的答案。

这两件素纱禅衣均长 1.28 米，若穿在一名身高 1.7 米的男子身上，其下摆接近男子的脚踝。但是，如此长度的禅衣，重量却轻得出奇。它们一件重 48 克，一件重 49 克，均不到一两，而且折叠之后居然可以装入一个小小的火柴盒内。若去除相对厚重的衣领、袖口以及衣襟边缘的装饰品，素纱禅衣的重量不超过 25 克，简直是轻如鸿毛。

素纱禅衣的另一个世界之最在于它的立体工艺。考古专家首次在禅衣的边缘发现了带有绒圈锦❷的装饰，绒圈锦的结构十分复杂，对设备和工艺都有极高的要求，织出的图案能产生非常丰满、华丽的立体效果。在这之前，绒圈锦一直被认为是唐代以后才出现的，更有学者认为绒圈纺织技术是从国外传进来的。而这两件文物证明，我们的祖先早在 2200 年前就已经发明了绒圈锦织造技术。在立体感的创造上，中国人已经走在了前面。

马王堆汉墓出土的素纱禅衣不但"轻若无"，而且"薄如空"。纺织行业中有

---

❶　出自郑玄注《礼记·玉藻》。

❷　织有浮雕状凸起花纹的汉锦。

图 159　出土于马王堆 1 号墓的素纱禅衣是世界上最轻薄的"连衣裙"

图 160　马王堆汉墓出土的使用提花工艺的绒圈锦，其表面有超强的立体感

个对上乘纱料的评价标准，那就是纤度越细越好。素纱禅衣的蚕丝纱料每平方米重 15.4 克，这并非是因为它的孔眼大、空隙多，而是因为纱料所用蚕丝的纤维非常细。纺织学上有一个专门测量纤维细度的单位叫旦尼尔，简称旦❶。旦数越小说明蚕丝越细。经测定，素纱禅衣的蚕丝纤度只在 10 ~ 11 旦，而如今最轻薄的丝织物也有 14 旦，足见汉代纺丝技术的高度发展。

古代中东的一本文献《中国印度见闻录》中，记载了这样一件事：10 世纪时，一名在广州做生意的阿拉伯商人去拜见一位管理贸易的官员，当他见到这名官员的时候被吓了一跳。因为商人透过官员薄薄的纱衣，居然看到了他胸口处的一颗痣。中国官员见商人一脸惊恐地盯着自己，顿时感觉浑身不舒服，于是问他在看什么。阿拉伯商人回答说："真的无法想象，我居然能透过两层衣服看到你胸口的黑痣。"官员听后哈哈大笑，主动拉开衣服让商人看个仔细。这时商人才发现，原来官员里边穿的禅衣不是两层，而是五层。可见用汉代工艺制成的纱料可以轻薄到什么程度。

素纱禅衣作为一种轻薄、透明、没有衬里的单衣，古人是如何穿搭此衣的呢？这在《诗经·郑风·丰》一诗中可以找到答案。诗中说"衣锦褧衣，裳锦褧裳"，即在锦衣外套上薄薄的纱罩衫，而墓主人正是这种穿法。辛追贵为国相夫人，总欲露出华丽的外衣纹饰，因此在色彩艳丽的锦袍外再罩上一层薄如蝉翼的素纱禅衣，禅衣的纹饰朦朦胧胧、若隐若现，既增加了层次感，又衬托出锦衣的华美和尊贵。可以想象，年轻时的辛追，穿着轻柔飘逸的禅衣，迎风而立、徐步而行、飘然若飞，极度地展示出女性曲线的柔美。

素纱禅衣精美绝伦，但即使是现代的科学技术也无法复制。1983 年，长沙发生了一起让史学界震惊的文物被盗案件，马王堆汉墓出土的两件素纱禅衣全部被盗。同时被盗的还有一批漆器等共 38 件文物，在当时的价值就高达 10 亿元人民币，而盗取这批文物的竟是一名只有 17 岁的中学生。后来，年轻的盗宝者为逃脱

---

❶ 每 9000 米长的纤维或纱线的质量为 1 克，纤度为 1 旦。

罪责，开始消灭罪证。在惶恐中，他把那件最轻的、重 48 克的素纱禅衣连同其他 9 件国宝淋上汽油烧毁，并将残渣冲入了下水道。犯罪分子最终虽受到了应有的惩罚，但被焚毁的禅衣成为永不再现的中华文明瑰宝。

虽然另一件重 49 克的素纱禅衣被保留了下来，但也遭到了极大的破坏。因此，文物部门委托北京、上海的几家纺织厂对素纱禅衣进行复制，但这些纺织厂都无法复制这样的工艺。后来，文物部门又委托当时国内纺织工艺的权威机构南京云锦研究所进行复制。研究所耗时 13 年，用尽办法制出的素纱禅衣仍不达标，每件禅衣的重量都在 80 克以上。直到一名研究人员注意到汉蚕和现代蚕的区别，复制工作才有所突破。

基因研究显示，汉代的蚕属于三眠蚕，只须经历 3 次蜕皮、3 次休眠，就会结茧化蛹；而现代的蚕进化成四眠蚕，要经历 4 次蜕皮、4 次休眠。除此之外，蚕的食物种类也有较大区别，从而导致蚕的"胖瘦之别"。南京云锦研究所虽没办法把现代的四眠蚕变回三眠蚕，但可以通过药物将现代蚕的发育周期变为"三眠"，这样它吐出来的丝就会比之前细很多；同时改变蚕的饮食结构，让它们变得更纤细。就这样，几经周折，终于仿制出一件重 49.5 克的素纱禅衣。也就是说，大批专家耗时 13 年，经过辛苦的研究，最后制造出的这件素纱禅衣，比 2000 多年前古人制造的同等禅衣还重 0.5 克。一件衣物，已充分地展现了我们祖先的智慧。

如今，素纱禅衣被收藏在湖南博物院，成为中国第一批被列入禁止出国展览的文物。马王堆的素纱禅衣虽然珍贵，还能在博物馆中看到实物，而马王堆 3 号墓中出土的一件文物，直到今天也不允许公开展览，想看的人需要拿到文物部门的特许批示，足见该文物的珍贵程度。

这件文物名为西汉纱冠，即今天常说的乌纱帽。这顶乌纱帽被发现于墓内的一个漆柜中，是墓主利豨生前的官帽，也是我国迄今为止发现的最早的乌纱帽实物。在它出土之前，国内的历史学家把乌纱帽出现的时间确定在 449—466 年，也就是我国的南北朝时期。但马王堆汉墓纱冠的出土，把乌纱帽出现的时间提前了 500 年。

除了素纱禅衣和乌纱帽，马王堆汉墓中还出土了汉服。在这之前，我们从未

图 161　马王堆 1 号墓出土的右衽曲裾袍服

在墓葬中看到过汉服实物。在今天影视剧中出现的汉服以及商场中售卖的汉服形象，造型设计主要来源于文献的描述，想象空间很大，而马王堆汉墓出土的实物汉服为我们提供了最准确的样式：汉服有两个宽大的领口，左领在上，右领在下。古人穿汉服时须将左前襟掩向右腋，然后系上带子，于是右襟就被覆盖在里面，被称之为右衽。

　　右衽制式是汉服始终保持的一个特点，也成为汉民族的象征符号之一。相比之下，中原周边的少数民族都采用左衽。所以当年孔子说："微管仲，吾其披发左衽矣。"❶ 所以右衽是汉民族区别于其他少数民族的一个重要标志。

　　马王堆汉墓出土的汉服还解决了一个争议多年的问题。据《礼记》等古代文献记载，汉服深衣的穿法是"曲裾绕襟"，长期以来被专家理解成"把衣襟从衣领缠绕过去"，但这在实际操作中是不可能实现的反常识穿法，因此许多学者怀疑文献的记录有误。但通过汉服实物能很清楚地看到，所谓的"曲裾绕襟"，其实是把三角形衣襟开到腋部，然后绕过穿着者的身后，围着腰部绕回前衣襟，再用束带固定。实物汉服的出土，极大地颠覆了我们之前对汉服的许多认知。

---

❶　出自《论语·宪问》。

图 162　马王堆汉墓出土的冠人俑展示了汉服"曲裾绕襟"的穿法

1973 年 11 月，专家在辛追之子利豨的 3 号墓中发现了一件神奇的漆器制品。它形似一面方形小黑板，上边绘有色彩艳丽的彩色花纹，下面安有支架和底座。乍看上去，很像今天的支架投影幕。这到底是个什么物件？专家们绞尽脑汁，也没看不出它是什么，更猜不出它作何用途。

后来，"小黑板"上规律分布的 5 个铜钩引起了专家的注意：中部和下部分别有两个平行的铜钩，上部的正中间也有一个。5 个铜钩的尖端都向上弯曲，很显然是用来固定或悬挂物体的，专家依此判断这是一个汉代的衣架，上钩挂长袍，下钩挂短衫。这种解释看起来合理，却经不住推敲。"小黑板"的总高度只有 89 厘米，挂钩的离地高度就更低了，而汉衫的长度均在 1.3 米以上，把它作为衣架使用显然是不合适的。

通过对照古籍，专家们才最终知晓了它的用途，汉代的张衡在他的作品中就提到了这件物品。张衡是汉代著名的天文学家，他发明的浑天仪、地动仪等天文仪器是中国古代科技的结晶，但很少有人知道，他也是一位伟大的数学家和文学家，他是"汉赋四大名家"之一，和司马相如、扬雄、班固齐名。张衡在他最著名的作品《西京赋》写道："木衣绨锦，士被朱紫，武库禁兵，设在兰锜。"这里所说的"兰锜"正是这件神秘物品，它不是用来挂衣物的衣架，而是用来放置武器的置架。兰锜在两汉和魏晋时被普

图 163　兰锜

遍使用。 西晋的左思在著名的《三都赋》中两次提到兰锜——"陈兵而归，兰锜内设"（《吴都赋》），"附以兰锜，宿以禁兵"（《魏都赋》），展示了三国时期魏、吴两国都城繁华富庶、天下布武的宏大景象。

那么兰锜该如何使用呢？西晋学者刘逵注《魏都赋》云："受他兵曰兰，受弩曰锜。"可见锜是用来放弓、弩的，位于上部的单钩处；而兰用于放置刀、剑、短斧之类的其他近距攻击武器，位于中、下部的两排双钩处。兰锜实际上是一个复合型的武器架。

在我们的传统印象中，中国古代的武器架是把武器立插在孔洞之中，但这只是放置戈、枪、陌刀❶等长兵器的置架。兰锜的出土，让我们知道了古人的佩剑和短弓的放置方法，并非后人想象的那样用挂绳挂在墙上。后来，在电视剧《汉武大帝》中，一些镜头就如实还原了兰锜的模样。看来，很多的历史观点需要几代考古工作者的努力，以及更多的考古证据才能辨别真伪。

---

❶ 唐代军中使用的长柄大刀。

4. 黑匣子中的养生秘籍和西汉天文学

考古工作者在辛追之子利豨的墓中发现了大量的帛书、帛画以及大量的竹简。在一个神秘的漆木匣中，竟暗藏了28部帛书。这些帛书用生丝制成，最大的长0.5米。这是我国考古史上第二次发现帛书，第一次是1942年9月，在位于湖南长沙的"子弹库"楚墓遗址内发现了一件保存完好的战国帛书。但是，这件帛书后来流失到美国，成为华盛顿萨克勒美术馆的馆藏文物，国内只剩下残片。因此，马王堆的帛书成为国内唯一存世的帛书。

帛书一共有50多篇，12万多字，加上数量众多的竹简，总字数达到了25万字，上面记录的都是稀世的古籍。除了《周易》《老子》和《黄帝内经》有部分传世外，其余均为已失传了2000多年的珍贵文献。帛书涵盖的内容非常广泛，包括政治、经济、哲学、历史、天文、地理、医学、军事、体育、文学、艺术等众多学科，涉及的古代文化领域应有尽有。

在马王堆汉墓出土的帛书中，占有非常大比重的是医书和养生书，主讲养生之道。第一篇是《导引图》，是迄今为止发现的最早的保健体操图谱。图上讲的是如何调和气血，如何使关节柔软。同时独创仿生调养操，即通过模仿多种动物的动作来达到养生的目的。比如"沐猴"，即模仿猴子洗澡的动作；"龙登"就是模仿苍龙登天的样子；"猿呼"就是模仿猿猴凄远绵长的啼叫声；"堂狼"指的是像孤狼坐在堂前一样机警环顾的样子；"熊经"是模仿熊攀树而挂；"鸟伸"是模仿鸟类的侧伸脚动作。这套导引动作全部画在图中，共44幅。图中文字强调，若每天都能按着图谱坚持练习，练习者就可身体轻盈、体魄强健，达到延年益寿的功效。

《导引图》上的仿生调养操非常类似于华佗创造的五禽戏，但它的产生时间要明显早于五禽戏。华佗生活于东汉时期，而《导引图》至少在西汉初年就已诞生。

图 164　长达 1 米的《导引图》和说明文字相连，是一幅图文并茂的帛书画

所以专家推测，华佗创造的五禽戏很可能受到此类《导引图》的启发。

专家们试图对《导引图》进行临摹。不过，装裱和临摹《导引图》是件十分困难的工作，他们足足花了一年多的时间才临摹出一张彩色的复原图。几十年来，不少体育机构将《导引图》上原本静态的图像发展成动态的系列健身操，前后推广了十几年，很多人都做过这套体操。

第二篇是《养生方》，里面介绍了很多有关养生保健的偏方。例如书中的"养颜方"建议：养生者每天早上起来的时候要空腹喝酒，但一定要在饮前往酒里放一个生鸡蛋，如此连续吃 21 天，可使养生者容颜秀美、精神振奋。即使在今天，很多中老年人仍有把生鸡蛋打到酒里或水中饮用的习惯，可见这个"偏方"至少自汉代就流传了下来。

第三篇是《胎产书》，是一本教孕妇如何在孕期内保持胎儿健康的医书。在那个时代，古人已经有了安胎的意识，并且胎教方式和现代人不谋而合，且要求极为细致严格：孕妇在怀孕的第一个月里，饮食要精致，不能吃一点辛辣腥臭之物，否则会对腹中的胎儿造成不良影响；怀孕的第二个月要安静，少动；怀孕的第三个月是关键，胎儿在成长过程中受母体和外界的影响都很大，因此在这个时期，孕妇应多见一些仪表端庄的君子或地位尊贵的王公贵族，才能使自己的精神愉悦。书中要求，施见对象要有周正、帅气的外貌，较高的道德水准或尊贵的地位。

书中的孕保观念和今天的胎教理论非常类似。在中国的传统观念中，也有"婴儿的长相会像睁眼看到的第一人"的说法。而现代生物基因学研究表明，同一群人长久相处后，外貌和神情会趋于近似，这就是地域特征和夫妻相的来历。书中强调，孕妇一定要避免接触奇形怪状的人，以免产生负面情绪，影响腹中胎儿的健康。和现代流行的胎教中胎儿定期聆听音乐一样，《胎产书》同样重视外界因素对于胎儿微妙的影响，是迄今最早的关于胎教的医学文献。

第四篇是《房中术》。它来源于马王堆汉墓的两篇竹简，一篇叫《合阴阳》，一篇叫《天下至道谈》，都是有关房中术的典籍。书中强调，要通过对夫妻双方性生活的调节达到养生的目的，并配有说明图解。两本房中术著作出土的时候，还是在改革开放之前的 1972 年，当时人们的思想都比较保守，"谈性色变"，凡是与性有关的文字都被视为禁忌。所以研究小组的成员怕引来麻烦，就没有公开发表，而且不予注释。

1980 年，中国古代文学学会在广州召开，东道主邀请了很多国内外知名的古文学家，其中有中国香港的饶宗颐（1917—2018）、美国的周鸿翔和国内各省的一些著名学者，也包括马王堆帛画研究小组的组长周世荣。他们坐在一起讨论马王堆考古发掘和文物的发现。当时饶宗颐和周鸿翔问周世荣："我们听说马王堆出土的帛书中有一篇《房中术》，不知道是真是假，想向您求证一下。"周世荣没有隐瞒，肯定了这种说法。饶、周表示，国外学者非常关注，希望能早日发表。回到长沙后，周世荣在《马王堆医书研究专刊》上发表了相关释文，改名为《长沙马王堆三号汉墓竹简"养生方"释文》。但因学术专刊是内部发行，所以并不广为世人所知。

1981 年，日本的一个医学学术代表团来中国访问，当时马王堆医学学会就把这本刊物作为见面礼赠给了这个代表团。可万万没想到，日本代表团的成员之一

图165　马王堆3号墓出土的《房中术》，后被改名为《养生方》

麦谷邦夫回去后将《养生方》做了注释并公开发表，顿时在全世界引起了震动。就这样，从马王堆汉墓中发掘出来的《房中术》内容最后被日本人抢先发表，足见当时我们对考古研究成果保护的不足。《合阴阳》和《天下至道谈》的出土颠覆了我们的一个历史印象，原来在中国古代，性科学并非是禁忌的话题，人们对它并没有采取回避或讳莫如深的态度。

在马王堆汉墓出土的医学类文献中，有一些甚至对现代医学产生了深远影响。例如《五十二病方》，记载了治疗52个病症的秘方，涉及内科、外科、妇产科、儿科、皮肤科等多个学科。由我国医学专家屠呦呦发现的用青蒿素治疗疟疾的办法，就是从这本书中得到了启迪，屠呦呦因此于2015年获得了诺贝尔生理学或医学奖。这是此书对今天最有价值的贡献。2015年12月7日，屠呦呦在瑞典卡罗林斯卡学院的演讲中提到，青蒿入药最早见于马王堆汉墓的《五十二病方》，自己的医学成果正是从中受到启发的。

除了养生和医学类的书籍之外，帛书中还有数术方技类的文献，最主要的是《五星占》。众所周知，自殷商开始人们就非常重视占卜，不过，每个朝代的占卜理论和占卜方法都不尽相同。例如殷商时期主要是靠焚烧甲骨，观察纹路，甲骨文就是这么得来的；周代以《易》为理论指导，多用蓍草占卜；汉代之后则是观察星宿的变化，因而形成了古代的占星术。古人在占卜的同时也从占星中总结出很多经验和结论，例如宇宙的形态，星宿的运行、风云的变幻、月亮的圆缺规律等，因而在某种意义上，占星术是现代天文学的前身。

《五星占》的成书时间应在汉文帝时期，记载的是从秦始皇元年到汉文帝三年期间，木星、金星和土星的位置以及它们的会合周期和动态等。《五星占》全书仅1万字，却非常详细地描述了如何通过观察星座来占卜吉凶。书中记载，金星的会合周期是584.4日，这个数值比现代紫金山天文台测定的583.92日仅相差0.48日，误差不超过千分之一。在2000多年前能计算出如此精确的结果，实在令人称奇。许多外国专家非常疑惑，在没有精密仪器的条件下，当时的古人是如何做到的？

除此之外，《五星占》还记载了许多准确的天文数据，一些记录比西方天文学家测量的还早2000多年，而且精度要高很多。《五星占》的内容直接改写了世界天文史，它是中华文明在数术领域的骄傲。

《五星占》作为一本记录和占卜用书，基本理论来自于中国战国时期的一本天文类著作《甘石星经》，其作者是齐国人甘德和魏国人石申。该书早已失传，人们只能在古代典籍中见到它的名字。据《汉书》记载，《甘石星经》共有八卷，如今我们只能在唐代瞿昙悉达所著的《开元占经》中看到其中的一小部分片段，而后世所传的不是原文，都是经过不断篡改、删减后的版本，早已经没有原版的样子了。《五星占》的出土，使我们对《甘石星经》有了更为准确的认识。

另一本天文学文献《天文气象杂占》中记载的彗星现象比西方同类记录早了1000多年。除此之外，还有《周易六十四卦》《阴阳五行》《菁法》《出行占》《牧人宅》等，其中很多都是早已亡佚的古书，谁也没有想到它们还能重现世间，甚至还有人曾怀疑它们的存在。古籍的出世，对研究中国古代哲学、数术、自然科学都有非常重要的价值。

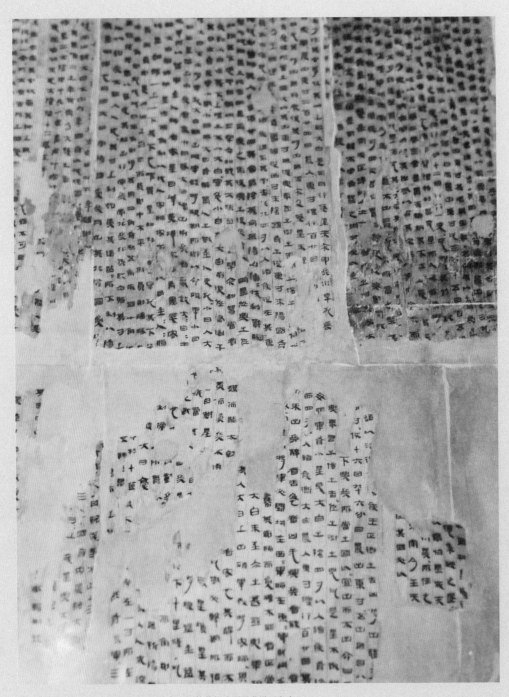

图 166　马王堆 1 号墓的帛书《五星占》用测算数据改写了世界天文史

5. 别样的苏秦和不一样的战国史

在马王堆出土的众多帛书中，有一本重要的史书被抄在一张31厘米长的绢帛上。书中是对战国时期的苏秦等纵横家的记载，它让我们不得不重新审视2000多年前的一段历史。这部珍贵的史书就是《战国纵横家书》。

《战国纵横家书》共有27篇，从马陵之战前的公元前345年记录到秦灭魏的公元前225年，以战国纵横家苏秦等人的书信和游说辞为主。其中11篇和今版的《史记》《战国策》内容相符，这中间就包括我们熟悉的《触龙说赵太后》等名篇，但另外16篇却是早已失传的佚史。

长期以来，《战国策》《史记》等史书一直把苏秦和张仪归在一个时代，苏秦鼓吹合纵，张仪主张连横，他们是合纵连横斗争中的对手。但是，《战国纵横家书》的出土却让我们认识了另一个苏秦和不一样的战国纵横史。

据《史记》记载：战国时期，鬼谷子有两个学生，一个叫苏秦，一个名张仪，二人同在云梦山跟随鬼谷子学习纵横之术。苏秦和张仪都是军事奇才，且有名师指点，又能融会贯通，因此很快成长为精通诡术权谋的舌辩之士。不过，这对师兄弟虽师出同门，但二人出道后的命运却有天壤之别。苏秦在燕王的帮助下很快就赴赵国为相。他提出六国合纵共抗强秦的战略思想，并成功组建合纵联盟，掌六国相印，让秦军15年不敢出函谷关。

就在苏秦在政坛上风生水起之时，张仪却正受辱于楚国、困窘于魏国。他在穷途末路之际，不得不去赵国投奔苏秦。苏秦故作傲慢，用激将法把张仪逼到秦国，却暗中资助和引导他成为秦惠文王的客卿，目的是让张仪说秦、愚秦、弱秦，策应自己的合纵策略。不管怎么说，苏秦都算是帮助落魄的张仪走上了仕途，为他之后的功成名就奠定了基础，张仪知情后也深表感谢。但是，在获得秦惠文王的信任后，张仪却为了秦国的利益破解合纵，采取了和苏秦针锋相对的连横战略。

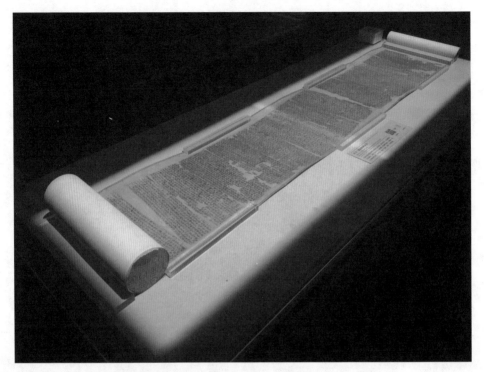

图 167   马王堆汉墓中的帛书《战国纵横家书》书写了战国后期一部波澜壮阔的合纵连横史

　　苏秦的合纵主张六国结盟，压缩强秦空间；而张仪的连横主张六国争做秦国盟友，共讨他国获利。二人各自使出平生才学，斗智斗勇，以天下为棋盘，左右天下格局。这段历史被载于《史记·苏秦列传》和《史记·张仪列传》中，十分精彩，千百年来一直被广大读者津津乐道。《资治通鉴》的记载和《史记》一致，而史料来源更早的《战国策》只零星记载了苏秦、张仪的一些言行和记事，不过却是司马迁撰史的史料来源。

　　但是，马王堆汉墓出土的《战国纵横家书》中的记载却完全不同，最重要的有三处。首先，张仪是苏秦的父辈而非同辈。张仪亡于公元前 309 年，而苏秦在张仪死后的第二年，即公元前 308 年才出任燕国国相，亡于公元前 284 年。因此，苏秦的主要活动在张仪死后，二人又怎会有合纵连横的对局呢？据《战国纵横家书》记载，苏秦合纵五国❶攻秦的时间是公元前288年，而《史记》把它提前到第一次五国攻秦的公元前318年。从这里可以看出，《史记》把苏秦的活动时间足足提前了一代。

其实早在100年前，著名的历史学家、国学大师钱穆（1895—1990）就发现了《战国策》苏秦游说辞中的矛盾之处。例如《战国策·齐策三》中的"孟尝君将入秦，苏秦欲止之"，这里说孟尝君入秦在昭襄王八年（前299），而此时的燕王哙已死❷15年。《战国策·燕策一》中又说苏秦死于燕王哙刚即位之时，已死去15年的苏秦又如何阻止孟尝君呢？因此钱穆认为，从《史记》各《世家》年表看，没有六国合纵拒秦的痕迹，应是后人用其他史实附之。

真相在1973年终于水落石出。《战国纵横家书》显示：并非历史上没有苏秦的合纵，只是《战国策》和《史记》在时间记录上有所偏差而已。这就不难理解，《史记》和《战国策》虽把苏秦、张仪定位于一个时代，写他们把合纵、连横搞得红红火火，但在苏秦帮张仪入秦后，就再也没有二人直接接触的记录，包括对话、见面、谈及等，都是自己忙自己的。苏秦、张仪是在不同时代登场的两位人物。在张仪担任秦国相国、名震天下的时候，苏秦还没踏入政坛；而苏秦出名的时候，张仪早已寿终正寝，二人不可能有什么交集。

既然苏秦、张仪二人并不身处一个世代，那《战国策》《史记》上有关苏秦合纵的记载是杜撰的吗？当然不是。这也正是《战国纵横家书》与现存史书的第二个不同。史料显示：与张仪的连横策略针锋相对的不是苏秦，而是公孙衍和陈轸。公孙衍是合纵派的代表人物。他本在魏国做官，后被秦惠文王"挖"到秦国，因替秦国收复河西❸而大受封赏，但因与张仪争宠失败而被迫离开秦国，回魏效力。

公孙衍首倡联合"山东五国"共同抗秦被重用，曾佩齐、楚、燕、赵、魏五

---

❶ 指齐、韩、燕、赵、魏。

❷ 燕王哙是燕国第38任国君，积极联合六国攻秦。公元前314年，在齐攻燕时被杀。

❸ 今陕西、山西之间黄河南段以西地区。

国相印，并促成五国伐秦，名噪一时。公孙衍和张仪间的矛盾以及互相攻讦的记录，即使在《战国策》和《史记》中也可以看到，《战国策》极有可能将公孙衍的事迹归于苏秦。而张仪的另一位政治对手是陈轸，他早年在秦国做官，也因与张仪争宠失败而远赴楚国任职。据《史记》记载，陈轸为公孙衍指点迷津，帮他升任魏国相国，游说齐国支持合纵，促成楚国加入伐秦队伍并扛起从约长的大旗；他一有机会就提醒楚怀王防备阴险毒辣的张仪，并戳破张仪的离间齐楚之计，但均未被采纳。

在《战国纵横家书》中，陈轸和苏秦也有过交集。公元前312年，刚刚步入政坛的苏秦和陈轸谋划离间秦、魏关系，以维持五国合纵的局面。这说明陈轸虽和张仪同代，但却非常长寿。据《史记》和《战国策》记载，直到公元前298年，他还游说三晋合纵，并促成齐、魏、韩三国伐秦，攻至函谷关。

至于《战国纵横家书》对这段历史记载的可信性，我们可以参考几本古代文献。《战国策》中有张仪在秦王面前多次中伤陈轸的记录，多亏陈轸睿智、秦王英明，陈轸才多次化解危机，但秦惠文王最终任用张仪为宰相，陈轸只能投奔楚国。据《孟子·滕文公下》记载：孟子的弟子景春问孟子："公孙衍、张仪岂不诚大丈夫哉？一怒而诸侯惧，安居而天下熄。"景春是战国时代的纵横家，在这里，他把"圈内"的公孙衍和张仪并称为纵横家中的旗帜人物，却只字未提苏秦。

景春作为楚国王族，深知张仪和公孙衍的影响，而等苏秦成名之时，孟子、景春已经快要去世了。因此，二人不提苏秦并非苏秦平庸，而是此时的他还未成名，孟子、景春根本就不认识他。而司马光在《资治通鉴·周纪三》中，明确战国时期最著名的三位纵横家是张仪、苏秦和公孙衍。

再来看苏秦的死因和死法，这也是《战国纵横家书》和其他史书的第三处不同。据《史记》记载：苏秦在担任合纵之长、佩六国相印、闻名于诸侯之后，他抱着为燕、赵报仇的图谋打进齐国内部，并得到齐王重用。之后苏秦不断怂恿齐王大兴土木，意图耗尽齐国国力，不想因争宠被齐国的政治对手暗杀而受重伤。苏秦在临终之际，请求齐王给自己定罪并对自己行车裂之刑，说如此才能找出真凶。齐王照做，果然找到真凶并为苏秦报仇。但不久，苏秦为燕弱齐的事情还是败露了。

《战国纵横家书》中对这段历史的记载和《史记》大不一样：苏秦是燕昭王手下的一名谋士，他一生最大的成就是成功卧底齐国。为了削弱齐国军力，苏秦在齐王面前慷慨陈词、陈述利害，鼓动其攻打宋国。齐王觉得苏秦的形势分析句句入理，于是就出兵灭了宋国，但此举却犯了众怒，最终引发"五国伐齐"。在乐毅❶的率领下，联军几乎灭齐。苏秦虽出色地完成了"弱齐"的任务，但他的卧底身份也因此被识破，最终惨遭车裂。

其实，从《战国纵横家书》中苏秦不断写给燕王的书信中可以看出，苏秦所谓的抗秦不过是个借口，他最终的目的只是为弱齐、伐齐、灭齐。他认为，最佳走向为"齐赵关系大恶化"；中等走向为"东方五国攻秦不斥燕"；而最差走向是"赵从齐秦谋燕"，因此他的行动，从离间赵齐的关系开始。不过，作为燕王的卧底，苏秦在书信中始终透出他对自己生命安全的担忧。他先是在赵国被扣留，于是不断哀求燕王救他脱身，苏秦入齐后，更是恳求燕王支持他的行动，呼应他的策略，考虑他的安全，信任他的忠诚。

苏秦虽以"弱齐"为己任，但又劝燕王不要和齐国决裂，表面上要保持正常交往，否则自己难保平安和舒适。在书信中可以看出，苏秦在做卧底期间也多次和燕王产生嫌隙。究其原因，不是燕王怀疑他"偏齐叛齐"，就是觉得他要求得太多了。可见，卧底也不是那么好当的。

《战国纵横家书》表明，苏秦仅活动于燕、赵、齐三地，并未到过其他国家，并非《战国策》《史记》中所说的苏秦游说六国并佩六国相印。两种文献相比较而言，《战国纵横家书》的随葬时间❷距战国末不过50年，据苏秦新亡的"五国伐齐"也刚过百年，成书当然会更早，因此和《史记》相比应是更原始的史料。而且在侯爵规格的墓葬之中，极少用伪书随葬，《战国纵横家书》必是当时认可的正

---

❶ 战国后期燕国将领，曾率军连克齐70余城，后投赵。

❷ 汉文帝十五年，即公元前165年。

史，因此它的可信度不亚于《史记》。

《史记》在中国史学界的地位非常高，是中国史籍中最权威的范本。它的记载得到后世很多出土的文物或文献印证，但《史记》却把苏秦的经历提前了大概30年。

6.失传千年的《相马经》

1973 年 12 月，在马王堆 3 号墓中出土了失传已久的《相马经》。目前，这部 2000 多年前的奇书，珍藏在湖南博物院。

"伯乐相马"的典故在中国几乎家喻户晓。有关相马大师伯乐的记载，最早出现在西汉韩婴❶的《韩诗外传》中："使骥不得伯乐，安得千里之足。"而唐代大文学家韩愈在《马说》中云："世有伯乐，然后有千里马；千里马常有，而伯乐不常有。"他不但高度赞扬了伯乐的相马能力，还把伯乐比喻成识才的智者。可见，伯乐在相马界的地位自古无人能够撼动。

古时，无论是耕种、驾车的驽马❷，还是骑兵用的战马，都由野马驯化而成。周代王室和贵族都很重视马的优劣，《穆天子传》中就记载了周穆王所得的"八骏"，都是产自西戎的千里宝马。到春秋时期，诸侯争霸，各国皆广选良马，以满足战事的需要。因此，相马大师尤被诸侯敬重。而伯乐，便是其中的佼佼者。

有关伯乐生平的传说零散出现在古代典籍中。据《列子》《吕氏春秋》《淮南子》等文献记载，伯乐原名孙阳，是春秋时期的郜国❸人，毕生善于相马，传说他曾为楚王寻获一匹千里马而一举成名。后来，他又为秦穆公选良马、强秦骑，再立新功，让秦国的富国强兵落到实处，被秦穆公封为"伯乐将军"。晚年的他退养著书，将毕生所识写进《相马经》。

据文献记载，《相马经》图文并茂，长期被相马者奉为经典，尤其在隋唐时代

---

❶ 西汉文帝时博士，作品多为《诗》《易》作解。

❷ 古时指资质较差的马。

❸ 位于今山东菏泽一带。

影响很大，但在五代战乱中逐渐失传。目前，该书的痕迹只出现在一些古代文献中。除了唐代张鷟的《朝野金载》中有所提及，《新唐书·艺文志》中仅收录了一卷《伯乐相马经》的目录，并无实际内容。

马王堆汉墓中出土的正是这部失传已久的《相马经》。该帛书共有5200字，其中有500字残缺，因为没有其他版本可供对校，所以残缺的内容可能将成为永远的遗憾。《相马经》包括经、传、故训三部分，首篇就提到"伯乐所相，君子之马"，并多次使用"吾请言其解"等措辞。这表明这部《相马经》要么是伯乐本人所著，要么是别人引述伯乐《相马经》的原文。

《相马经》根据不同的用途把马分为六大类，分别是育种用的种马、打仗用的戎马、仪式用的齐马、通信用的道马、狩猎用的田马和杂役用的驽马。《相马经》根据它们不同的生理特点给出不同的选用标准，再使用不同的训练手段，使其满足不同的用途。这是古代育马版的"因材施教"和"量体裁衣"。

《相马经》对如何通过目测选马进行了概括：好的坐马，毛皮、耳朵和臀部轮廓都比较接近狐狸；有着如禽类般锐利的眼神和灵活的脖颈；脊背和鬃毛像鱼鳍一般笔直坚挺；最重要的是，额头到鼻端的连线应如兔子一样呈弓起状。"兔头"是相马术中一个重要的标准，中国古代的许多名驹都是基于此被选中，因此秦始皇才有名驹"白兔"，关羽夺自吕布的神马名为"赤兔"。

当然，仅仅是目测还远远不够，《相马经》中也指出了如何利用比较法来判断良马。例如想判断快马的优劣和等级，可以用它追逐动物的速度来衡量：三等快马可以追上鹿，二等快马可以追上麋（麋鹿，即"四不像"），而一等快马可以赶上并踩踏乌鸦。正是《相马经》中的这一内容，颠覆了之前的一个考古结论。

1969年，在甘肃省武威市的雷台汉墓出土了一件东汉时期的青铜马，这就是闻名中外的"马踏飞燕"，它的形象出现在许多古装影视作品中：一匹青铜骏马正撒开四蹄奔腾驰骋，而它的右后蹄踩踏着一只飞行中的鸟状物。那么，铜马踩踏的到底是一种什么动物呢？铜马踩踏此物又有何深意呢？

当时在场的大多数专家都判定，铜马踩踏的是一只燕子，这也是"马踏飞燕"名字的由来。但是，不久大家就发现，这只"燕子"的尾部没有分叉，缺少燕子

图 168　雷台汉墓出土的铜奔马，又被称为"马踏飞燕"，现藏于甘肃省博物馆

图 169　衢州龙游石窟是秦代兴建的一座地下建筑群，洞窟中雕刻众多，天马行空图便是其中之一

外观上最关键的特征。也有学者提出，铜马踩踏的是古代的一种神鸟，名为龙雀，是凤凰的一种。但是，一匹马把中国传统的图腾踩在脚下，不符合常理。而且从飞禽的外观和体形上看，并不符合龙雀凶猛威武的形象，更没有古籍中描述的"长角蛇尾"的特征。

而后，有关"铜马踩踏的究竟为何物"的争论一直没有停止过，还有的学者提出"燕隼说"，但铜马脚下的飞禽喙部却是直的。基于这些原因，这件文物的正式名称被定为"铜奔马"，而"马踏飞燕"只成为民间使用的"花名"。但是，马王堆汉墓《相马经》的出土，似乎让"铜奔马"的踩踏物有了新的答案。

《相马经》中明确指出，能够追赶并踩踏乌鸦的马才是一等快马，因此一些专家确信，铜奔马所踩踏的不是飞燕，而是乌鸦。以中国社科院考古研究所曹定云研究员为代表的专家认为，铜奔马脚下的应为乌鸦，铜马应命名为"天马逮乌"才合适。在古代，"三足金乌"指代太阳。而对照实物，确有几分神似，而从仰视的角度去看"奔马"，"鸦"的轮廓更加清晰。

7. 真假《道德经》

1973 年，马王堆 3 号墓出土了帛书版的《老子》，成书时间在刘邦称帝前。它的内容看起来和今本《道德经》大致相同，但仔细对比，竟发现有 700 多处不同，其中重大不同或意思完全相反的就有十几处。马王堆《老子》的出土，对现行本《道德经》的内容构成极大的挑战。那么，究竟哪一本才是老子作的真《道德经》呢?

《道德经》又名《老子》，是道家学说的经典之作。作者老子本名李耳，陈国[1]人，是我国春秋时期的一位伟大的思想家。他曾担任周王朝"国家图书馆"的馆长[2]，因此有机会饱览全书、游历列国，既见多识广，又有自己的感悟。后来，他的弟子把他的言行结集成书，结晶成璀璨的道家思想。《老子》影响了一代又一代中国人的思想和行为。

自春秋晚期《道德经》成书到现在，已经过去了差不多 2500 年。我们现在读到的新章通行本《道德经》，是三国魏玄学家王弼（226—249）收集、整理和校注的版本，很难保证流传没有谬误、后人没有增减、没有别有用心的人篡改。而相比之下，马王堆出土的帛书版《老子》距老子生活的时代不到 300 年，所以在时间上更接近"正版和原版"。

不仅如此，今本《道德经》中有不少词句在逻辑上存在矛盾，因此出现许多不同的理解。而帛书版《老子》则诠释了这些疑惑，也修正了许多误解，让上下文的逻辑关系更加合理，对今天的道家学说产生了深远影响。当然，对古代文献

---

[1] 西周至春秋时的诸侯国，国都在今河南周口淮阳区，称宛丘。

[2] 即守藏史，掌管国家图籍。

图 170　老子曾在函谷关写下道家经典《道德经》，图为位于河南灵宝函谷关的老子圣像

的诠释总是百家争鸣，学术界关于今本《道德经》和帛书版《老子》谁是正统的争论，可能永远不会停止。

今本《道德经》首章的第一句就是那句耳熟能详的经典佳句："道可道，非常道。"第一个"道"指的是宇宙的真理、自然的规律和人间的法则。这句话的意思是能够用语言讲出来的"道"，都不是真正的"道"、长远的"道"，这就是所谓的"只可意会，不可言传" ❶。但这里有个很大的疑惑，既然"道"不能用语言表达，那么老子这么多年写道、讲道、传道，又是通过什么方式呢？道又是如何进行教导和传播的呢？这种牵强附会的解释，让人难以信服。

而帛书版《老子》的第一句是"道可道也，非恒道也"。"常"被换成了"恒"，虽一字之差，意思却大相径庭。老子认为，所有的事物都有必然的规律可循，这就是"道"。但即使是规律，也不会恒远不变，它会随着社会的进步、形势的发展变化而不断做出调整，即"道"非"恒"。如此解释起来，就通顺多了。之所以后来的《道德经》把"非恒道"改成"非常道"，是因为到了汉文帝时期要避刘恒的名讳。但这么一改，就完全失去了道家对"道"的最精髓的哲学诠释。

也有学者怀疑这种解释，但这里有一个佐证。《庄子·天运》记录了这样一件事：孔子第二次见老子，表达了自己希望通过熟读六经，用古代圣人的治世方略来影响统治者的想法。老子说："今子之所言，犹迹也。夫迹，履之所出，而迹岂履哉？"意思是："六经中圣人的话，不过是别人的脚印，脚印是脚踩出来的，但不是脚，别人的脚印对你有什么用呢？"庄子训诫孔子："道"的要旨不是照搬，而是要活学活用，为适应新的形势，对"道"要有新的理解。在这里，老子主张用发展的眼光看待"道"。

两本古书的不同还不止这一处。《道德经》第八章中有一句朗朗上口的佳句："上善若水，水善利万物而不争。"而马王堆《老子》的原文是"上善似水，水善利万物而有静"。"若"和"似"区别不大，但一个"不争"，一个"有静"，区别

---

❶　出自《庄子·天道》。

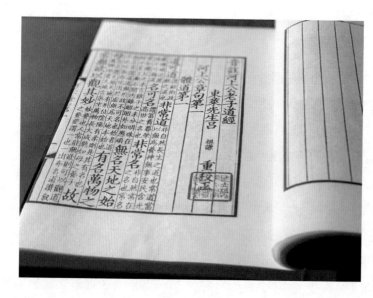

图 171 《道德经》在漫长的流传过程中出现了很多不同的版本，图为流传较广的《河上公版道德经》

就非常明显。"不争"是一种态度，而"有静"是一种策略。老子主张：当机会出现或条件成熟的时候，"静"就要变成动，这才是"非恒道也"。所以道家讲的"无为"是目的，"有为"是手段，手段永远为目的服务。

因此才有老子的"君子得其时则驾，不得其时则蓬累而行"❶。意思是"时运到了，君子应乘时而起；时运未到，任你千方百计，仍是身不由己"。从这里可以看出，道家学说不是枯燥的道德说教，而是一门实用的哲学。"不争"是人生的态度，而"有静"是生活的策略。这才是哲学的本源，科学的精神。

今本《道德经》第十四章中有一句"执古之道，以御今之有"。意为：统治者只要运用古代圣人之"道"来管理国家，就可以驾驭今天的一切。看起来其哲学理念似乎趋于复古和保守。而帛书版《老子》却是"执今之道，以御今之有"。两个版本的意思完全相反。老子的态度，是要根据现实情况来制定相应的政策，

---

❶ 出自《史记·老子韩非列传》。

不要墨守成规，更不能照搬古人的方法去对待自然、治理国家。

今本《道德经》第四十一章中有一句十分励志的名句"大器晚成"，意思是最宝贵的器物总是在最后完成，由此引申出，一个人要经过持之以恒的努力、耐心的积累，才能取得后发制人的成功。而帛书版《老子》上不是"大器晚成"，而是"大器免成"，这让人感到十分意外：原来道家主张强调的不是后天的努力，而是人与生俱来的天赋。《老子》认为，真正的天才来源于自然，无法靠人为去造就，这一点符合道家崇尚自然、顺自然规律而动的哲学思想。

老子认为，人工雕琢后的器物就失去了自然的灵性。例如百里奚、姜子牙均是大器晚成的例子，但毕竟寥寥无几。但天赋奇才、大器免成的例子古今中外比比皆是：贝多芬、莫扎特、米开朗琪罗、爱迪生，孙武、诸葛亮、韩信、李白、蔡文姬，等等。"大器免成"的核心是：一切最高境界都是未经雕琢的自然。这让人们意识到，我们之前对道家学说的理解，长时间以来还局限在一个比较低的层面上。

今本《道德经》的第六十一章有一句话："大国以下小国，则取小国；小国以下大国，则取大国。"意为：如果大国能谦逊地对待小国，就会得到小国的信任和依附；如果小国能谦卑地对待大国，也会得到大国的尊重和保护。非常奇怪的是，老子在"无义战"的春秋时期居然营造出一幅"大小国平等共处"的和谐景象，与墨家学说中的"兼爱""非攻"非常类似。

而帛书版《老子》对应的内容是"大国以下小国，则取小国；小国以下大国，则取于大国"。第二句只多了一个"于"字，意思就完全改变了。这是说，小国谦卑地对待大国，只不过是为了从大国索取好处，但同时也会受制于大国。一字之差，表现了道家哲学的实用主义特征。

马王堆帛书版《老子》的出土，不但重现了道家思想的本来面目，而且更新了人们对《道德经》的理解。从此我们认识到，道家学说不是枯燥的道德说教，而是一门实用的哲学，它不但非常可爱，而且注重实用、注重科学、注重理性。

8. 帛画中的密码和"太阳神"的家乡

汉代的帛画作品非常多，但大多都已失传，流传到今天的极少。而马王堆汉墓中仅是稀有的彩绘帛画就有 10 余幅，占到全国出土量的近一半。帛画所描绘的内容也非常丰富，有腾龙、有仙鸟、有怪兽、有巨鱼，还有寓意玄武的双蛇和神龟等图案，均栩栩如生，充满了神秘色彩。

在辛追墓的内棺外，覆盖着两幅 T 字形的帛画。其中一幅长 2 米左右，顶端有一条用于悬挂的丝质挂带，底部带有飘穗，外观很像今天的锦旗。画的上部彩绘着日、月、龙、神的图案，下部有迎候、宴席和出行的场面。有一些专家认为，这幅帛画是在死者出殡时用来引导灵魂升天的，相当于后世的丧幡；另一些专家认为，楚地的丧葬文化比较特别，它注重的不是升天，而是还魂，因此帛画是用于促成死者转世重归人间。

西汉初期，佛教还未传入中国。因此，这个时期人们所了解的神话传说均起源于先秦以及更古老的时代。东汉以后，由于佛教的传入，传统神话中注入了诸多的外来因素，这同时也反映到文学作品里。如《淮南子》《太平广记》《搜神记》《封神演义》《西游记》等，均把佛、道两家的"神仙"混组在一起，对后世的中国神话体系影响深远。

那么，在佛教传入中国前的上古时代，哪些人物和传说才是中华先祖创造的本土神话之源呢？迄今为止，对先秦神话脉络有所涉及的主要有两本古代文献，一本是《山海经》，一本是《淮南子》。近些年，《山海经》开始走红，很多文学作品、影视剧甚至网络游戏都从《山海经》中汲取素材。究其原因，无非是书中包含种类繁多的神兽、光怪陆离的情节和丰富多彩的风土人情，而这一切不可能凭空创造，很大一部分都来源于上古传说。

《山海经》据传是夏初伯益所作，但根据专家的考证和推测，作者可能是春秋

图 172　出土于马王堆 1 号墓的 T 形帛画，最初铺盖在辛追的内棺之上

战国时期的楚国人或巴蜀人，而且作者不止一个。《山海经》原有22篇，如今存世的只有18篇，包括《山经》《海外经》《海内经》《大荒经》等，很多我们熟悉的成语典故和神话故事都出自于此，如"夸父追日""女娲造人""精卫填海""大禹治水"等。

《淮南子》的主要作者是西汉皇族淮南王刘安。当年，第一任淮南王英布因反叛被杀，王位空缺，刘邦就把淮南王的爵位封给了刘氏子孙，刘安就这样继承了父辈的王位。不过，这个爵位似乎受过诅咒，最终刘安也因谋反被杀。刘安在有生之年酷爱读书，也喜欢研究经史子集、涉足哲学和文学，因此召集门客创作了一部论述哲学思想，也涉及鬼神、志怪和神话元素的作品，名《淮南子》。

后来，他的门客又把《山海经》中的一些故事融入其中，逐步完善成一个比较完整的神话体系。例如"女娲补天""后羿射日""嫦娥奔月""共工怒触不周山"等，《淮南子》在《山海经》的基础上又有新的发展。中华神话的起源和发展，离不开这两本古老的"神书"。

魏晋南北朝之后佛教盛行，于是南朝宋刘义庆的《搜神记》和明代吴承恩的《西游记》陆续横空出世，这其中有很多神话人物和故事来自佛、道两教，而中国最原始的"神"则慢慢淡出视线。马王堆汉墓出土的这些帛画，它们的成画时间恰好与《山海经》《淮南子》的成书时间一致，因此，打开中国神话起源的密码就在这两幅古老的帛画中。

T形帛画上所绘制的内容，从上到下分为三层，分别代表了天界、人间和地下三部分。T字形的纵横分界线以上意寓上天，内有一名人首蛇尾的人物，这无疑就是人类始祖之一的女娲。通过这幅帛画，我们可以确认，"女娲娘娘"作为中华民族起源的创造者，在西汉初期已经作为一个神话形象存在。在女娲的周围，有五只仙鹤在仰首鸣叫，这是传说中在襄阳鹤子川 ❶ 修炼的"五行仙鹤"。后

---

❶ 位于古隆中西南，今湖北襄阳境内，风景优美。

来，李白也在《古风·五鹤西北来》中描绘蓬莱仙人安期生❶驾着五只仙鹤西来的场景。

在仙鹤的右方，一只乌鸦栖居在一轮红日当中，周身金光闪烁，这正是《山海经》中所描写的"金乌"形象。"金乌"最初被称为"赤乌"或"三足乌"，每天承载着太阳的东升西落、昼夜更替。但这幅画面上的"金乌"却只有两足，和一些汉代画像砖上的"三足乌"形象区别明显。这说明远古传说中的"金乌"就是两足，直到西汉中晚期才演化成三足形象。

在金乌附近的火焰形树上还栖息着八个太阳，它们正在休养生息，整装待发。而这棵闪着火光的树，正是《山海经》《淮南子》等文献中提到的日出之所——神树扶桑。扶桑是一棵可以沟通天地的参天神树，也是太阳们栖息和运行开始的地方。每天早晨，金乌负载着当值的太阳从扶桑上升起，由东向西飞行。

《山海经·海外东经》中记载，每天出发前，太阳都要在旸谷中沐浴，因此每一天都是浴火重生，都是全新的。之后太阳登上扶桑树，轮流等待金乌背负西行，最后降落在西方的若木上。但是，扶桑树上的十个太阳非要一起出动，造成千里焦土，万物尽毁，人类面临灭顶之灾，于是就有了"后羿射日"的神话传说。

"后羿射日"的故事也能在马王堆帛画中找到起源。帛画上共画有九个太阳，而在四川三星堆遗址出土的青铜神树上也只有九只"金乌"，这和古人"天有十日"的传说不符。但是，因为神树树顶残缺，所以当时的专家认为那只"丢失"的金乌原在树顶，后随树顶的断裂而掉落，但又未在附近找到金乌。后来，有了比较一致的看法，即"九日在扶桑上栖息，一日在天空当值"，因此扶桑树上只能有九个太阳。

但是，在马王堆帛画被修复后，专家发现帛画上也是九日，而且树顶位置的太阳比其他八个大许多，日中还多了一只"金乌"，显然这个既大又高又有金乌负载的就是"当值"的太阳。那么，另一个太阳去哪儿了？其实答案就在《山海经》

---

❶　相传为秦汉时期的方士，修道后羽化成仙，驾鹤西去。

图 173 辛追帛画中的金乌形象，在中国神话中为背负太阳东升西降的神鸟

中。虽然古本《山海经》已经失传，但我们仍然可以从后人的引用中发现线索：唐人成玄英❶在疏注《庄子·秋水》时引用古《山海经》中的一句"羿射九日，落为沃焦❷"，看来"天有九日"是太阳传说的最初状态。后羿只是把九个太阳射落于沃焦山下，并未伤其性命。

在仙鹤的左方是一弯新月，月上有两只动物：一只是长颈的白兔，前肢腾空，一跃而起；一只是口衔灵芝的巨型蟾蜍，身影虚幻模糊，几乎覆盖住整个月亮。古人认为，月上的宫殿是一只具有宇宙灵性的蟾蜍幻化而成的，所以月宫又

---

❶ 608—669 年，唐太宗时期的道家学者，被赐号"西华法师"。

❷ 传说中的山名，亦称"尾闾"，在东海之南。

被称为蟾宫。月亮下面，一名女子正仰身向着弯月呈飞天的姿态，这就是传说中的"嫦娥奔月"。从三者的相对位置可以看出，月亮上最早的住客是蟾蜍和玉兔，然后逐步形成金蟾幻化的"蟾宫"，而嫦娥则是"后来者"。唐代诗人韩偓的《踪迹》中说"东乌西兔似车轮"，正体现了先民对日月运行的传统认知。

在女娲娘娘的下面，有两个骑着神兽的怪物和一只倒悬的铎，上有双鹤用尖喙敲击天铎，以示升天之音；铎下有两个头戴无旒冕❶的天神拱手对坐于门前，他们正是传说中掌管天门的帝阍，最早出现在屈原的长诗《离骚》中；门框上有虎、豹攀援，门侧还有两条张着血盆大口的卧龙：一条是长有翅膀的应龙，一条是长角蛇尾的虬龙，均为守卫天门的神兽，被记载于《山海经》中。

帛画的中部反映的是人间。画的上部是由两只凤鸟拱卫的天盖，天盖下是一只正在翱翔的飞廉。它最早见于屈原的《离骚》中，是传说中的风神❷。不过，古代文献中对飞廉的外观描述并不一致，郭璞集注的《史记·司马相如列传》中说它是"鸟身鹿头"；而西晋晋灼注《汉书》及《三辅黄图》等更多的文献说它是"鹿身雀头"，而且还长角、豹纹、蛇尾。很显然，中华上古传说在"传"的过程中出现了偏差，那么哪一个才是真相？马王堆帛画的飞廉形象非常清晰：它鸟身鹿头，未见长角，长有双翅和双尾翼，没有豹纹。看来，两晋的经术大家郭璞对古代文化的研究更靠谱。

天盖之下，画中央是一位身着华丽、挂着拐杖的老妇人，通过相貌和年龄判断，她就是1号墓的墓主人辛追。辛追后边跟着3名仆从，前面是跪在地上迎候多时的天界使者。他们全部站在由一红、一黑两条蟠龙引导的升天台上，台下由两只神豹拱卫。在"双龙穿璧"的交叉处为辛追"升天"提供强大的支撑，她和为她陪葬的人俑们缓缓升起，此时的辛追离"往生世界"已经不远了。

在升天台之下，是两只正在为墓主祈福的句芒。句芒是中国古代传说中的木

---

❶ 没有流苏旒坠的冠冕。

❷ 出自王逸注《离骚》和南朝裴骃《史记集解》。

图174　马王堆帛画上的飞廉形象

图175　帛画中的辛追形象

图 176　帛画中的句芒形象

神和春神 ❶，掌控"春暖花开"。《山海经》中称之为"东方之神"，说它"鸟身人面，乘两龙"。而帛画上的句芒不但长着人脸和鸟身，且在它们的身下，正是那两条托起升天台的蟠龙。看来，我们今天并不十分熟悉的句芒，在中华古代传说中扮演着重要的角色。

　　句芒之下是一个巨大的帷帐，帷帐里正在举行辛追的葬礼。西汉人并没有把人的死去当作"丧事"，而是把它当成死者进入极乐世界的过程和仪式。画面中的祈祷人群已在帐下陈设了特磬、钟、鼎、壶等礼器，灵帐中央的用丝织品覆盖着的墓主遗体，充分说明"升天"的是辛追的魂灵。

---

❶　见载于《左传》《礼记·月令》和《吕氏春秋·孟春纪》。

图 177 帛画中的禺疆形象

　　在祭祀礼器之下是一条界河，这就是传说中的冥河，它是阴阳之界。冥河两侧有一对口衔灵芝的螭龟❶，头部像鹰，长着弯弯的尖喙；尾巴如龟，背部还顶着硬壳，身体的一半在河水之上，一半在河水之下，意寓其肩负冥阳两界在负重爬行。螭龟是中国传统神话中出镜率很高的神兽，经常出现在考古出土的墓碑上、墓穴口做镇墓兽。但是，后世的人把它一分为二：螭龙做碑额，神龟做底座，螭龟后来成为墓碑的代名词。

　　在两只螭龟的后背，还各驮着一只鸱鸮。鸱鸮在《山海经》中曾有记载，外形与猫头鹰类似，在古代被当作死者灵魂升天的牵引者。但鸱鸮不会水，只能由螭龟

---

❶ 无角的龙首龟身神兽，出自《山海经》。

驮负。直到近现代的中国，仍有一些人认为猫头鹰入宅是死亡和不祥的征兆。除此之外，在冥界之内，散布着几只站立着的长有山羊角的怪物。从外形看，它们极有可能就是《国语》《孔子家语》中孔子所提到的"土中精怪"——羵羊。

在冥河下，是一个双臂擎举着冥界的巨人，他脚下踩着一条赤蛇和两条缠绕在一起的大鱼。此巨人又是谁呢？据《庄子》《列子》《山海经》等文献的记载，北极之海有水神禺疆，他足踏两条赤蛇，还可驱使神龟，亦是"玄冥之神"。虽然帛画上的巨人只脚踩一条赤蛇，但两手边均有神龟，而他身下的大鱼，正印证了《庄子·逍遥游》中记载的"北冥有鱼，其名为鲲"，亦是《列子·汤问》中提及的"终北之北有溟海者……有鱼焉……其名为鲲"。

无独有偶。现藏于上海博物院的战国禺疆铜印上的人物造型、动作和帛画中的巨人非常类似，脚下也是两条交叉呈 X 形的"蛇"或大鱼。因此，画中的巨人就是传说中的禺疆。它们都可以作为禺疆是中华神话体系中最古老的海神的佐证。

和 T 形帛画一同出土的还有一幅奇怪的帛画，叫《毛人图》。画上有一个彩绘的"人"，周身长满了长毛，头部残缺，两手划动，正向前奔走。没人知道它究竟是哪位人、神的形象。但令人意想不到的是，一些早年出土的东汉铜镜却揭开了它的身世之谜。铜镜上的铭文显示，这些长满长毛的生物叫"羽人"。修行后的羽人手持仙草，有的腾空漫游，有的化作天马。其中得道天马"王乔马""赤松马"正是两位道仙王子乔和赤松子。据《山海经》记载，王子乔是神农的雨师，可在火中自焚而不受伤害，被封为"右弼真人"；赤松子则是上古仙人，被封为"太虚真人"。很多古代文化作品如《封神榜》中都有他们的身影。

"羽人"在《楚辞》中也曾出现过。《楚辞·远游》中有一句"仍羽人于丹丘兮，留不死之旧乡"，表达了诗人屈原对仙人的景仰和对长生仙境的渴望；东晋王嘉所作的神话志怪小说集《拾遗记》中记载，燕昭王梦见自己和浑身羽毛的羽人聊天，并询问养心之术；而《山海经》对于羽人的解释比较详细，云"羽人之国，不死之民"，且生有 15 尺长的翅膀。羽人是中国古代神话人物中唯一长有翅膀的仙人，这和盘古、女娲、伏羲等神仙的区别很大。即使是敦煌莫高窟中的"飞天"形象，也是没有翅膀的。

图 178　马王堆棺画上的羽人形象

　　《山海经》上说，羽人的数量十分稀少，他们生活在山林之中，可以活到80～120岁。今天看来，"仙族"的平均寿命似乎并不算太高，现代人能活到八九十岁的不算稀少，达到120岁人类寿命极限的也大有人在。但在遥远的古代，人类的平均寿命不超过40岁，能活到80～120岁已经算很长寿了。在中国古代，道士又被称为"羽"，道士得道成仙获得不死之身叫"羽化"，这也是从羽人传说中提炼出来的概念。

　　从帛画上可以看出，在先秦时代，中华民族对于"神"的外观比较包容，他们千姿百态，有人形的、兽形的、禽形的，多目的、多耳的、多口的……不一而足。但到了5世纪，佛教和其他外来文化元素传入中国，以及一些游牧民族进入中原，对中国神话体系的发展产生了巨大影响。由此，神话人物的形象逐渐有了固定的外形。后来，经过不断吸收、融合、提炼和升华，最终发展成为完整的中华神话体系。

中华先祖通过对自然界的认知，形成了中国最原始的传统文化。而神话传说也作为传统文化的一部分成为最具中国本土特色、最久远的思想本源，它们历经千年仍一脉相承。而且，中国早期的"神"是祖先对自然进行构建的产物，非但不古板保守，还充满着自由主义和浪漫主义的色彩，无论是"精卫填海""夸父追日"，还是"后羿射日""嫦娥奔月"，都是如此。

9. 致命的尸毒与千年不朽之谜

当年辛追被发现的地方，其实就在今天湖南省人民医院的一个院区里。要进入墓区遗址，你需要买一张门票，从湖南省人民医院马王堆院区的大门进去，走广场左侧，大约100米左拐就到了。这里紧挨着医院的老宿舍楼，楼内仍然住着许多居民。马王堆遗址的售票处很像一个乡村小卖部，门口的牌子用纸制成。里面能看的东西不多，辛追和她丈夫的墓穴都已回填，只剩下一块石碑、两座山包以及空空如也的利豨墓坑。辛追的遗体和三座墓葬中所有的文物，都被搬到了位于长沙市的湖南博物院。

我在2018年、2020年两次来到湖南省博物馆（现名湖南博物院）地宫，近距离地感受了2000多年前的历史气息。博物馆中马王堆的精品文物很多，让人赏心悦目。但其中却有两种让我印象深刻又略感诡异的文物。第一种是陪葬的人俑，它们虽周身彩绘，却挡不住其面部怪诞的神情，给人的感觉是：有的苦大仇深、有的阴险诡谲、有的恐怖狰狞。很多木俑没有眼睛，只有一副苍白僵硬的面孔和冰冷麻木的表情。用人俑陪葬的初衷，本是让它们代替真人去另一个世界为主人服务，但这些人俑不但没有高度拟人化，而且很像直接幻化成人形的"魑魅魍魉"。

不仅如此，在众多人俑中，有几组是跪在地上的。这本来不奇怪，陪葬品中有很多造型各异的仆人俑，它们中有演奏乐器的，有拱手施礼的，有垂手听令的，但是这几组跪俑却完全不同：它们都低着头，双手被反绑背在后边，像是犯了什么滔天大罪，正在等候问斩的样子。在陪葬品中放进这样的人偶，有些让人匪夷所思。

第二种让人感觉头皮发麻的，正是辛追的遗体，尤其是她的面孔。在湖南省博物馆的地宫里，我见到了辛追的真容。地宫里光线昏暗，有些微凉。为了保护

图 179　长沙马王堆汉墓遗址前朴素的售票厅

图 180　马王堆汉墓中出土的人俑

图 181　马王堆 1 号墓出土的跪坐人俑

辛追的遗体，必须降低温度，也要少用灯光，拍照更是绝对禁止。地宫里的辛追远没有报道上说的那么安详。她的上身只围了一层薄纱，因此肥胖的身躯看起来非常明显；她的皮肤保持得不错，看上去很有弹性；比较扎眼的是两只很大的脚，这说明在汉代，妇女还没有缠足的习惯，更没有女人以脚小为美的说法。

在现场观看辛追的真容，会让人感到有些不适：她长着小眼睛、厚眼皮，眼间距很短，双目半睁；下面是蒜头鼻子，一副龇牙咧嘴、表情痛苦的样子，而且嘴歪向一边，两片发黑的嘴唇显得非常突出；最引人注目的是她肥厚的舌头，吐出来很长一截，而且向上打着弯，给人的感觉似乎她是被掐死的。

当然，辛追的死因医学专家早有结论：她因心绞痛猝死。汉代的贵族对甜瓜情有独钟，例如在西汉海昏侯墓中的刘贺体内，就发现了40多颗甜瓜子，但辛追是他们中的"佼佼者"，腹内有138颗半。这么多的甜瓜子在短时间内进入辛追的消化道，引起其胆结石发作，进而导致心脏病发作。按专家的结论，辛追肚子里的甜瓜子，推动了她死亡多米诺骨牌的第一张，是辛追致死的"元凶"。

既然是胆结石引发心绞痛导致猝死，按医学常识推断，死者不应该舌头外吐。有学者猜测，尸体腐烂后会排出气体，会导致舌头吐出。但是，人在死亡10分钟后，神经细胞已经全部死亡，单靠气体力量不足以推动舌骨。现代医学证明，通常只有因窒息死亡的人，才会舌头外吐。辛追五官挪位、歪嘴吐舌的表情，非常符合窒息死亡的特征。那么，辛追到底是因吃瓜致死，还是另有玄机呢？

其实，从辛追胃里的甜瓜还没消化就突然死亡来看，倒是很符合中毒身亡的症候。一般来说，食物进入胃部只需要一分钟，胃排空甜瓜子需要一到两小时，而剧毒药物在几分钟内就能发挥作用，因此中毒者来不及消化食物就会暴毙。但是，中毒不会让死者吐舌，只有窒息才会。会不会是她在专心吃甜瓜的时候被人掐死了呢？从这种假设出发，再去寻找动机：辛追的丈夫利苍是监视长沙王的相国，常年向朝廷密报国王的一举一动；同时他又是置英布于死地的主谋，仇家自然不会少。如此说来，动机也算合理。

根据现代医学研究，动物包括人类在极度惊恐和痛苦的时候，体内的生物化学系统会大大改变。它们的身体被刺激后，全身会立刻充满有毒物质。例如牛、羊在遭受宰杀前的一刻，整个身体尤其是血液和组织液里充满了毒素。而在辛追的棺液之中，就弥漫着致病的毒素。时至今日，只要专家还不能解答所有的问题和疑惑，有关辛追死因的争议和有关这段历史的开放式猜想，就会一直进行下去。

自从盗墓小说和影视剧风靡一时，"尸毒"这个词开始被大家所熟知。在这些作品里，让人谈之色变的尸毒会伤人身体、夺人性命。关于尸毒的传说，早就有相关的文字记载。据元代文献《庶斋老学丛谈》记载：南宋末年，洛阳有一名盗墓贼盗挖了宋太祖赵匡胤的墓。他撬开棺盖，一眼就看到太祖腰上的镶金玉带。因尸体太重，盗墓贼无法挪动尸体取出玉带，于是他把绳子的一端套在太祖背上，另一端套在自己的脖子上用力后仰。然而就在这一压一拽之间，尸体口中突然喷出一股红色液体，正中盗墓者面门，从此他就成了"朱漆脸"，怎么洗都洗不掉。

有关尸毒的记录不仅出现在古代文献中，现代也曾出现过。2004 年印度洋海啸的时候，菲律宾一位姓陈的医生参加灾区的医疗救援，却不幸感染了尸毒。虽通过大量注射抗生素最终保住了性命，但他的手上却长满了奇怪的斑点，尸毒在他身上留下了永久的印记。但实际情况到底如何呢？尸毒真的存在吗？马王堆汉墓中的千年不朽女尸，给我们提供了一个线索，解开了若干个谜题。因为在浸泡辛追的棺液之中，就弥漫着可怕的"尸毒"。那么，这种不明液体到底含有什么神秘成分呢？

在湖南博物院提供的《马王堆发掘报告》副本中，披露了一个鲜为人知的考古故事。马王堆汉墓被打开后，考古专家发现一具被丝织品包裹得严严实实的女尸，被浸泡在大量的不明液体之中，这些液体被称为棺液，在接触空气之后呈现出诡异的深红色。

经检查，女尸的内脏曾轻度腐烂，但不知什么原因，腐烂突然中止，这才有了马王堆千年不朽女尸的传奇。关于尸体不腐的原因说法很多，但有一点可以肯定：棺液是尸体保存下来的关键。专家们小心翼翼地把女尸从内棺中抬出，棺液也收集起来一起运走。为什么要运走棺液呢？尸体被运到实验室后，要重新泡在原来的棺液里。女尸能在这种液体中完好地保存 2000 多年，足见其防腐效果的强大。所以，没有比棺液更好的保存"神器"了。

当然，专家们也深知尸毒的厉害。他们在搬运尸体、倒运棺液的时候，都戴着面罩、手套，并且穿着全封闭的防护服，不敢让皮肤直接接触到尸体和棺液。但是，要揭开女尸的千年不朽之谜，专家就必须打开层层叠叠的裹尸布，但这却遇到一个大难题：裹尸布由丝织品制成，长时间浸泡在棺液里已经朽化，不但裹尸布的各层粘在一起，最里层也和尸体粘连，几乎无法剥离。

这项困难的工作交给了一位来自北京的专家。为了保护女尸不被破坏，专家决定采用"开天窗"的办法。所谓"开天窗"，就是用手术刀在裹尸布上先开一个小口，然后以小口为中心，一层一层地逐步扩大拆解范围。为了不让手术刀划到女尸脸部的皮肤，专家冒险摘下了右手的胶皮手套。他一边用手术刀在布上割口，一边用手指查探刀口到女尸脸部的距离。这样一来，他的右手就直接触碰到了沾满棺液的尸体。

这是一项极其困难又耗时的工作。最后，专家终于把尸体完好无损地取了出来。然后他马上用消毒水和肥皂反复清洗手上的皮肤，不放过每一处。但是，那种酸臭的尸体气味却始终挥之不去。后来他回到北京，这种酸臭味仍然如影随形，怎么洗也洗不掉，就像长在了手上。几天后，他右手的皮肤开始发痒，并且起了一种怪癣，用什么药都无济于事。还好专家没有放弃，经过几年的治疗，他才成功地把手上的癣除掉。通过这件事，考古工作者认识到了尸毒的厉害。

看来尸毒的确存在。那么，它是如何产生的呢？人死后，尸体在人体内微生物的作用下腐烂分解，生成一种特殊的酵素，这种酵素如同催化剂，会导致尸体加快腐烂。在这个过程中会产生大量的有毒物质，这其中既有病毒，也有霉菌，这就是尸毒。尸毒会随着尸体水分的蒸发而蔓延到整个墓室，形成所谓的尸气。尸气的主要成分是有臭味的硫化氢、有刺激性气味的氨气，以及无色无味的甲烷和二氧化碳，等等。尸毒会随着尸气飘落到地面的物体上。

尸体被微生物分解必须要有氧气的参与。马王堆1号墓封闭严密，墓内的氧气极其有限，再加上棺液本身就有防腐作用，所以尸体只腐烂了一点儿就终止了。但是，已经产生的病毒、霉菌和毒素却溶解在水里，经过 2000 多年的浸泡，形成了浓度很大的尸毒。尸毒中的霉菌是一种真菌，是真核生物，汞和砷也对它无可

图 182　周身彩绘的辛追内棺

奈何。但值得庆幸的是，马王堆女尸被层层包裹，尸毒才没有随着尸气扩散到整个墓室，否则考古人员将面临极大的危险。

至于马王堆女尸神秘棺液的成分，专家根据化学检验已经给出答案：棺液中含有大量的朱砂，所以液体才呈深红色。而朱砂的主要成分是汞和砷，汞俗称水银，而砷是砒霜的主要成分，这些都是对人体有毒害的，但却是很好的尸体防腐剂。研究人员还在棺液中发现许多中药成分，这说明墓主人生前经常服用丹药，而朱砂也是古代炼制丹药的主要原料。朱砂中的汞和砷虽然杀不死病毒和霉菌，却能杀灭分解尸体的细菌，从而保证尸体千年不腐。所以，女尸虽然有毒，却千古长存。

10. 入侵墓内的神秘生物

马王堆汉墓出土了世界上最轻薄的"连衣裙"，即重量只有 48 克的素纱禅衣。但当考古专家打开这件"连衣裙"的时候，从里面掉落了一些神秘生物的干尸。

发掘现场的考古队员们对动物学并不精通，他们只能确认这是昆虫的尸体。随后，北京昆虫研究所的科学家们通过显微镜观察发现，这些昆虫的长度大概只有 1 厘米，椭圆形，背部呈黑色，全身长毛。由于肢体已经残缺，很难辨认细节。幸运的是，专家在大墓的其他角落发现了一些它们的幼虫。显微镜下的昆虫特征十分明显，专家很快就辨认出这是一种皮蠹科的昆虫，学名为钩纹皮蠹。

钩纹皮蠹俗称蠹虫，是一种常见的蛀虫。2000 年对地球生物的演化来说是非常短暂的，因此钩纹皮蠹的外观和今天的钩纹皮蠹相比没有任何不同。它们的食物结构非常广泛，最爱吃的有干鱼、咸肉、生丝、蚕蛹，各种皮毛制品、服装，还有一些谷类和豆类，它们可以在很短的时间内将这些物品消耗殆尽。蠹虫类的昆虫在今天也很常见，比如在潮湿环境下的衣物中、书柜里都能发现它们，但在2000 多年前的古墓中发现这种蛀虫，就让人感到非常不可思议，因为那时中华大地上还没有这种蠹虫出现。

据史料记载和相关的生物考古研究，钩纹皮蠹的原产地是美洲，而美洲是 15世纪末才被发现的新大陆。钩纹皮蠹是在 20 世纪 60 年代，通过英国和美洲的贸易传到英国的，而后通过远洋船只扩散到世界各地。

钩纹皮蠹传到中国是在改革开放后，距今不过 40 余年。既然钩纹皮蠹在我国的历史如此短暂，那么它是如何出现在 2000 多年前的汉墓中的呢？美洲和中国隔着浩瀚的太平洋，2000 多年前人类的力量还不足以建造越洋的大船，因此两片大陆间很难建立起人类交流、货品贸易和远洋运输。

钩纹皮蠹还是一种性情超级懒惰的昆虫，平时基本都藏在衣缝、皮革的角落和夹层里。它既不愿意飞，也不愿意跑，绝大多数时候待在一个地方就不会再动，只能人为地把它带走。那么，原产美洲的"懒虫"又如何能横跨大洋出现在中国呢？

中国历史上最早的出海远洋记录是郑和船队下西洋，距今不过 600 年左右。在汉代，我国与美洲还未建立贸易往来，所以蠹虫由船只携带的说法被推翻。有专家提出另外一种推测：几十年前，钩纹皮蠹从美洲传到中国，并散落到全国各地，长沙地区当然也不例外。马王堆附近地面上的钩纹皮蠹经过雨水的不断冲刷，通过土壤慢慢渗透进古墓当中。也就是说，专家发现的是现代的钩纹皮蠹。

这种说法在现实中确有例证：20 世纪 80 年代，四川成都北郊的凤凰山上发现了一个汉墓，专家在墓中居然发现了西红柿的种子。众所周知，西红柿从明代才开始由西域引进中国，汉墓中怎么会有西红柿的种子呢？经调查发现，古墓上方有一片西红柿种植基地，而墓葬上方正好有一道裂缝，因此，基地里的西红柿种子被雨水冲进了墓穴。

但是，与凤凰山汉墓不同，马王堆汉墓的封土不但非常厚实，而且层次分明，多层封土、半米厚的木炭和一米多厚的白膏泥相互间隔，其间没有任何的缝隙。尤其是白膏泥，它作为一种黏性很大的高岭土，可以做到滴水不透。马王堆汉墓最初被发现的时候，施工的工人在封土上钻了一个很深的孔，孔内才喷出高压的气体。这需要大墓的密闭性非常好，才能把气体封在棺室之内，做到"密不透风"，更不用说厘米级的小虫子。它们无法穿透厚厚的防护层——封土、白膏泥、木炭和木椁进入墓室。因此，这种推测也同样站不住脚。

线索很快"破土而出"。专家在棺、椁之间的夹层里发现了 5 个竹编的小箱子，箱中放有一些随葬物品，包括服装、食品等。在这里专家也发现了钩纹皮蠹的身影，而且数量还不少。如果它们是从墓外侵入，不但要打破深深的防护土层，还要穿透椁木，进入到棺椁之间的空隙，再钻入编织得非常细密的竹箱当中，这几乎是不可能的。

专家仔细观察后发现，竹箱中既有成虫，也有幼虫，甚至还有幼虫蜕掉的壳。这说明钩纹皮蠹在这里已经生存、繁衍了相当一段时间，经历了从幼年到成虫的

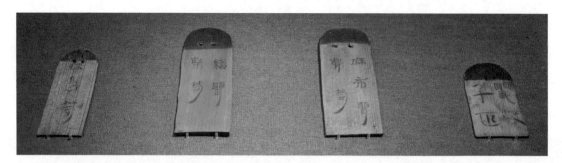

图183　马王堆汉墓中发现了装有绢、绵、麻等布帛货币的竹笥，图为标记为"麻布聂币笥"等字样的木标牌

整个成长过程。因此，竹箱中一定有适合钩纹皮蠹生长的环境和它们喜爱的食物。可让人诧异的是，箱子里既没有它们喜欢吃的动物皮毛，也没有它们常吃的衣物和木牍。

接下来的调查让人更感到意外。原来，这5个竹箱中所盛放的是29种肉类，以兔肉为主，还有串成串的鱼肉。这些肉都是烹饪好的，已被煮熟、炖烂，添加了各种味道的调料，被烹调出酸、甜、苦、辣、咸各种味道，做法有清炖、红烧、熏酱和炙烤。钩纹皮蠹居然长期生活、繁衍在这些装有熟食的竹箱里，而紧挨着它们的几个竹箱中满满地装着衣物，其中就包括那件著名的素纱禅衣，但钩纹皮蠹却视而不见。

为什么钩纹皮蠹选择了人类的食物，而放弃了自己的食物丝绸、衣物呢？难道熟肉对钩纹皮蠹的诱惑力更大吗？答案是肯定的。熟肉才是钩纹皮蠹最喜欢吃的食物，对这些小虫子来说，熟肉的诱惑力要远胜丝绸。而钩纹皮蠹之所以能够找到这些美餐，是因为它们有发达的嗅觉，很远就闻到辛追墓中熟肉发出的香味，这对它们形成巨大的诱惑，因此它们循味而来，在自己的最爱之地安家落户，繁衍生息。

如今，装在竹箱内的食物已历经2000多年，只剩下残骸，早就没了气味。按西汉时期的丧葬制度，在准备随葬品期间，尸体要在地面上停留1个多月。因此，钩纹皮蠹定是在食物飘香的时候，循着气味儿飞来，进入到大墓之中，而后又随着尸体下葬被封在墓穴之中。各方面证据显示，马王堆的钩纹皮蠹的确来自2000多年前的西汉。

既然当时中国与美洲间还没有贸易往来，那么钩纹皮蠹就没有扩散的条件。因此，越来越多的科学家对钩纹皮蠹源自美洲的结论产生质疑。最合理的解释是，钩纹皮蠹并不仅仅源于美洲一地，至少还包括2000多年前的中国，而且从考古证据上来看时间更早。只是它在美洲被发现后被人类记录下来的时间最早。

在20世纪70年代之前，我国历史上并未有过关于钩纹皮蠹的记载，但未经记录的物种，并不能否定它的存在。马王堆汉墓中的"奇怪生物"推翻了钩纹皮蠹原产美洲的结论，对之前的生物史学观点，包括昆虫起源进化树和迁徙的路线图，都是一种颠覆性的发现。

当然，也有一些考古学家和昆虫学家提出质疑，他们提出了"封闭域动物"的概念，即在一个封闭区域内生活的一种动物，很难向区域外扩散。例如在四川卧龙地区生活的大熊猫，以及仅在中国东北、西伯利亚地区活动的野生东北虎，它们都属于"封闭域动物"，在其他区域并没有发现过，所以钩纹皮蠹不可能是多起源地的昆虫。

如此说来，北美的钩纹皮蠹在2000多年前是怎么进入汉代大墓的竹箱当中，而后又被深埋地下，经过漫长的岁月，用干瘪的虫尸宣布它的存在的呢？

第六章

黄金冢物语：勘破海昏侯起伏人生

1. 地下金库的隐语

2011年春，南昌古玩市场里有一条"金龙"正在被出售。这件宝贝由纯金打造，做工精美，世所罕见，虽吸引了很多人的目光，却无人敢接手。因为龙在古代是帝王的象征，如果金龙不是赝品，那必然来自某座帝陵，十有八九为盗墓所得，而盗卖文物是严重的罪行。因此，尽管"金龙"珍贵无比，却有价无市、无人敢买。

但是，这条未被卖出的"金龙"却如同一块有魔力的磁铁，吸引了全国各地盗墓者的注意。他们敏锐地嗅到了这条"金龙"背后隐藏的玄机：南昌周边必有帝王级别的大墓。于是，蜂拥而至的盗墓者开始到处寻找"王的宝藏"。2011年3月，村民在南昌市观西村的一座山包上发现了盗墓贼打下的盗洞，公安机关和文物部门快速介入，从而撕开了这座西汉大墓的惊天一角。

据史书记载，南昌新建区一带曾是汉代海昏侯国的故都所在地，史称紫金城。这里原本就有许多古墓的遗迹，其中很多墓穴早已被盗。所幸的是，盗墓贼只打开了大墓旁的一个小墓穴，并盗挖了一些文物，古玩市场上的那

图 184　南昌汉代海昏侯国博物馆于 2019 年建成于鄱阳湖畔

图 185　古墓中出土的大量黄金

图 186　古墓中出土的大量金饼。大量黄金的出土让鄱阳湖畔的古墓俨然成为一座地下金库

条"金龙"就是出自此处。其实，盗墓贼的魔爪同时也伸向了主墓。虽然他们打穿了多层防护木板，深入大墓十几米，但因时间不够，最终没能打开主墓。主墓未遭破坏，这是不幸中的万幸。

考古专家对盗墓现场进行仔细勘察后发现，大墓上方有高大的封土，棺椁外有大量用于防潮、防腐的木炭和白膏泥，这是古代高规格的王侯墓葬才有的待遇。因此，2011年4月，国家文物局组织考古队，开始对大墓进行抢救性发掘。

专家发现，这里实际上是一个规模宏大的家族墓园，总面积约40000平方米，相当于汉代的100亩（汉代的一亩约合今400平方米）。墓园内分布着墓主人一家的9座墓葬和一个车马坑。在每座单人墓室上都建有独立的寝宫、厢房、祠堂、甬道、回廊等地面建筑，四周还有900米长的围墙。墓园内还建设了完善的道路系统和自动排水设施，如同给墓主人活着的时候使用一样。

经过5年多的考古发掘、10年多的整理和解读，这处2000多年前古墓的神秘面纱被逐渐揭开。大墓内琳琅满目，遍地是黄金、玉器、漆器、铜器、瓷器、竹简、木牍……近2万件的珍贵文物都保存完好，连失传了约2000年的古籍也得以重新面世。然而最令人叹为观止的是，在墓主人的内、外棺之间，一座黄金宝藏破土而出。这其中包括20块金板、25枚麟趾金、48枚马蹄金和385枚金饼，金器的总数量达到478件，总重量超过120公斤。在这些金器中，385块金饼创下了汉代黄金数量的"考古之最"。每块金饼重250克，上面有印鉴标明制造者的姓氏。根据金饼上的文字得知，这批金饼是祭祖时献给皇帝的酎金。汉代的酎金制由汉文帝制定，要求有封地的王侯按自己封地面积的大小和人口数量的多少来奉献黄金。每年八月，所有的皇室宗亲、诸侯藩王都要备足祭礼，齐聚长安，共同祭祀汉文帝的父亲汉高祖刘邦。此时的诸侯们马虎不得，纷纷献上高品质的黄金，给祭祖活动锦上添花。

为此，朝廷专门制定了一部法律，名为《酎金律》，为诸侯们用于献祭的黄金数量制定了严格的标准。根据规定，每一千口人须奉金四两，不足千人的余数部分，超过五百口的仍奉金四两，不足五百口的免奉，也就是四舍五入。另外，在

图 187　南昌汉墓出土的金饼有很大一部
分刻上了"酎金"的字样

南方偏远藩属之地有封地和食邑的，如当时的交趾❶、九真❷、日南❸三郡，可以用犀角、玳瑁、象牙和翡翠等当地的特产代替黄金。为表示对酎金制的重视，皇帝每次都亲自接受酎金，如果所献黄金的分量不足或成色不好，进奉者会面临被削减封地甚至被除国的惩罚。

　　汉武帝继位后，他开始以酎金不足为名削弱和打击诸侯的势力。公元前112年，因列侯中无人响应从军赴南越作战的号召，汉武帝就借口他们所献的酎金不合格，夺去了106名列侯的爵位。当时的丞相赵周也因知情不举而下狱，最后被迫自杀。此后，因酎金问题被免去爵位的诸侯、亲王越来越多。因此，从汉武帝开始，王、侯一级的高级贵族会储备大量的高纯度黄金，以备不时之需。古墓中的黄金本是墓主人储备的酎金，不想最终"未尽其用"，在自己死后做了陪葬。

　　在众多金器中，最引人注目、最有价值的当数马蹄金和麟趾金。据传，马蹄

❶　位于今越南北部，郡治在河内。

❷　位于今越南中部，郡治在清化。

❸　位于今越南南部，郡治在东河。

图188　马蹄金、麟趾金是汉武帝为纪念收获天马而铸，是特殊时代的产物，图为墓中出土的马蹄金

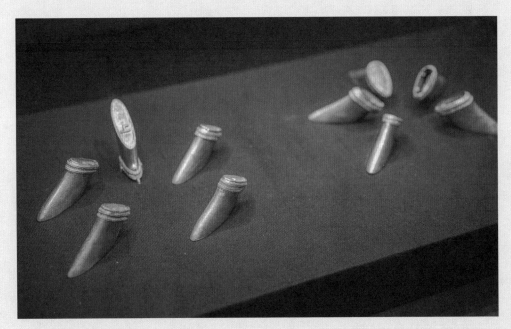

图189　南昌汉墓中出土的麟趾金。南昌汉墓中仅出土25枚嵌着玉石的麟趾金，和墓中其他黄金制品相比更为稀缺

图 190　写着"上""中""下"三等的马蹄金

金是汉武帝征服西域的大宛国后，为彰显收获天马之功而制，用于宫廷赏赐。武帝特意把黄金铸成底部内凹、内部中空的椭圆形，因宛如马蹄，故名马蹄金。在当时，谁能拥有一块武帝赐予的马蹄金，将是无上的荣耀。它是权力、地位和身份的象征，代表了皇帝的恩宠，因此历代权贵都对汉代的马蹄金趋之若鹜。

麟趾金是汉代的一种黄金铸币，为传说中麒麟蹄趾的造型，酷似今天去掉跟部的高跟鞋。麟趾金主要用来赏赐那些效忠皇室或有军功的大臣。当时麟趾金的产量很小，属限量供应，且在汉武帝死后就停止铸造，因此存世量极少，大墓中仅存的25枚更是"绝版"。可以做个比喻，马蹄金就是黄金中的"大熊猫"，而麟趾金是黄金中的"白犀牛"。

马蹄金和麟趾金这两种黄金铸币都在《汉书·武帝纪》中有明确记载。公元前113年秋，汉武帝在甘肃敦煌附近的寿昌湖畔得到了"宝马"，为此他专门作了一首《天马歌》。几年后，贰师将军李广利击败大宛，斩下大宛国王的头颅，并获取一匹纯种的汗血宝马。汉武帝喜不自禁，又作了一首《西极天马歌》。不久，

图 191　汉墓中发现的金板

汉武帝在甘肃天水的六盘山狩猎时，又得到白色的独角麒麟。为纪念种种祥瑞之兆，汉武帝下令将黄金铸成马蹄和麒麟脚趾的形状，专门用于赏赐诸侯和朝廷重臣。

墓中的马蹄金和麟趾金的做工非常精致。在金器的边缘，工匠用金丝编出各种造型，然后嵌入软玉或蛋白石，看上去美轮美奂。此外，马蹄金上还镶有琉璃。在汉代，琉璃是比玉石还珍贵的宝物，一般都掌握在皇室手中。

这些金制品还有成色分类，其表面分别刻有"上""中""下"字样。刻有"上"的金制品的重量最重，含金量也最高；而刻有"中""下"的金制品的重量和成色依次降低。经检测发现，马蹄金和麟趾金的含金量均在 99% 以上，而金板的纯度最高，达到 99.9%。高纯度的黄金必须经过多道提纯技术才能实现。那么，汉代是用什么办法把黄金提炼到如此高的纯度的呢？

墓中的马蹄金按黄金含量被分为上、中、下三等，并将等次铸于其表面。据检测，这些金器上均含有少量的汞，这说明古人是用混汞法来提纯黄金的。所谓的混汞法，就是工匠们把黄金磨成粉末溶解在水银里，然后再把水银加热使之蒸发，此时黄金中的杂质就会浮在液体表面，最底下一层则是高纯度的黄金。西汉时期，豫章（今江西北部地区）的黄金矿产十分丰富，《史记·货殖列传》和《汉书·地理志》中都有"豫章出黄金""豫章郡鄱阳、武阳乡右十里有黄金采"等记载。这说明，历史上的南昌地区金矿发达，而金矿的发达也促进了黄金提纯工艺的发展。

马蹄金和麟趾金由汉武帝下令制造，因此它不仅仅是皇帝的高级礼品和赏赐品，更带有极强的政治含义，能够得到它们的人"非亲即故""非显即贵"。从这一点来判断，墓主人生前不仅富有，其地位也非常尊贵。考古人员在大墓的主棺以及内、外棺之间还发现了 20 块金板，有专家认为它们是用于册封礼仪的"金册"，但上面却空无一字。不久后专家发现，这些金板都是用来做酎金的储备黄金，这是证明墓主人身份显贵的重要信息。

南昌的这座汉代大墓豪华、奢侈、多金，是迄今为止发现黄金数量最多、种类最全的古墓，远超过同时代的中山靖王、中山怀王两座王墓的金器总量。墓主人的身家之厚，证明了他身份的高贵和显赫。不过，随着考古的深入，专家们发现，"金库"对于墓主人的财富来说，仅仅是冰山一角、九牛一毛，巨大的宝藏还藏在墓葬的最深处。

2. 地下"豪宅"和带不走的巨款

到 2015 年年底为止，考古专家已在南昌汉墓内发掘了约 10000 平方米，这只占到总面积约 4.6 万平方米墓区的四分之一。但是，因为发现的随葬品太过密集，专家需要耗费大量时间来处理和保护文物。在历经 5 年的发掘后，一座地下"豪宅"慢慢浮出水面。

古墓的椁室大得出奇，面积达 400 平方米，是迄今为止我国考古发现的最大棺椁，并且椁室按照墓主人生前的居住情况做了居室化布局，即按 1:1 的比例复原了墓主人生前的居住环境。因此墓室高为 2.5 米，和我国现行的住宅设计规范里对卧室、起居室的最低高度标准一致。椁室内有卧室、大厅、过道、回廊、仓库，各个"房间"之间均有甬道相连。大墓的功能布局如此清晰，这在中国考古史上尚属第一次。

大墓的主椁室分为左、右两室。右侧是"卧室"，放置着墓主人的棺木，上有帷帐，下有起居用具，室内摆满连枝灯、博山炉、托盘、漆耳杯等生活用品；左侧是"办公室"兼"客厅"，是墓主人办公和宴请宾客的地方，内设屏风、几案、宴饮器具等。墓室内的照明系统十分发达，无论是厅堂、仓库还是走廊、甬道，都装有各式造型的青铜灯，全部点亮后，整个墓室内灯火辉煌，亮如白昼。

墓室的四周是回廊型的"库房"，同时也起到保护墓室的作用。"库房"有清晰而严密的功能分区，里面堆满了墓主人生前的"库存"。北回廊是钱库、粮库、服装库，西回廊从北到南依次是武器库、文书档案库和娱乐用品库，东回廊从北到南依次是乐器库、酒具库、厨具餐具库，靠近墓道口的地方还有东、西两个车马库；过道中间有用来鸣锣开道的礼仪车，类似于今天用来做引导的礼宾车，这在中国考古史上还是首次发现。

在"豪宅"的乐器仓库中存放着整套的乐器，包括两架用错金工艺制作的青

图192　位于南昌市新建区观西村的海昏侯墓园遗址

图193　南昌汉墓的墓室规模宏大、结构复杂，功能布局有严格的区分，图为墓室结构图

铜编钟、一架二十五弦的漆瑟，还有众多的排箫、笙、琴和一架铁质编磬，这是历史上第一次发现铁质编磬，以前出土的磬都是石质的或玉质。在这些乐器的附近还有众多的伎乐俑，相当于今天的歌手、鼓手和音乐师。这些编钟、管弦乐器和伎乐俑组成了一支完整而庞大的交响乐队。

"库房"里，一个"富豪"活着时该享有的物资应有尽有。除了供墓主人日常使用的消费品外，还有随时"侍候"的奴仆。墓葬中有各式各样的木俑和陶俑，都是为墓主人专门制作的，包括随侍俑、车马俑、仪仗俑和伎乐俑，从职业归属上来看相当于今天的助理、司机、仪仗队和演艺人员。这些俑形象生动、制作精美，被寄望于在另一个世界为墓主人提供各种服务。

该汉墓规模宏大，布局规整，随葬品奢侈豪华，称得上是地下"豪宅"。除了图案精美的漆器、工艺精湛的金银器和玉器外，项链、宝石等首饰更是不计其数，但最为丰富的是青铜器。除编钟外，共有铜鼎、铜壶、铜炉、铜镜、餐具、兵器、计时器等2000多件。丰富的陪葬品让专家惊叹于墓主人富可敌国的财力。但这算不了什么，因为比陆续出土的2万件文物多100倍的"宝贝"就要出现。

地下"豪宅"中的"钱库"位于远离墓道口的角落中，最为隐秘。打开"钱库"，映入眼帘的便是堆积如山的汉代五铢钱。五铢钱是汉武帝在废除各地诸侯铸币特权后，由中央朝廷统一铸造的铜钱，是西汉时期最通用的货币。这座古墓内的"钱库"，窖藏了200多万枚五铢钱，总重量超过10吨。

据《后汉书·食货志》记载，西汉时1斤黄金可兑换1万枚五铢钱，这就意味着这些五铢钱价值200多斤黄金，换算成今天的重量至少有50000克。

自战国前期开始，秦国就开始铸造和发行秦半两铜钱。按当时的计量单位，一两等于24铢❶，半两正好重12铢。西汉初年，官府仍沿用秦代的半两，但不久就因为财政匮乏，不得不实行货币减重，同时允许郡国和民间自己铸钱，以增加财政供给和货币流通。

---

❶　古代重量单位，1铢为0.673克。

图194 "钱库"里的铜钱堆积如山,考古人员夜以继日地数了半年才清点完

直到汉武帝时期的元鼎四年(前113),朝廷收回铸币权,统一制币标准为汉代的五铢钱,并集中在都城长安制造。五铢钱的重量在3.5克左右,轻重适宜、便于携带,所以700多年间,它成为历代王朝使用的标准货币,一直沿用到隋代。即使是唐代铸造的开元通宝和宋代铸造的带年号的铜币,仍然遵循着五铢钱的标准,即以"一文"作为最小的单位,并把重量控制在3~4克,这一标准延续了2000多年。

专家发现,大墓内的五铢钱款式并不统一,而是分为三类,分别对应汉武帝、汉昭帝和汉宣帝三个时期。钱币上"五铢"二字的字体虽然都是小篆,但字形方面有着明显差异:早期的"五"字中间部分笔画较直,和今天"五"的印刷体类似,而晚期的有一定弧度;早期的"金"字上半部三角空间比较大,而晚期则比较小。有趣的是,在这200万枚五铢钱里竟还有一枚错版币,铜币上的"铢"字

图195　汉五铢钱。汉武帝时期铸造的汉五铢钱成为后世铸钱的重量标准

印反了。这枚绝无仅有的错版五铢钱成为珍品中的珍品，目前收藏在南昌汉代海昏侯国遗址博物馆。

　　根据专家的分析，这些五铢钱都产自南昌本地。早在汉初，南昌就逐步成为全国最大的铜币生产基地之一。据《史记·吴王刘濞列传》中记录：吴王刘濞曾在属地豫章开采铜矿，后来在他的大力开发和经营下，豫章逐步发展为全国最大的铜币生产基地，即使吴国不征收赋税，仍然十分富饶。正因为刘濞手握资源，可以私铸铜钱，才有力量联络诸侯、召集天下亡命之徒，最终发动叛乱。

　　古墓铜钱的出土，还还原了一个有关中国钱币的历史真相，并颠覆了很多学者对中国钱币史的认知。如中国古代"千文一贯"的钱币制度长期被认为源于宋代，而南昌汉墓却以考古的实物证明，这种制度最晚始于西汉。这将中国"千文一贯"的货币制度由宋代推到西汉，提前了1000多年。

图196 南昌汉墓中出土的汉五铢铜钱，其中很多穿钱的绳子在出土时已经腐烂

其实，中国人很早就用绳子把钱穿起来。不过，根据文献记载，钱币在南北朝时才开始论贯。也就是说，之前用绳子把钱穿成串只是为了方便存用，直到南北朝时期才把它作为一个计数单位进行消费和流通。根据唐代杜佑《通典》记载：在南朝梁武帝年间，民间私铸铜钱泛滥，通货膨胀严重，百姓都觉得数钱太麻烦，就以贯计数。但是，从南昌汉墓挖出的巨量铜钱来看，《通典》的记载有失严谨，千文一贯，至少在西汉时期就已经十分普及了。

虽说历代都规定一贯钱的数量是 1000 枚，但实际上都没有这么多。官方在铸币、运输等环节会产生成本，因此每贯钱都有抽减。唐宪宗年间，一贯是 920 文，到了唐昭宗时期是 850 文。但民间通常使用的都是一贯 800 文。宋代沿用唐制，一贯钱以 800 ~ 850 文为标准，但地方上往往擅自更改和抽减，最少时一贯钱只有 480 文，还不到标准的一半。

北宋时期的经济比较发达，两贯钱可以折合一两白银，但地方上仍是抽减甚高。没办法，朝廷只好采取折中方案，以 770 文钱为一贯。按这个标准，《水浒传》中晁盖打劫的 10 万贯"生辰纲"，折合铜钱 7000 多万文，购买力相当于今天的人民币 3500 万元，但那也仅仅是古墓中"钱库"价值的一半。

不仅如此，古代的一贯钱有多少文还有地区差异。首都、大都邑和经济发达地区的数量要多一些，而偏远贫瘠的地区就少一些。例如梁武帝时期发行过一种 100 枚钱一贯的铜钱，叫佰，而实际数量不够 100。在长江以北、秦岭以东是 80 个，叫东钱，长江以南是 70 个，叫西钱，首都建康是 90 个，叫长钱，还有更少的才 35 枚钱。而"黄金冢"中出土的铜钱，都是标准的 1000 枚一贯。

"钱库"中堆积如山的五铢钱静静地躺在地下几十个世纪。2000 年间，钱堆曾坍塌多次，但出土时最高处仍有 1.35 米。在江西考古队中，负责清点这些铜钱的是一位考古学博士，他每天从早上 8 点数到下午 5 点，日复一日地持续了整整半年，才将这批铜钱清点完毕。

这是首次发现如此大额的古代"现金"，之前考古中能发现几百枚就算丰厚了。200 万之巨的汉五铢相当于汉代中期全国一年铸币总量的百分之一，墓主的身家之厚让人叹为观止。这些巨额钱财虽深埋地下陪伴墓主人 2000 多年，却因一次盗墓活动重见天日，最终成为国家和公众的财富，这也算是"前人栽树，后人乘凉"。

地下"豪宅"中，钱堆成山，金铺满床，而且许多随葬品只有帝王才能享有。比如车马坑中的青铜车马器均采用鎏金和错银工艺精心打造，雕刻着精美的纹饰，与《后汉书》中所载的"龙首衔轭"❶"王青盖车"❷相符合。而这是汉代皇帝或太子的座驾才能享有的待遇。那么，这个富有而显贵的人究竟是谁？他的人生有怎样不凡的故事呢？直到大墓发掘的第 5 年，考古专家在开棺验尸之后才得到确切的答案。

---

❶ 出自《后汉书·舆服志》，指马颈上的龙首人字形马具，仅供皇帝使用。

❷ 出自《后汉书·桓帝纪》，指太子、皇子的乘用车。

3. 墓主人身份之谜

在挖开这座"黄金冢"之前，专家就对墓主人的身份进行了猜测和初步认定。据史料记载，南昌汉墓的位置正处在2000多年前西汉海昏侯国的遗址上。古人把湖泊、大泽统称为海，如青海、洱海均因此得名。"海昏"中的"海"指彭蠡泽，即今天的鄱阳湖。而"昏"则是夕阳西下之意，指西方。海昏侯国是位于鄱阳湖西岸的一个小侯国，都城在今南昌市新建区一带。

"黄金冢"正处在海昏侯国遗址的中心。从墓中出土的大量黄金、珠宝、青铜礼器来看，有资格享有这么丰厚随葬品的只能是侯国的君主海昏侯。海昏侯的爵位世代承袭，一直延续到东汉，共传了四代。要判断墓主究竟是哪一代侯，还需要更多证据。

从前文可知，大墓的规制和随葬品的级别已远远超过一般诸侯。纵观历史，在南昌这个地方，符合这样身份的只有第一代海昏侯刘贺。

当然，要确定墓主人的真实身份，必须打开棺椁、开棺验尸才见分晓。2016年1月17日，墓主人的棺木被打开，考古队员在他身边又发现了大量的马蹄金、麟趾金、金饼和鎏金的龙形帷帐钩。而棺盖上的花纹十分诡异：有站着的朱雀、奔跑的人、温顺的小鹿、凶神恶煞的怪兽，配以怪异的线条、神秘的边饰，组合成梦一般的意境。

内棺中的陪葬品更多，只可惜棺

图197　镶有珍贵琉璃的马蹄金

344

图198 在古墓中发现一整套中国帝王的牙齿，这在中国考古史上还是第一次

木垮塌，把墓主人压成了"相片"，连覆盖在尸体上的被子和几十层衣物都被压成薄薄的一层。加上棺内大量泥土和地下水的重压，遗骸早已化成混合着木渣的泥状物，因此专家只能依靠随葬品的位置来判断墓主头、脚的位置。中国传统的阴阳学是北为阴，南为阳；足为阴，头为阳。所以生者睡觉时要"头北足南"，寻阴阳平衡，而亡者恰恰相反，是"头南足北"，墓葬中的遗骸正是遵循着这个朝向。

墓主人的头部被镶着玉璧的漆面罩覆盖，下面是他保存完好的牙齿。由于棺盖的重压，墓主的两排牙齿紧紧咬合在一起，上方还能辨认出一部分鼻骨的痕迹，这是至今为止发现的唯一一口完整的"帝王牙"。

大墓的内棺就像一个玉器库。遗骸周围层层叠叠地码放着大大小小的玉器，把内棺塞得满满的。墓主遗骸的手上握着两把金丝缠绕的玉具剑、一把书刀❶，

---

❶ 古代用于在竹简上刻字或涂改的刀具。

图 199　韘形佩

腰部佩有玛瑙带钩和佩玉，腹部还有食物的残迹。遗骸下铺着包金的丝缕琉璃席，上面放着 100 枚金饼。专家经过仔细调查发现，这座豪华壮观又金玉满堂的大墓中至少有 5 个证据显示，墓主人就是第一代海昏侯刘贺。

　　首先，墓中出土的韘（shè）❶形佩上刻有龙、凤、虎三兽。在古代，龙形玉器的拥有者至少应是皇室成员，而符合这一身份的，唯有刘贺；其次，墓中有大量的漆器、青铜上刻有"昌邑二年造""昌邑九年造"等文字，而在四代海昏侯之中，唯有刘贺做过昌邑王。不过，也有很多学者对此表示质疑：墓主人可能会僭制使用龙形器，而后三代海昏侯也完全可以继承刘贺的"昌邑造"遗产。

　　但是接下来的 3 个证据却很难被质疑：首先，出土金饼上有墨书的"海昏侯臣贺"与"元康"等关键文字，"贺"字直接指向第一代海昏侯刘贺，而"元康"是汉宣帝的年号，正好是刘贺生活的年代（前 65—前 61）；其次，墓中还出土了墓主及夫人呈送给皇帝、皇太后的奏章，署名是"海昏侯臣贺"和"元康四年六月"；最后，最有力的证据，是遗骸腰部位置的一枚白色玉印，上刻"刘贺"二字，这是判断墓主身份最直接的证据。

---

❶　古代射手套在手指上用来拉动弓弦的扳指。

图 200 刻有"昌邑"字样的青铜鼎，这是确定墓主人身份的佐证之一

刘贺是西汉的第九位皇帝，他的人生就如过山车般跌宕起伏。在世 30 余年间，经历了王爷、皇帝、平民和列侯 4 种身份的转变，其人其事，在中国历史上绝无仅有。刘贺的父亲是汉武帝的第五子刘髆，年幼时就被封为昌邑国王，领地在今天山东的巨野。刘髆去世后，刘贺承袭了父亲的爵位，做了第二代昌邑王。而后不久，汉昭帝驾崩，刘贺被大将军霍光扶上帝位。

刘贺本来和皇位毫无关系，但因汉昭帝没有子嗣，再加上权臣霍光的鼎力扶持，刘贺便当上了西汉的第九位皇帝。但好景不长，由于刘贺登基后只知享乐，不理朝政，因此在位仅 27 天就遭到废黜。就这样，一个安乐王爷意外中了"头彩"，登上了本不属于他的皇位，又在不到一个月后结束了他的帝王生涯。他成为在位时间最短的西汉皇帝，史称汉废帝。

其实，一生拥有四重身份的刘贺出身非常显赫，是一代霸主汉武帝刘彻的亲孙子，但他的父亲刘髆却在史书上鲜有记载。和刘贺一样，刘髆也有着一段悲催的人生。

"北方有佳人，绝世而独立，一顾倾人城，再顾倾人国。宁不知倾城与倾国，

图 201　刻有"刘贺"字样的螭纽玉印
是确定墓主人身份的决定性证据

佳人难再得。"这首脍炙人口、流传至今的词曲中所说的"佳人",正是汉武帝最宠爱的皇妃李夫人,这也是成语"绝世佳人"和"倾国倾城"的来历。诗曲的作者名叫李延年,出生在一个艺术世家,从小受家庭中艺术气息的熏陶,在音乐、舞蹈和填词方面才华横溢,但没有机会展现才华。起初,他只在宫中负责养狗,在酒后的一个深夜里写出这首流传千古的"金曲",得到汉武帝的极大赞赏。由此平步青云,官运亨通,被武帝封为协律都尉,俸禄达二千石,这是西汉大多数诸侯和九卿的俸禄标准。

李延年是典型的"创作型歌手",自己作词、自己作曲、自己弹唱,一时成为宫中红极一时的知名"音乐人"。而词中唱到的"绝代佳人",正是他的妹妹。经李延年安排,汉武帝见到了这位"倾国倾城"的佳人,纳为妃,极为宠爱。汉武帝虽嫔妃众多,但最宠爱的还是李夫人。

后来,李夫人给武帝产下一子,即刘髆。但儿子出生后不久,李夫人就因病撒手人寰。汉武帝爱屋及乌,同样宠爱此子。刘髆出生不久就被封为昌邑王,并且经常得到武帝的丰厚赏赐。要不是嫡长子刘据的太子身份早定,汉武帝很可能会让刘髆继承大统。

不仅如此,汉武帝对李夫人的娘家人更是格外关照。李夫人的大哥李广利被任命为"贰师将军",继卫青后执掌军权,权倾一时。而李广利的儿女亲家正是汉武帝之侄、当朝丞相刘屈氂,二人联手,可谓权倾朝野。李广利极其渴望外甥刘髆能坐上太子的宝座,有朝一日能登上大统,这样他的家族就都成了皇亲国戚,能够世享荣华。于是他和刘屈氂串通密谋,寻机废黜已做了 30 多年太子的刘据。

刘据为皇后卫子夫所生,是汉武帝刘彻的嫡长子,是无可争议的皇位接班人。但随着刘据成年,父子二人的性格和治国理念差距越来越大,产生的矛盾冲突也越来越明显。太子反对汉武帝穷兵黩武,倾向于休兵止战,惹得汉武帝暴跳如雷,

图 202　刘贺继承了李氏家族喜弹奏的音乐基因，图为海昏侯墓中出土的青铜编钟和编磬

一度有了废刘据、另立新储君的想法，而刘髆正是最佳人选，但这一切都在一场腥风血雨中完全改变。

汉武帝到了晚年昏聩暴躁，偏听偏信，终于导致"巫蛊之乱"❶爆发。刘屈氂认为这是上天给予他们的最好机会，于是诬陷刘据篡位叛乱，汉武帝信以为真。结果，皇后卫子夫和刘据先后自杀身亡，刘据的3个儿子和一个女儿全部遇害，只有一个刚出生几个月的孙子刘病已逃过一劫，作为全国年龄最小的人犯被投进了监狱。如今储君之位空虚，而汉武帝的6个儿子早亡的早亡，犯罪的犯罪，年幼的年幼，此时刘髆是唯一有希望成为太子的皇子。

然而，雄才大略的汉武帝很快幡然醒悟，后悔自己听信谗言害死刘据，并洞悉李广利和刘屈氂的图谋。手握兵权的外戚图谋拥立外甥为储君，觊觎皇权，本身就触犯了天子的大忌。最后，刘屈氂被腰斩，李氏被灭族，但在外征讨匈奴的李广利侥幸躲过一劫。他在行军途中得知凶讯后，便举兵投降了匈奴，不久也被匈奴人所杀。刘髆因此被汉武帝厌弃，彻底断绝了被立为皇储的可能。

虽然刘髆没直接参与密谋，也未必有当皇帝的野心，但他无疑是当事人和被利用的工具。而且，刘髆在整个事件中不检举、不揭发、默许舅舅的行为，导致汉武帝对刘髆的态度发生了根本性的转变。所幸汉武帝尚对早逝的李夫人情深意长，才没有治他的重罪，但刘髆已宛如惊弓之鸟，惶惶不可终日。第二年，失宠的刘髆在惊恐中去世，终年不过二十出头。

汉武帝别无选择，只能立八岁的幼子刘弗陵为太子，又因担心重演汉初吕后的故事，便命人杀死了刘弗陵的生母，让霍光、桑弘羊、上官桀等托孤大臣辅政。两天后，汉武帝去世，刘弗陵在霍光等人的辅佐下登基，这就是汉昭帝。可是，自汉昭帝开始，刘氏家族仍没有逃过小皇帝任人摆布的宿命。杀光宦官，来了外戚，除尽外戚，还有权臣。10年来，刘弗陵一直活在托孤大臣霍光的阴影之下，也只活到二十出头就驾鹤西去了。

---

❶ 公元前91年，由江充诬陷太子用巫蛊诅咒汉武帝而引发的战乱。

　　刘贺是家中的独子，父亲去世时他才不过四五岁。从少年时代的锦衣玉食到家族遭受重大打击，父亲忧愤而死，他经历了人生中的第一次重大变故。但刘贺还算幸运，新皇帝并没有再追究刘髆一家，因此年幼的刘贺顺利地继承了昌邑王位，一直到十几年后继皇帝位。刘贺本来没有任何继承皇位的机会，但汉昭帝膝下无子，霍光在无奈中从皇族里选中了他。不想龙椅还没坐热，刘贺又被推他上位的霍光弹劾而遭到废黜。

4. 海昏侯之"昏"

《汉书·霍光金日磾传》中对这一段的记录可谓简洁而传神:"贺者,武帝孙,昌邑哀王子也。既至,即位,行淫乱。"于是,连扶他上位的霍光都忍无可忍,遂联合众臣奏请太后下诏,于当月废黜了刘贺。刘贺被即刻贬为平民,赶回昌邑老家,亲历了从高山到深渊的人生巨变。那么,这位史书上记载的昏君海昏侯究竟有多"昏"呢?

首先,刘贺在获知自己要当皇帝的喜讯后欣喜若狂,毫不掩饰心中的得意与兴奋。他立即带领200多名部下,出动300多辆马车全速赶往京城。除了谋士、侍从、保镖和司机等部下外,他还自带厨师、女友、玩伴以及专会阿谀奉承的马屁精。刘贺在途中继续培养"飙车"的爱好。据《汉书·武五子传》记载:刘贺中午出发,晡时(下午三点到五点)就赶到定陶❶,几个小时跑了135里,马队中的马沿途累死了一大片。

其实刘贺这些"年少轻狂"的失态行为并不算什么大事,真正让他跌落帝位的原因是,他被霍光定性为"荒淫迷惑,失皇帝礼仪,乱汉制度",并被列了1000多条罪状。让我们来看看《汉书》上记载的几项"大过"。

刘贺在国丧期间大逆不道,偷着吃肉。按理说,刘贺的皇位受于昭帝,昭帝又是他的亲叔叔,基本的孝道礼节还是要讲的。但是,平时吃惯了精细美食的刘贺受不了守孝期间的清简素食,就向宫中索要荤食。但食监官❷铁面无私、坚持原则,他说:"居丧未满,不能按平时的饮食标准供应。"刘贺便令昌邑来的"自己

---

❶　今山东省菏泽市定陶区。

❷　西汉时期掌管御用膳食的宫官。

人"出宫，从市场上买回猪肉、鸡肉，在寝宫内与随从一同偷偷享用。后来，刘贺觉得人多肉少不够分，索性带领昌邑部下偷吃祭品。刘贺还觉得光吃很无聊，于是吹奏起欢快的乐曲来助兴。

强抢民女，荒淫无度。霍光在声讨刘贺的奏章上说：刘贺在进京的沿途劫掳了十名女子，并拉到"衣车"中藏匿。所谓"衣车"，既可作为运输刘贺服饰进京的专用车辆，又可作为途中换衣服的"更衣室"。刘贺抵达京城后，朝中谏臣问及此事，刘贺辩解说自己并不知情。但是，即便是手下人揣摩上意、为迎合主人而自作主张，刘贺也难逃治理属下不严的过失。对于大汉皇帝来说，坐拥后宫佳丽三千，又可公开选秀，用鸡鸣狗盗的手段劫掠民女就太过猥琐，因此影响极坏。

任用昌邑旧臣。上百名同刘贺一起进京的昌邑部下均被赐予爵位或任命为官员。刘贺把最信任的原昌邑相安乐封为长乐卫尉，负责戍卫太后居住的长乐宫。这本算不得一条罪状，俗话说"一朝天子一朝臣"，古代做官的人都喜欢用自己的旧班底，何况是一朝皇帝。皇宫对于刘贺来说是一个陌生的地方，他对京城的大臣并不熟悉，能信任的只有自己的老部下，用自己人更顺手、配合更默契，也更放心。从情感因素上讲，"一人得道，鸡犬升天"，主子当了皇帝，手下人加官进爵也在常理之中。但问题是，长乐宫并不是皇帝居住的寝宫，而是上官太后的居所，这就很值得深思。

霸占玉玺。据《汉书》记载，刘贺自当上皇帝就天天抱着玉玺不撒手。玉玺本来就是皇帝的印鉴，这难道也是罪过吗？其实，汉朝设有专门保管玉玺的官员符玺郎，皇帝有用玺需要时才把玉玺拿出来，因为皇帝会换，而皇权"千秋万代"。但初尝皇帝滋味的刘贺，由于过度兴奋，抱着玉玺睡了两晚。按今天的话讲，是违反了宫中的"印鉴管理规定"，但这不能算作一项大罪，刘贺更不至于因此被废。不过，他的行为暴露了幼稚、贪婪、不守规则又缺乏自控力的缺点。

当然，刘贺的"罪状"绝不仅仅是这四项。例如，他在汉昭帝病重期间没有表现出一点悲伤，照常骑马游猎，与自己的"司机""厨师"一同玩耍；相反，刘

图 203　海昏侯出行所用的鼓乐仪仗车，墓中还出土了使用鎏金、错金工艺制作的全套车马器

贺在国丧期间用太牢之礼❶来祭祀生父刘髆，尽显孝道。这等于变相否认自己被过继给昭帝、继承昭帝皇位的事实，因此被霍光指控"不敬孝道"之罪。除此之外，刘贺还频繁下诏，向朝廷各部门索要物品，规劝者皆遭到惩罚；他威胁后宫总管，若不听命于自己就会被处以腰斩之刑；他让驭手驾着皇太后专用的马车，在昭帝嫔妃居住的后宫嬉闹作乐，年仅 14 岁的上官皇太后也因此受到惊吓；刘贺甚至丧失人伦，和先帝的宫女发生奸情……得意忘形的刘贺已彻底迷失在突如其来的权力狂欢中。

　　这就是史书上的"汉废帝"刘贺，身上贴满了"差评"的标签：荒淫、放纵、不学无术、无法无天、愚傲无礼……据《汉书》记载，刘贺在位 27 天，做了

---

❶　古代最高规格的祭祀之礼，使用牛、羊、猪"三牲"。

1127件"坏事"。但是，这可能吗？真若如此，刘贺从登基开始，平均每天需要做40多件"坏事"。就算24小时不眠不休，每小时也要"荒淫"两次，而且件件连贯，连绵不断，难道刘贺是"使坏机器"不成？

后世很多学者都对此提出了质疑。如司马光在《资治通鉴》中认为，刘贺有可能是一个"狂悖""荒唐""不务正业"的人，他的品质和修养与一名君临天下、受万人景仰的皇帝标准相差甚远，但却绝不可能在27天内犯下1000多件"罪行"。2000多年后，对刘贺的人生评价

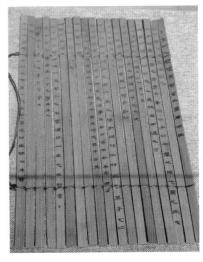

图204 海昏侯墓中出土的齐版《论语》对今版《论语》内容进行了更正和补充

将随海昏侯墓的发现而完全反转，尘封的历史逐渐浮出水面。大量出土文物证实，刘贺绝不像《汉书》所记录的那样昏庸无能，而是一名有文化、懂情趣的"文艺青年"。

海昏侯墓中出土了大量的竹简，其中包括《论语》《诗经》《礼记》《易经》《春秋》等多部儒家经典，均是刘贺生前爱看的书，可见他并非史书上所说的不学无术之徒。在古代，诸侯王死后大多会陪葬金银铜玉，陪葬书籍的很少，只有学问很深的饱学之士才会随葬大量的简书。这向人们展示了一个与史书记载不同的、热爱读书、博学多才的文人形象。

墓中的竹简书表明，刘贺从小就受过良好而系统的教育。在他被废时，霍光引用《孝经》中的"五辟❶之属，莫大不孝"来指责刘贺在服丧期间吃肉的"不孝"。但刘贺毫不示弱，马上针锋相对，还以颜色，也随口引用了《孝经》中的另

---

❶ 指墨、劓、剕、宫、大辟等五刑。

一句："闻天子有诤臣七人，虽无道不失天下！"刘贺痛斥霍光：你用《孝经》来指责我不孝，那你又做了臣子该做的了吗？你既然知道我做了1000多件错事，却事前不提醒，事发不劝阻，事后不告诫，突然发难，安的又是什么心呢？刘贺的回答是"以子之矛，攻子之盾"。这说明刘贺不但早已对儒家经典熟记在心，而且能活学活用。14年后，这本既有霍光指责又有刘贺反击语句的《孝经》被当作陪葬品放在身旁，此中原由令人深思。

在刘贺尸骸腰部的右侧有一把书刀。书刀是用于在竹简上刻字或改字的"刀"，不使用时就用带子系在腰间。书刀最初由青铜制造，汉代改用铁制。皇帝常把书刀赏赐给臣下，以勉励其学习。刘贺以书刀陪葬，说明他生前很重视这些书写用品，他的生活环境中书卷氛围很浓厚。

能够证明刘贺勤学好读的另一件文物是玉簪笔。它首先是一枚玉簪，平时别在头髻上，用作日常整饬仪容的饰物；但它更重要的作用是书写，方便随时记录。在古代，玉簪笔是文人雅士才会用到的东西，无论是摘抄精彩佳句还是随手记录所观所闻、所思所想，随时可以从发髻上取下玉簪笔进行书写。这支有装饰功能的"笔记专用笔"出现在墓中，说明刘贺平时注重读书和思考，有较高的文化素养。

海昏侯墓中还出土了一面绘有众多圣贤画像的穿衣镜，这是勉励镜主人要照镜自省，以圣贤为榜样。专家推测，刘贺每日都会在镜前审视自己的衣冠形象，在镜后看圣贤们的言行事迹，把自己的言行与圣人做对照，做到"三省吾身"，从而达到"见贤思齐"的目的。这面穿衣镜就放置在墓室内的床榻旁，表明这是他生前最喜欢、最常用的物品。从这些文物推断，刘贺并不是一个不学无术的纨绔子弟，而是一个饱读经典、有深厚文化素养的雅士。

刘贺墓中既有许多学习和办公用品，如书案、镇纸、笔墨、砚台等；也有生活气息浓厚的日常用品，如精美的青铜雁鱼灯、博山炉、铜镜等。尤其是餐具和酒具，不但品种齐全，而且科技含量很高。其中的制酒器、存酒器、饮酒器和温酒器，贯穿了蒸馏酒从生产到消费的整个流程。墓中还出土了史上最早的青铜火锅、用来给蘸肉调料保温的染器，以及世界上最古老的"清酒"残渣，可见刘贺

图 205　海昏侯墓中出土的青铜
雁鱼灯。内设导烟系统，可将
油烟引入盛满水的雁腹中

生前的日常饮食非常讲究品位。

　　刘贺不但研读儒家典籍，追求生活品位，同时也爱好广泛。海昏侯墓中出土了成套的编钟、编磬、排箫、琴、瑟、笙，这些乐器足以配齐一支古代的管弦乐队。墓中还有围棋、六博棋❶、投壶等文娱体育器材，可见刘贺也喜爱音乐和文体活动，注重生活情趣。

　　不仅如此，刘贺还收藏了大量的珍贵古董。西汉时能称为古董的，至少是周代的宝贝，比如西周的青铜提梁卣❷、东周的青铜缶❸、战国时代的透雕龙虎玉佩等。除此之外，墓中还出土了大量的佩剑、箭弩、盾牌、战车等武器装备，说明刘贺也喜军事、尚武力。

　　从海昏侯墓出土的文物看，刘贺绝不是霍光所指责的那个一无是处的昏君，也并非史书所记载的无知愚蠢之辈。相反，他平日里饱读儒家经典，颇有文化修

---

❶　春秋战国和秦汉时期最为流行的棋戏，常用于赌博。

❷　商代和西周用来盛放祭祀用酒的容器。

❸　大肚小口的青铜容器，有盖，用来盛水或酒。

图206 海昏侯墓中出土的西汉鎏金青铜博山炉，在汉代作为香熏炉使用

图207 海昏侯墓中出土的染器，是一种用来盛放调味酱的温器，进膳时将肉直接放入染器中与调料一起加热

图208 海昏侯墓中出土的青铜蒸馏器，用于制作清酒

图209 海昏侯墓中的西汉青铜温鼎可能是世界上最早的铜"火锅"

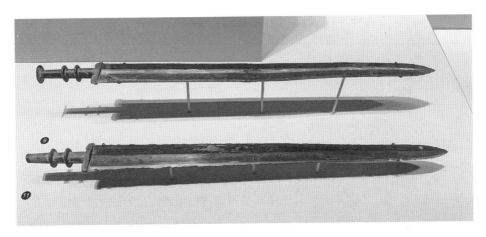

图 210 海昏侯墓中出土的刘贺的青铜佩剑

养和艺术品位。只是历史没有选择让刘贺成为一名文学家、艺术家，而是让他去经受更大的起伏与波澜。刘贺之所以被霍光废黜，并非因为昏庸，而是缺乏政治经验。刘贺自身有太多的缺点：自制力低、贪图享乐，没有政治经验，更缺乏韬光养晦的心机，他离成为一位强大的统治者还相差甚远。刘贺的悲惨结局和他的性格缺陷有关，他在没有站稳脚跟、大权独揽的时候就锋芒毕露。事实上，6年之后霍光就病逝了，而彼时刘贺不过二十来岁。

5. 海昏侯的结局和家族"魔咒"

刘贺被扶上帝位后，仅过了 27 天就被废黜，被贬为庶民后遣回故国昌邑。不过，此时的昌邑国已不复存在，取而代之的是由朝廷直辖的山阳郡。刘贺被软禁在自己的府邸内，不得不接受从王爷到皇帝，再由皇帝变成百姓的人生起伏和巨大落差。不过皇太后格外开恩，赐给刘贺两千户食邑，刘髆以前留下的丰厚家产也悉数还给刘贺，这使得刘贺能够做一个衣食无忧的富家翁。

但是，汉宣帝刘询对刘贺这位"前任"仍有猜忌、防范之心，他命令地方官对刘贺严加管制。之后的 10 年里，刘贺在严密的监视下苦熬岁月。不过几年的光景，刘贺早已今非昔比，府中情形大变。负责"监视居住"的太守张敞向宣帝汇报说，刘贺宅邸的大门平时紧闭，只开一个小门用于进奉食物。除一人可以出门购买日常生活用品外，其他人都不能随便出入。

据《汉书》记载，和刘贺一起被软禁在旧王府的还有他的家人。包括 16 名妻妾、10 名歌舞伎和 183 名奴仆，但刘贺似乎觉得人丁还不够兴旺。既然不能开门迎客，刘贺就闭门繁衍后代，创造了三个"十一"：即在 11 年间和妻妾们生了 11 个儿子、11 个女儿。刘贺因过度纵欲，导致精神颓废、面容憔悴，终日无精打采。

张敞也曾多次登门察言观色，试探刘贺是否有怨言或不臣之心。但他却发现，刘贺早已抑郁成疾，几乎变成一个废人。当时刘贺只有二十来岁，但已肤色青黑、须眉脱落、两眼无神。他虽然身材高大，但下肢的肌肉已经萎缩，走起路来一瘸一拐，严重影响生活起居。刘贺见张敞到来，连忙颤巍巍地跪下答话。他穿着短衣大裤，仪表邋遢、举止迟钝。在张敞看来，刘贺已经颓废且重病缠身，对汉宣帝已不具有任何威胁。

汉宣帝见刘贺已身心俱废，再无复辟的可能，而且自己早年也曾命运多舛，可谓同病相怜，于是他对这个堂叔动了恻隐之心。再加上汉宣帝刚刚铲除霍光家族势力，正意得志满。为表现自己胸襟宽宏，汉宣帝在公元前63年封刘贺为海昏侯，将他迁到豫章郡的海昏县，赐四千户食邑，子孙可以世袭。刘贺终于结束了10年的囚徒生涯，带领一家人来到鄱阳湖畔，海昏侯国由此形成。

豫章郡虽属南疆僻野，但刘贺终于获得了宝贵的自由。而且，海昏国所在地正是鄱阳湖畔最富庶的地方。刘贺在短暂的适应后，便决定在此用心经营自己的小小侯国。他耗费原昌邑王府的巨额

图211 刘贺被废黜后抑郁成疾，终日以药度日。图为海昏侯墓中出土的用于捣药的铜杵臼

家财，大兴土木，建起一座紫金城作为自己的居所，准备颐养天年。

古代鄱阳湖的面积要比现在小很多，后来才因地面塌陷，而湖水面积大增。很多学者认为海昏国已在鄱阳湖的演变中湮没消失，历史文献中也没有详细记载它的位置。但随着海昏侯墓的发现，谜底被逐步揭开。原来，鄱阳湖水淹没的只是原海昏县的县城，从南北朝开始，经历600年沧桑的海昏古县城逐渐陷入湖底消失，至今仍踪迹难寻。但是，海昏国的中心紫金城没有被淹没，它的故址就在今天南昌市新建区的昌邑乡，"昌邑乡"的地名自东汉以来就从未改变，一直延续至今。

虽经2000多年的风雨，紫金城的概貌仍依稀可辨。它方圆3.6平方公里，分内、外两城，有3米高的城墙和5个城门。一条200米长的双向车道将城里的街道和城外的水路相连。紫金城紧靠鄱阳湖，水路系统非常发达，有不止一处用红

图 212 东晋时一次地震引起的塌陷让鄱阳湖的面积急剧扩大，图为被鄱阳湖水淹没的落星墩

土夯筑的大型码头。城内水、陆路并存，如同今天的同里（位于江苏苏州吴江区）、乌镇（位于浙江桐乡）等江南水乡。紫金城的中央是王宫旧址，有前殿和后宫，前殿是刘贺会客议事、举办活动的地方；后宫则是刘贺的寝殿，妻女、子嗣等家眷居住于此。

刘贺生命的最后4年正是在这里度过的。他重振精神，因地制宜，将中原地区先进的文化技术传播到当时尚属蛮荒的赣越之地，对中原文化在江南的传播做出了很大贡献。这里水运发达，景色优美，人民生活富庶。最为关键的是，海昏侯国远离朝廷是非之地，偏安一方，刘贺和他的子孙们准备在这里生活、繁衍，直至平静地终老。但是，这只是刘贺一厢情愿的梦想，他的厄运没有就此结束。

"江山易改，本性难移"，自律性差是刘贺身上难以根除的顽症。身在鄱阳湖畔偏远之地的刘贺自以为天高皇帝远，就不再装痴扮傻，也不再谨言慎行，交际也变得活跃起来。一天，刘贺与已退养的原豫章太守孙万世聊天，二人重温起刘贺当皇帝的那段阳光灿烂的日子，不由感慨万分。

孙万世问刘贺："您被废当天，手下还有两百多名亲随死士，您为何不锁闭宫门，反戈一击，斩杀霍光呢？反倒听任他们夺走您的皇印！"刘贺立刻非常懊悔地回答："是啊！

图 213　位于赣江、长江交汇处的慨口遗迹，汉废帝刘贺曾在这里"愤慨不已"

当时我的确是大意失策了！没有把握住稍纵即逝的机会！"孙万世又说："您是皇室贵胄，武帝的至亲，如今却在这个偏蛮之地做个小诸侯，我觉得起码'豫章王'才符合您的身份。"这时刘贺有点清醒了，他惊惧地说："话虽如此，但说出来就不合适了，咱们还是别谈这个了！"

不料隔墙有耳，谈话内容很快被一名告密者传到皇上那里。汉宣帝勃然大怒，他没想到刘贺居然在谈吐中透露出对现状的不满，并且依然对失去的皇位耿耿于怀，甚至说出了后悔当初没有当机立断的悖言。震怒的汉宣帝立刻下诏"削户三千，并交付地方官严加管束"。就这样，刘贺又因交友不慎、祸从口出而获罪，三千户食邑被削夺，他成了一个无足轻重的千户小侯。

其实汉宣帝还算仁慈，只削减了刘贺的待遇，对他已是格外开恩。若按有司❶的认定，刘贺犯的是大逆不道的罪行，应逮捕下狱查办。如此，刘贺即使不被处死，也会因长期监禁、饱受折磨而死于狱中。经过这一劫，因言获罪的刘贺彻底沉默了。

当然，刘贺就是刘贺，虽不再发牢骚，但一有机会还是要用其他的方式发泄一下愤懑的情绪。不久，刘贺去鄱阳湖划船散心，当船行至赣江口的时候，他突然想起被告密的往事，于是愤慨不已，命船工马上折返，后人因此称这个地方为慨口。❷几百年后，鄱阳湖湖底发生了剧烈的地质运动，鄱阳湖从此与长江分离，只留下湖口入江，今天已无法找到慨口的位置了。

作为曾经的皇帝、一位有合法继位资格的皇室成员，在现任皇帝的猜忌下度过余生也是命运使然。但如果刘贺能吸取历史教训、韬光养晦、谨言慎行，还是可以做一个悠哉游哉的富家翁，在闲适中度过更久的余生。但刘贺就是刘贺，书生意气、特立独行，心有郁结必愤慨不平，不吐不快。

刘贺又过上了被软禁的日子，又惊又气的他经此打击，终于一病不起。不久，

---

❶ 这里指官府中掌管刑法的官吏。

❷ 出自南朝宋的地方志《豫章记》和《水经注》等。

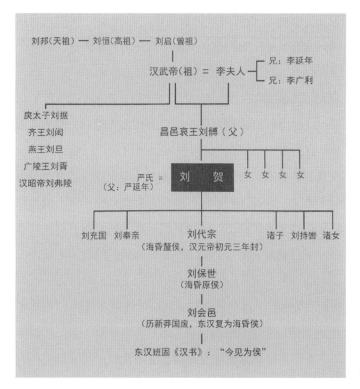

图214　刘贺家族的世系表

他像一片飘落的枯叶，在郁郁寡欢中走完了自己30多岁的人生。刘贺一生经历了王、帝、民、侯四种身份的传奇跌宕，而《汉书》只以"后薨"两个字，将这颗暗淡帝星的最后坠落一笔轻轻带过。

公元前59年，刘贺以侯的规制下葬。但是，随葬的宝物却远超出人们的想象。为什么一个潦倒的列侯最终享受到了如此丰厚的陪葬品呢？其实，这与刘贺死后一系列"诡异"的事件有关。依据汉制，列侯死后，必须由皇帝派出的特使来主持葬礼。特使要查验列侯的葬礼是否有僭越或超规的行为，并审核爵位承袭人的资格。如果特使觉得继位者不够资格甚至只是看着不顺眼，那么他就不能顺利地继承爵位。

葬礼后，刘贺的长子刘充国获许承袭爵位。但朝廷的任命诏书还在途中，刘充国却猝死，于是特使只好指定刘充国的弟弟刘奉亲承袭。但更不可思议的事情发生了，诏书还没来得及下，更年轻的刘奉亲也突然暴亡。刘贺的继位人就这样接连死去，这一切如同一个逻辑混乱的剧本，又如同附在刘贺家族身上的一个魔咒。

这一连串离奇事件立刻成为刘贺政敌攻击他的口实。《汉书·武五子传》记载，豫章太守上奏皇帝说：这是上天要让刘贺这种不仁不义之人绝后，是为"天绝之"。主张"暴乱之人不宜为太祖"，建议将海昏国除国绝嗣，以遵奉上天旨意。这个意见很快得到汉宣帝的批准。就这样，刘贺的家人瞬间变成了庶民，再也无权继承刘贺的财产，当然也包括刘贺从父亲刘髆那里继承来的家产。虽然西汉普遍实行厚葬，但如此巨额的财富在特使的监督下被一点不剩地埋进刘贺的墓中，这显然是一种无奈的选择。若刘贺地下有知，一定会为后代的贫苦困顿而沮丧心痛。

数年之后，继位的汉元帝又想起了这支被遗忘在江西的近亲。他重新恢复了已废除15年的海昏国，封刘贺的另一个儿子刘代宗为第二代海昏侯。第三代海昏侯是刘代宗之子刘保世，在王莽篡汉建立新朝时海昏国又被废除，刘保世被贬为庶民。而后刘秀建立东汉王朝，恢复刘氏天下，刘保世之子刘会邑又被封为第四代海昏侯。直到东汉永元十六年（公元104年），海昏国被拆成建昌、海昏两个县，海昏侯延续到第四代。从此，海昏国走向了历史终结，而昌邑王家族的后裔，散落于江西。

看起来刘贺家庭似乎中了某种"魔咒"，但我们要知道，古代的科技不够发达，医疗水平不高，早逝并不是罕见的现象。所谓"魔咒"，不必当真。刘贺在生命中最后的4年，被永无出头之日的绝望打倒，这一切都源于一个告密者。正是他的出现，让一颗帝星无奈地陨落，让刘贺的人生故事戛然而止。那么，告密者究竟是何许人也？他的结局又是如何呢？让我们把时针往回倒拨，1996年安徽出土的一座汉墓为我们揭晓了这个答案。

6. 躲在暗处的告密者

西汉时期的扬州刺史，官职相当于后世的江苏省最高军政长官，不过管辖的区域比今天的省域大得多。毕竟，当时全国只有 13 个州。正是这样一个位高权重的地方大员，即使对失势的皇亲贵胄也丝毫不留情面，和之前在昌邑监视刘贺的张敞相比，人品相差甚远。

张敞是昌邑国除后新设的山阳郡❶太守，生于官宦世家，一直以敬业、清廉和做事干练闻名，后来官至豫州刺史，人品、官声都很好。在刘贺当皇帝的那段日子，张敞就善意地劝谏过他。张敞正是刘贺反驳霍光时所推崇的"天子诤臣"。在霍光权倾朝野的时候，张敞从不逢迎，以致得罪了霍光而被贬到边远之地。

后来，张敞受汉宣帝委派监视刘贺。在向皇帝汇报时，他把刘贺描绘成一个废物，让宣帝不用再担心。事实上，张敞在最大限度地保护刘贺。他向皇帝描述的每一个细节，都尽量避开其可能引起误解或猜忌的行为，甚至屏蔽了刘贺的一切优点。张敞和刘贺并无私交，只能说明张敞心存善念，有怜悯之心，对颓废落魄的刘贺不忍再落井下石、赶尽杀绝。

虽然都是监视刘贺的"细作"，扬州刺史柯的做事风格和他的前任完全不同。首先，柯并不像张敞那样，光明正大地到刘贺家里去探查拜访，而是背后盯梢、暗中窃听，一旦捕捉到只言牢骚或片语怨言，就马上"上纲上线"，甚至"掐头去尾""断章取义"，将被举报者置于死地而后快。那么，这名手段狠毒的柯究竟是个什么样的人呢？

位于安徽省巢湖市的郊区有座土山，名放王岗，传说这里是商汤放逐夏桀的

---

❶ 位于今山东菏泽巨野县一带，郡治在昌邑。

滑石盘

滑石杯

滑石碗

图 215 放王岗 1 号墓中出土的一组滑石制品

地方。《尚书·仲虺之诰》记载"成汤放桀于南巢",而南巢正是今天的巢湖市。夏桀是夏代末代君王,孔武有力,但却是个名副其实的暴君。他残酷冷血、荒淫无度,在酒池肉林中把自己比作太阳,最后被商汤打败俘虏。放王岗就是流放和软禁夏桀的地方,也是他死后的安葬之所。不过,在约 3700 年后的今天已难以找到它的踪迹。

1996 年夏,巢湖市的一家粮食机械厂在施工过程中,在放王岗上意外地发现了一座西汉的古墓,被称为放王岗 1 号墓。古墓保存得相当完好,没有被盗,一共出土了珍贵文物 797 件。除了精美的青铜器、漆器、玉器、陶器和铁器之外,还有汉墓中非常罕见的铅锡制品和滑石制品。滑石是一种硅酸盐矿物,质地非常柔软,在墓中主要用来制作餐碗、餐盘和杯子。古人对滑石的使用很有讲究,往往把它们放入"迷途者"的墓道里用来通灵。可见,墓主人非常担心在通往极乐世界之路上受到阻碍而失去方向,这通常是生前做了亏心事的反映。

考古专家在这座大墓中还发现了栗子、枣等食物遗存及其种子。看起来墓主人非常喜欢这类的食物,死的时候还要把种子带走,以便到另一个世界仍可以继续栽培、耕种、收获和享用。能够表现出墓主显贵身份的随葬品有做工精湛的青铜器、玉器和各式珠宝，比如龙首环、红玛瑙珠、水晶和龙鳞咬尾龙等，件件都是精品。

众所周知，大禹铸造的九尊巨鼎被当作执掌天下九州的象征。而在放王岗1号墓的随葬品中就发现了五尊青铜鼎。根据《春秋公羊传·桓公二年》何休注"天子九鼎，诸侯七，卿大夫五，元士❶三"的规制，专家推测墓主应是大夫一级的高级官吏，或刺史一级的地方官吏。根据其陪葬品和出土的20枚五铢钱推断，墓葬应属于汉武帝或稍晚的昭帝、宣帝时期，这段时间正是这一版本五铢钱流行的时期。

知道了墓主所处的年代和等级，接下来还须探查他的具体身份。考古人员发现，建造者为了防潮、防腐，在古墓的坑口用了五六十厘米厚的木炭填塞，对墓主尸身的保护可谓用心至极。墓内的设计结构也颇为讲究：墓室分成前、后两室，前室相当于起居室，放有置物架，用来摆放随葬品；后室相当于卧室，用来放置墓主。

不过，这座墓葬的外椁面积只有45平方米，和海昏侯墓400平方米的棺椁相比要小得多，显然二者并不在一个量级上。外椁内依次套裹着内椁、外棺和内棺，全部采用楠木建造，用料讲究，而且十分厚重。楠木在汉代也是名贵材料，能使用楠木做棺椁的绝非一般人物。墓主的遗体被安置在最里层的内棺之中，揭晓墓主人身份答案的线索就在这里。

当内棺被打开后，大家发现棺中的遗体早已腐烂，但骨架的形状仍清晰可见。一把铁剑摆放在墓主人的腹部和两腿之间。除了剑刃，其他零件和配饰均为高级玉石打造，还刻着龙纹浮雕，可能是皇帝的御赐品，也可能是墓主在战场上获取的战利品，否则轻易使用龙纹会有僭越之嫌。若竖起来看，如同墓主双手握住剑柄，剑尖朝下，直插地面，俨然一副威风凛凛的将军形象。

墓主人身旁还有一把剑，乍看上去是青灰色间杂黑色，考古人员在初次见到

---

❶ 即基层贵族。

图 216　放王岗 1 号墓青铜器出土现场

它时，还以为是一把生了锈的青铜剑，不过剑首和剑格上都有很高的浮雕，看上去很豪华。但经仔细查看才发现，这把剑居然是用树根雕刻而成的，这已经不是武器，而属于根雕艺术品的范畴了。这说明墓主人也是一名喜欢收藏的风雅之士，而且比较轻文重武。

在墓主人遗骸的周围，专家还发现了玉质的七窍塞。秦汉时人们认为玉有超自然的力量，如果用玉器封住死者的七窍，就能阻止他真神出窍、元阳外泄。比如死者口中所含的玉器，称为玉琀。放王岗1号墓中出土的玉琀为蝉形，这是因为蝉在中国传统文化中象征着复活和永生。蝉的幼虫生活在地下，经过漫长

图 217　放王岗 1 号墓的墓室结构

的蛰伏钻出地面，脱下蝉壳、展翅飞上高枝。所以人们将玉琀做成蝉形，是希望死者能够像蝉一样入土蛰伏、出土转世，实现其精神不灭、灵魂延续的愿望。

能够确认墓主人身份的最重要的证据是一枚玉质印章，上刻"吕柯之印"四个字。但考古学家却未在史料中找到任何有关吕柯生平事迹的记载，这给后人留下一个待解的谜团。确实，翻遍现存的历代史书，包括正史和各类野史，都没发现吕柯这个名字。但后来专家注意到，在《汉书·武五子传》中，有一段海昏侯刘贺因失言被一个告密者检举的记载，这个告密者正是当时的扬州刺史柯。

《汉书》对此人的信息披露得十分简略，只有区区"扬州刺史柯"五个字。而

图218　墓葬出土时，墓主人的尸骸痕迹仍清晰可见

图219　放王岗1号墓墓主口中的蝉形玉琀

柯在任扬州刺史、告发刘贺的时候，正值汉宣帝时期，也可能在汉昭帝时就已经在任，符合出土五铢钱所属的武、昭、宣三帝时期。再者，巢湖放王岗一带在西汉中后期正是扬州刺史的治所所在地，而墓主吕柯的墓葬正在此处，他或死于任上，或愿将尸骨葬于自己的所任之地，都完全符合常理。从这两点看，墓主具有历史人物柯的明显特征。但是，西汉会不会有两名叫柯的扬州刺史，此"柯"真是彼"柯"吗？

按常理，在一个任期内，扬州只可能有一名刺史。在西汉，刺史的任期为9年，这么重要的地方高级官员没有大罪一般不会中途撤换。

而从汉武帝后期到汉宣帝时期，不过短短50年，在这段时间，若按9年一任的频率，担任扬州刺史的不会超过6个人，即使更换得再频繁，每年换一个，也不过50人。在汉代，"柯"字作为人名用字的频率并不高，能重名的概率微乎其微。因此专家断定，放王岗1号墓的主人正是"海昏窃听风云"的告密者吕柯。

至此，墓主人的神秘身份终于被揭开。那么，告密者吕柯的后半生到底是平步青云、风光无限，还是困顿潦倒、不得善终呢？吕柯墓中出土了一个精巧美观的银盒，从内壁往外呈现出凸形的花瓣纹。这种纹饰在秦汉早期的文物中基本看不到，因为这不符合中国古人的传统审美，但在古波斯❶阿契美尼德王朝❷的金银器上却常用。张骞出使西域之后开辟了

图220　吕柯之印的出土牵出了一段尘封的历史

丝绸之路，想必这只银盒通过丝绸之路来到中国，作为朝廷的赏赐到了吕柯手中。这件稀罕的舶来品表明了吕柯在皇帝心目中的地位。

看来，告密者吕柯最终不但获得了善终，而且被体面地厚葬。他在生命的最后时刻，仍然享受了皇帝赐予的无限哀荣，而被他告发的刘贺却早已在惊恐羞愧中郁郁而终。不过，吕柯在死后的墓葬规制和陪葬品价值的对决中，终究完败于虽已破落但出身高贵的刘氏子孙。

吕柯的墓中还出土了一副六博棋，棋盘、棋子、骰子等组件齐全。但是没有

---

❶ 今伊朗地区。

❷ 横跨三大洲的古波斯帝国（前550—前330），亡于马其顿王国。

说明书，更无指南，世人也就无法知晓六博棋的下法。直到后来海昏侯墓中出土了六博棋谱，才让已失传几千年的六博棋走法真相大白。都说"仇人相见，分外眼红"，两个都已入土的仇人就这么800里相隔，默默对视了约2000年。不过，沧海桑田，天道轮回，两人的墓葬居然在15年内相继出土，刘贺还为仇家的棋牌做了"注解"和"诠释"，不知是历史巧合还是命中注定。然人已成尘，只留下是非功过，任凭后人说。

图221　吕柯的地位使他得到了来自古波斯王国的馈赠，图为西汉银盒

7. 朱雀之谜

放王岗吕柯墓中随葬的精品很多，其中三件刻有动物造型的玉器脱颖而出，非同凡响。

第一件是玛瑙觿（xī）❶。所谓觿，就是一种用于挑开绳结的工具，后部持握，前部有尖略弯。因为周代腰带是一根布绳，系紧后要想再解开非常麻烦，所以古人随身佩戴一支觿，会使宽衣解带变得方便。后来到了秦汉时期，发展出了衣带钩，觿就失去了实际作用。

不过，觿随后成为一种成年礼的象征，在新的领域发挥着价值。它寓意着佩戴者已经成年，到了该解决问题的年龄，觿可以帮助他解开事业上难以解开的死结。因为这个寓意，它成为上层社会的心爱之物。贵族和士大夫们不但在活着的时候随身佩戴，死后也要让它一起陪葬。

历史上出土的觿绝大多数是龙形，不过吕柯墓中的玛瑙觿大不一样。这件目前珍藏在巢湖市博物馆的玛瑙觿，造型既像一条泥鳅，又像一条水蛭，发出暗蓝色的光泽。不知道平日心事重重的吕柯到底是审美奇特还是志趣异类，可以想象，

图222　吕柯墓中出土的玛瑙觿很像一只粗壮的水蛭

---

❶　解结的锥子。

图 223　吕柯墓中出土的双虎鞢形佩

墓中的吕柯准备拿着这件玛瑙觿到另一个世界解决问题……

　　吕柯墓中还有一块双虎纹的鞢形佩，造型古朴，工料上佳。前文已述，所谓鞢就是射箭时用来保护手指的扳指，而这块玉佩就做成了鞢的模样。玉佩边缘镂成一对完全对称的猛虎状，虎头向上、张口露齿、腰肢细长、凶相毕露。到目前为止，出土的鞢形佩绝大多数都是龙凤纹，比如海昏侯墓中的鞢形佩就属皇室专用，相比而言吕柯墓出土的双虎纹鞢形佩就极其罕见了。或许吕柯本人担心用龙凤纹会引起僭越的误会。

　　但更可能的情况是，吕柯曾是一名征战沙场、立下战功的军人，因军功升迁，成为一州刺史，所以更相信强势的力量。双虎代表着神武、勇力、权势和王者风范，因此吕柯把凶猛的双虎作为自己的图腾。墓中出土的大量箭镞、盾牌、马具等军事装备也可以作为他尚武的旁证。吕柯同时也是一名冷酷的现实主义者，这从他以落井下石的方式对待已失势的刘贺就看得出来。

　　墓葬之中还有一件最为珍贵的文物，叫鎏金铜朱雀。它是国家一级文物，更是巢湖博物馆的镇馆之宝。这是一件表面鎏金的青铜鸟，之所以珍贵，绝不仅仅因为它精致的造型和高超的工艺，而是它的出土，揭开了中国传统文化中一只神鸟的神秘面纱。

　　在中国的古老神话中，朱雀是吉祥之鸟，也是古代的四大图腾之一。上古时期，天分东、西、南、北四宫，每个方向各有七座星宿相连，共二十八宿。东方是青龙，西方叫白虎，南方名朱雀，北方称玄武，这就是民间常说的"左青龙、右白虎、前朱雀、后玄武"，被合称为"天之四灵"。它们的职责是镇守天宫，辟邪恶、调阴阳。

　　这其中，朱雀是掌控南方七宿的神鸟。它既代表了南方，又代表了夏季，在五行中主"火"，因此它被道教奉为南方之神——陵光神君。朱雀在古代天文、地理、建筑和医学领域都有非常重要的地位。比如古医书《千金方》上说，人体器官各有所主，肝为青龙，肺为白虎，肾为玄武，心为朱雀。朱雀五行属火，在中医上对应的是最重要的部位——心脏。

关于朱雀的起源，目前尚无定论，但最早的记录在殷墟。从殷墟出土的甲骨文上看，在殷商早期已有朱雀等四象产生。红色的朱雀是南方的火神，是象征太阳的神

图224　妇好墓中出土的玉凤，有长长的尾羽，和朱雀形象有明显的区别

鸟。但史料上只见有它的平面画像，从未有人见过立体的朱雀形象。而且平面朱雀的形象也不完全统一，有人说它貌似凤凰，甚至将二者混为一谈。

古代传说中的凤凰和朱雀是两种完全不同的形象。据古代辞书《尔雅》和《说文解字》描绘：凤凰有五彩斑斓的美丽羽毛、鸡一样的头部和尖嘴、蛇一样的脖颈、鸿雁一般的身体、乌龟一样的背脊和鱼一般舒展飘逸的长尾；而从柿园汉墓❶出土的壁画来看，朱雀虽在外形上和凤凰有一定的相似之处，但体形更短小，颜色更单一，基本上是赤红色间杂一抹青紫，也没有夸张的尾羽。

凤凰、朱雀在象征内涵上也有极大的不同。古籍上说，朱雀是上天的四灵、四象之一，天造神兽，天地间仅有一只；而凤凰也是神鸟，非甘泉不喝，非梧桐不落，统领天下鸟类，为百鸟之王。但它有很多品种，例如青鸾、鹓鶵、鹭鸶、鸿

---

❶ 位于今河南永城。

图 225　汉画像砖上的平面朱雀形象，无法知晓其全貌

鹄等，而且数量绝不止一只。

据汉代王充《论衡》记述，"天之四灵"苍龙、白虎、朱雀、玄武的精华流淌，落于大地，就诞生了龙、麒麟、凤凰和神龟四兽。它们各自掌管天下生灵，即鳞、毛、羽、昆四类含血的动物，每类三百六十种。在古典名著《西游记》"真假美猴王"一节中，如来佛祖对生物的分类就有详细的解释。凤凰是"南方星神"朱雀之精流溢所化。因此，朱雀就是它的生身父母。所以朱雀虽形似凤凰，但它的地位和尊贵程度要远高于凤凰。

有关描绘朱雀外观的文献也有不少，例如《山海经》中说朱雀是一只神鸟，原名丹鹎，是尧的儿子丹朱死后的怨气所化。因为丹朱的品行比较恶劣，所以没有继承父亲的首领之位，死后的怨气便化成这种怪鸟。丹鹎的最大特点就是要时刻通过迫害君子来达到报仇的目的，因此只要它出现的地方，就有君子要倒霉了。据描述，丹鹎的外形像一只猫头鹰，人面鸟身，两只爪子酷似人手，会发出像母鹌鹑一样"丹朱丹朱"

的叫声。

　　沈括在《梦溪笔谈》卷七谈象数时指出，朱雀属火，长得很像一种叫丹鹑的鹌鹑，它有火红色夹杂黄色花纹的羽毛，嘴尖尾凸。它只会在夏天出现，一到秋天就销声匿迹，飞行时一定要依附草木。除此之外，据汉代应劭的《风俗通义》，朱雀的形象不但已经标准化，还被精确地量化：朱雀上半身占整个身体的五分之三，躯体宽阔；下半身占五分之二，苗条纤细；朱雀翅膀最宽阔的翅中部分宽八寸；腰围宽四寸，象征春、

图 226　朱雀头部

夏、秋、冬四个时节。可见，朱雀在化成鸟形的时候体积并不大，类似鹞鹰或鸽子大小，但它的羽毛非常美丽，红中带黄、身披火焰——这就是古代文献中的朱雀形象。

图 227　吕柯墓中的立体朱雀

除了古代的文字描述，人们对朱雀最直观的印象当然来自绘画。近年来出土的汉墓画像砖上有很多朱雀的形象，看起来很像一只凤凰：鸡头尖喙，头顶翎羽、体态修长，有美丽五彩的长羽，而尾羽分散飘逸。朱雀口衔太阳，有君临四海之势。但事实证明，很多时候平面的形象会欺骗我们。吕柯墓中出土的铜鎏金朱雀长 15.9 厘米，宽 11.8 厘米，通高 16.9 厘米。它的出土，让世人终于能一睹2000 年前古人赋予朱雀的真容。

长期以来，历史学者认为"平面朱雀"头上貌似长长"羽毛"的东西是朱雀头冠，但通过吕柯墓出土的立体铜像能够很清楚地看到，这是一对弯曲的犄角。这对犄角的形状非常特别：中间分成两叉，各卷成一个倒钩。从俯视的角度看，整个犄角非常像一棵灵芝，或一只轮船的锚头。这恰恰说明朱雀与凤凰的不同：凤凰头顶翎羽，还属鸟类；朱雀头长犄角，已属神兽。

再来看这只朱雀，喙部又尖又弯，貌似鹰嘴而微微张开。朱雀昂首翘尾，展翅欲飞，尾部像流云翻卷。在汉代画像砖上看到的朱雀都长着类似仙鹤的长腿，但由于平面透视的关系，根本看不出朱雀脚趾的数量。而通过吕柯墓中的立体朱雀，能清晰地看到它每足只有三个脚趾，且像人一样直立站在四瓣花朵之上，符合古书所说的"脚如人手"和"须依附草木才能飞行"的描述。

除此之外，立体朱雀的脖子细长如蛇，尾巴比较短小，并没有像凤凰一样"长羽飘飘"。确切地说，它更像一只漂亮的长颈鹌鹑，或一只器宇轩昂、准备振翅翱翔的鸽子。经专家测量发现，立体朱雀的身材尺寸和各部位的比例，更接近于《山海经》原著中的描写。

古人坚信，青龙、白虎、朱雀、玄武四象合力创造了世界，它们维系乾坤，是天地之主。而朱雀是祥瑞避邪、接引死者灵魂升天的神鸟，墓主人渴望死后灵魂不灭，并能升天成仙。他将朱雀置于地下，一方面朱雀可作为墓主人的保护神，在漆黑阴暗的地下世界驱散恶鬼，保护他在另一个世界不受侵扰；另一方面，朱雀隐喻太阳，象征温暖与光明，能用旺盛的阳气滋养死者的魂魄，好让他世世平安。

8. 孔子的 "真容"

    2015 年 12 月 28 日，在南昌海昏侯墓主墓室西侧的淤泥中，出土了一块半米多高的漆木板，上面绘有一组人物画像。画中的人物正是孔子和他的弟子，旁边还有介绍孔子生平的文字，这是中国迄今为止发现的最早的孔子像。我们今天读到的《论语》和孔子所处时代间隔了 2500 多年，许多内容都因时间太久而难辨真伪。而海昏侯墓出土的画像和文字，距离孔子时代不过 400 年，因此流传的谬误要少得多，海昏侯墓里的有关孔子的信息会更接近真相。

    专家们以漆木板为中心，在周围又发现了一组精美的漆木器。专家认定，这是一组绘有人物形象的屏风组件，组装后正式将其命名为朱漆彩绘屏风，但总觉得哪里不对劲。原来，在漆木板的后面，还有一块同等长宽的铜背板，这似乎不应该是屏风的组件。有专家认为，这可能是用漆板和铜板共同制成屏风的工艺，在汉代考古史上还是首次发现。消息在国内外媒体上广为传播，"孔子屏风"这个名字顿时家喻户晓。

    但著名的历史学家、中国社会科学院考古研究所研究员王仁湘发现，所谓的朱漆彩绘屏风虽然有字有画，但附加的铜板根本起不到装饰作用，只会加重"屏风"的重量。再仔细一看，这面非常光滑的矩形铜板非常像古人穿衣用的铜镜，所谓"漆木屏风"应该是一件承载铜镜的镜架。果然不出王仁湘所料，不久就在附近发现了铜镜的底座，还有遮盖和保护铜镜的镜掩。镜掩就像两扇门，有活页，不用的时候把它合上，既可以防尘，又可防铜镜面氧化。而关键的证据就在镜掩上，上刻"衣镜"二字。

    因年代久远和地下水的浸泡，衣镜上的画像腐蚀严重，模糊不清。但画上所标注的人名都很清晰，因此很容易就辨识出"孔子""颜回""子贡""子路""曾子"等人物，甚至还有孔子的父亲"叔梁纥"。画像中有两人面对面，左边是孔子，右边是他最得意的弟子颜回。衣镜上有 1850 个字，其中关于孔子的有 600字。这些文字、图像与《史记》中的内容对比，有巨大的差别，与我们传统中对孔子的印象和认知也大为不同。

第一个不同是孔门弟子的数量。在历代史书中，对孔子有门徒三千的记载都是相同的，但对其中"贤者"数量的记载不太统一。单是一部《史记》，就有两种说法：《史记·孔子世家》中说是 72 人，《史记·仲尼弟子列传》中说是 77 人；而《吕氏春秋》和《淮南子》上均记载为 70 人。多年来，历代官方的说法，都是引用《孔子世家》中的 72 人这个数量，但争议仍然很大。如今，海昏侯墓出土的衣镜上明确记载着"贤者七十七人"，这个数字不仅和《史记·仲尼弟子列传》的记载相同，而且和《孔子家语》的记录一致。《孔子家语》是孔氏家族自己记录和编写的传承文本，材料都来自孔家家传的原始材料——《弟子籍》，而"七十七人"的数字正是靠《弟子籍》统计出来的，这也印证了孔子衣镜记载的真实性。

第二个不同是孔子的真容。现在我们通常看到的古代孔子画像，都是身材微胖、门牙外露的形象，最典型的就是吴道子笔下的《孔子行教像》和明代遗留的《孔子燕居像》。而司马迁笔下的孔子，身材高大、相貌奇特。《史记》上说孔子"生而圩顶"，即孔子长有"盆地"形的头顶，中央低、四周高，看起来就像个小山丘，故名"丘"。南宋画家马远在他所绘的孔子像中，就突出了这个形象。

然而，海昏侯墓衣镜上的画像，却揭开了孔子的真面貌：孔子体态清瘦，留有长须，身穿长袍，有"仙风道骨"的风范；他的额头和正常人完全相同，且风度翩翩，一副儒雅的样子。这和传世孔子画像中高额头、露着两颗门牙的胖老头截然不同。通常来说，文物越靠近孔子的时代，呈现的就越接近孔子的真正形象。所以这幅迄今为止最早的孔子画像，比后世版本更有可信度。

第三个不同是孔子的身高。司马迁的《史记》上说，孔子高九尺六寸，所以周围的人觉得他太高、太另类而称之为"长人"。西汉的一尺相当于现代的 23 厘米，那么孔子的身高就是 2.2 米。孔子虽是"山东大汉"，身材魁梧，但也不至于在春秋时代就高于现代的职业篮球运动员。而孔子衣镜上的数据记录更符合常理：孔子身高为"七尺九"，也就是约合今天的 1.82 米，比当时的普通成人高 10 厘米左右，这应该更可信。

第四个不同是孔子的身世。在衣镜架上的文字中，能清楚地看到"野居而生"四字。这与《史记·孔子世家》中记载的孔子是父母"野合而生"虽只有一字之差，但内涵却大为不同。"野合"是指不合礼法的结合，即孔子的父亲叔梁纥与母亲颜徵在的年龄相差非常悬殊，颜徵在结婚时不满 20 岁，而叔梁纥 66 岁，所以史学家认为当时人将这种不合礼法的婚姻称为"野合"。不过，这种解释未免有些牵强，在封建社会，官宦人家娶个年龄相差几十岁的妻妾是常见的事，"野合"说让人难以信服。而"野居"的意思就大不一样。史书记载，叔梁纥年纪很大了还没儿子，于是娶颜徵在为妾。为了生儿子，夫妻二人去尼丘山祈祷，并在山上"结庐而居"，"野居"说明夫妻二人在山上的茅草屋里居住而怀上了孔子。有趣的是，近代史学家崔适曾写过一本《史记探源》，他在书中认为"野合"应改为"野居"。"先知"早已远逝，但不想百年后，一件文物的出土证明了他的正确。

第五个不同是孔子的姓氏。穿衣镜上的文字表述十分明确，孔子是"子姓，孔氏，字中❶尼"，这是第一次有关孔子姓、氏、字的完整记录，而之前的各种传世书籍都没有做到。例如《史记》仅记载了孔子的氏和字"孔仲尼"，而没有记录他的姓。古代的姓、氏不是同一个概念，姓如树根，标明本源；氏如枝叶，区分支系。

第六个不同是孔子出生的时间。"衣镜赋"中记载："鲁昭公六年❷，孔子盖卅矣。"明确指出鲁昭公六年时孔子正好 30 岁，根据这一时间节点，可以推算出孔子的生年为鲁襄公七年（前 566）。这个记录比《春秋公羊传》和《春秋穀梁传》记载的出生时间早 14 年，比《史记·孔子世家》的记载早 15 年，但几乎所有的史书记载的死亡时间都高度一致。按这个记录，孔子比我们知道的又"多活"了15 年，这是份令人震撼的给圣人"续命"的历史材料。

---

❶ 汉代"中"通"仲"。

❷ 公元前 536 年。

图 228　海昏侯墓中出土的孔子衣镜，在组装之前被普遍认为是一副彩绘的屏风

图 229　海昏侯墓出土的铜衣镜上绘有孔子及其部分弟子的形象

孔子衣镜还改写了一个神话人物出现的时间。衣镜的四边都有彩绘，左边是青龙，右边是白虎，上方则是东王公与西王母的形象。这是目前为止最早的有关东王公的图文资料。西王母因《山海经》和《穆天子传》而广为世人所知，但历史上有关东王公的文献记载非常稀缺。现存较早的记录出现在东汉的《吴越春秋》《神异经》《海内十洲记》这类志怪著作里，而最早的东王公像出现在东汉早期的铜镜上。

在孔子衣镜发现之前，史学界普遍认为东王公起源于东汉时期的"造仙运动"，是为了和西王母配对而创造出来的。而孔子衣镜推翻了这个结论，把东王公出现的时间由东汉早期提前到公元前1世纪初，无可辩驳地证明"东王公会西王母"的传说早在西汉就已存在，为研究汉代神话脉络提供了珍贵的新线索。

其实，孔子衣镜中的内容也不完全都是"颠覆"历史，还有一些高度符合史料的记载，成为史书的佐证，这主要体现在孔子弟子们的特征上。画像上的颜回面目清秀，双手合抱，恭敬有礼，亦步亦趋，符合《史记》中描绘的仁礼贤德、谨言慎行的形象。子路一副胡人打扮，穿短裙、扎腰带、两腿跨立、两臂外张，一副孔武有力的模样，这和《史记》中记载的子路性情刚直、好勇尚武相吻合。子贡短鬓短须，身着长袍，鞋翘❶很高，一副朝廷重臣的形象，这符合《论语》中对他口才好、雄辩，曾担任鲁、卫两国相国的记载。除了做官，子贡更善于打理生意，他是孔子门生中的首富，更是中国儒商的鼻祖。画像上的子夏拿着竹简，低头弯腰、两腿叉开，歪着脑袋，似乎对书本上的内容充满着质疑，这个形象表现出他在机敏好学的同时，也不迷信权威、不死守规矩，他读书寻求融合现实、学以致用，这和《史记》中记载的子夏是一名阴郁勇武、与时俱进的实用主义者高度吻合。子夏被魏文侯尊为师，而他的学生则是战国初期的时代弄潮儿李悝、吴起。

画像对子羽内心世界的刻画更是细致入微，只见他侧目看向子夏，仅微微回

---

❶ 古代鞋子的前部向上翘起的部分，用来托住裙边，以防跌倒。

头但没有转身，一副不屑的模样。因为子羽是一名严守伦理纲常的传统"儒士"。子羽即澹台灭明，是孔门"七十七贤"之一，据说他的相貌十分丑陋，一开始连孔子也认为他"无大才"。但是他为人正派，注重修身。后来，他游学江西，在豫章栖贤山（位于今南昌进贤县）设坛讲学，把儒家文化带入江西地区。当时跟从子羽学习的弟子有300多人，后来这些人在南方形成一个很有影响的儒学学派。

对子羽才干和品德的赞誉传遍了各诸侯国，孔子听闻后说："吾以言取人，失之宰予❶；以貌取人，失之子羽。"❷孔子对子羽给予了高度评价。而这位有事迹、无画像的神秘儒学圣贤，却在海昏侯墓的孔子衣镜上出现。画面上的他虽面部模糊，但他的"冲天"大鼻孔还是能辨认出，这基本上符合《论语》和《史记》的记载，孔子衣镜用实物证明"古人诚不我欺"。

孔子衣镜是刘贺生前所用，他每天在镜面上看到自己的形象仪容，在镜背看到孔子和弟子的言行事迹，把圣人当作镜子而"三省吾身"，从而达到"见贤思齐"的目的。在衣镜的画像里写着孔子对颜回的教诲："用之则行，舍之则藏。"❸意为受重用时就积极进取，被抛弃时就韬光养晦。

显然，刘贺是把孔子的教诲当作对自己的告诫：当初做皇帝时得意忘形，如今若不谨言慎行，早晚会大难临头。刘贺学习孔子在逆境中的修为，只为获得内心的平静。他要求家人在自己死后将自己和衣镜一起深埋地下，以期继续向先哲看齐。但他不知道的是，正是他的自省，让我们看到了一个和史书上大不相同的孔子。

---

❶ 前522—前458，儒家先贤，孔门十哲之一。

❷ 出自《史记·仲尼弟子列传》。

❸ 出自《论语·述而》。

9. 可疑的"公章"和印纽上的"怪物"

考古人员在海昏侯墓主椁室的东侧挖出了一枚玉印，玉印所用的玉料，是色泽白润的新疆和田玉，印纽上刻着一只乌龟。龟纽印在汉代官印中非常常见，列侯、丞相、太尉、三公以及前、后、左、右将军用的都是这种印。刘贺作为列侯，使用龟纽印章在情理之中，不合常理的是刻在上面的文字，既不是"海昏侯印"，也不是"刘贺印"，更非"昌邑王印"，而是"大刘记印"。

"大刘记"听上去像一个老字号店铺的名字，就如同赊店镇❶的刘记酒楼或三河古镇❷的刘记当铺一样普通随意。难道曾经的皇帝、亲王，一国之列侯刘贺做起了生意吗？即使"大刘记印"真的是"海昏餐饮有限公司"的"公章"，那么"大刘"又是何意呢？是刘贺自诩还是自嘲，抑或是别人对他的爱称？因为刘贺是家里的独子，绝对的老大，所以才叫"大刘"？但是，这并不符合西汉贵族阶层的称呼习惯，"大刘"之称在当时不会产生浓浓的亲切感，有的只是深深的滑稽感和尴尬感。

海昏侯墓中的"大刘记印"四字是阴刻，说明它是封泥印。在西汉，还没有发明造纸，除了皇帝的玉玺能用在昂贵的绢帛上，其他印章大多只能印在竹简的封泥上。有专家认为，这应是刘贺被废后、囚禁在昌邑故居时所使用的印信，这是他在非王、非帝、非侯期间尴尬身份的真实写照。刘贺虽然是皇族，但这时已被剥夺一切爵位，所以只能用自己的名字做私章，但又想体现自己不寻常的身份，所以加了个"大"字。

---

❶ 位于河南社旗，为茶道古镇。

❷ 位于安徽肥西，为文化古镇。

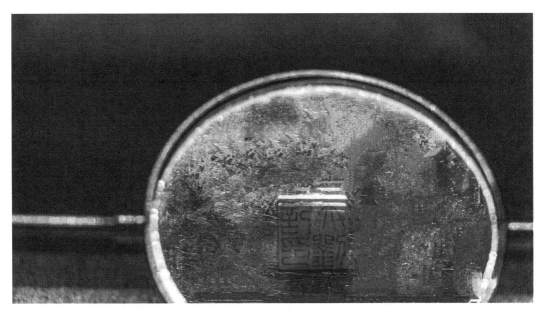

图230　海昏侯墓出土的"大刘记印"

　　其实，这是有据可查的。汉代刻私印有一种特别的文字格式，就是在姓名之前加个"巨"字或"大"字，有的再加上一个吉利的字。"巨"表示富有，土豪、富商用得比较多；"大"表示高贵，贵族和官宦经常使用。比如"巨李""巨陈君"等，"大徐君""大朱君""大徐千万"等，以上这些私印在考古上都有实证，大部分收藏在上海博物馆里。

　　按这个说法，"大刘记印"是一枚表明汉室宗亲身份的印章。"大刘"指汉代皇室，身份高贵，自当为"大"。但是，上述私人图章的使用者主要是一些特立独行的贵族和一些追赶时代潮流的"文艺青年"，这些文人雅士为附庸风雅，刻章多以游戏的心态，因此用的都是长方形的阳文印，属于闲章。而"大刘记印"是正方形，是正式的名章。正式名章中以前还没有出现过"大＋姓氏＋记印"这种形式。

　　我们可以从西汉皇室的传承制度来探寻答案。有个词在《汉书》中很常见，叫"诸刘"，最早出现在《文帝纪》中，而"大刘"就是相对"诸刘"说的。汉高祖刘邦认为，秦王朝之所以迅速灭亡，弊病在于秦始皇废除了分封制，导致皇室宗族的力量太弱小。于是他一边剪除异姓诸侯王，一边大封刘氏子弟，因而出现了以皇帝直系血脉为基础的大宗刘氏和以诸侯王血脉为基础的小宗刘氏。

从汉惠帝刘盈的角度来说，文帝刘恒本属于小宗，只是因为后来周勃发动政变，灭掉吕氏，刘恒才取代刘盈一支成为刘氏的大宗，这就是汉文帝要区别"大刘"和"诸刘"的主要原因。汉文帝去世后，其子汉景帝即位后的第一件事，就是巩固自己作为大宗刘氏的地位。他规定以后历代皇帝都应供奉汉高祖刘邦和汉文帝刘恒的宗庙，各郡国的诸侯也要为汉文帝立庙，世代祭拜。所以，西汉时期只有代表皇帝直系家族的大宗才能称为"大刘"，"大刘"以外的其他旁支只能称为"诸刘"。

"大刘"传到汉昭帝时出现了问题。因为汉昭帝早死，没有子嗣继位。于是权臣霍光只能从"诸刘"中选出刘贺来做汉昭帝的嗣子。对此，《汉书》有详细的记载：刘贺被过继给比自己大两岁的叔叔刘病已，从昌邑王转为汉昭帝的嗣子，从"诸刘"变为"大刘"。而刘贺被废的罪名之一，就是没有严肃对待过继仪式，过继后已成"大刘"，必须与之前的"诸刘"切割。但是，刘贺居然派人去祭奠自己的生父刘髆，混淆了血统的亲疏，因此被斥为不孝。

刘贺在被废除皇位的同时，汉昭帝嗣子的资格自然也被同时废除，所以刘贺并没有资格称自己为"大刘"。汉宣帝封刘贺为海昏侯，实际上就是要彻底断绝他与"大刘"的关系，将其重新变成"诸刘"。而刘贺死后依然在棺椁里放了一枚"大刘记印"，这只能表明他对自己正宗的皇室血统引以为傲，不甘心放弃曾代表的大宗身份，反而觉得海昏侯的爵位对他而言是一种耻辱，因此在私章里刻意回避了海昏侯字样。私刻"大刘记印"，暗含"武帝正统为大"的深意，这就是"大刘记印"中所隐含的历史信息。

但是，在已出土的汉印实物中，印文后有"之印""私印"的，也有"信印"或"印信"的，唯独没有带"记印"的。有专家认为，"大刘记"是刘贺创办的一个商号。"大刘记印"是这个商号的"公章"。"记"是用在商号、店铺名称后的常用字，直到现在仍然如此。"张记""李记"会写在招牌上，刻在印章上。刘贺就是这"大刘记"商号的"董事长"。刘贺墓中10吨的五铢钱是"大刘记"商号的流动资金……这种说法，在考古界还真的有很强的声音。

一个侯国的君主去经商，在重农抑商、讲究贵族身份的汉代非常不可思议。刘贺真的会放下身段，去开办商号吗？诚然，刘贺在19岁被削为平民，没有了俸禄和灰色收入，仅靠"汤沐邑"收的一点粮食肯定不够一大家子的用度。虽然刘贺继承了刘髆的遗产，但坐吃山空，在没有经济来源的前提下，遗产无法长期供养200多人的体面生活。至于武帝赏赐的各类黄金以及用于献祭的酎金，刘贺并不敢使用。因此专家猜测，由于生活所迫，刘贺只能通过经商来补贴家用。他和社会地位低贱的商人为伍，也消除了宣帝对他的疑心，反倒保存了生命。

不过，这些猜测史上查无记录，直到第二枚印章的出土。这是一方铜印，印面硕大，长10厘米，宽8厘米，印文只有一个字：海。一般来说，汉印都比较小，用来盖在竹简或木牍的封泥上。这么大的铜印往哪里盖呢？更为奇特的是，这么大的铜印没有印纽，只有馒头状的突起，根本无法手持，而且印鉴的刻痕极深，专家们猜不到它是干什么用的。

只有一种可能的解释，海字印是一枚烙马印，使用时烧红，再用特制的金属夹子夹住，在牲口的臀部打上烙印，以证明其归属。刘贺爱马，尽人皆知。他喜欢骑马、驾车狂飙，在他进京登基时，一下午就跑了百余里，创下当时的最高"续航"纪录。海字印既是防盗、防失的身份标识，也是出售牲畜时的防伪商标。海字印的印面有一角残破，这是频繁使用、铜印遭高温炙烤而氧化脱落的证据。不过，海字印虽然极可能是刘贺私人牲畜的烙铁印，但说刘贺开办商号，仍无确凿证据。

不过，有一点可以肯定。刘贺被废后被发配到偏远之地，他的人生从山顶跌到谷底。虽打击巨大，但他的皇室优越感并没有因此消失，反而在失去后变得更加强烈，所以他刻了一方"大刘记印"，既为遮掩自己的尴尬，安慰一下受伤的心灵，也是给自己无处安放的灵魂以最后的归宿。

2016年1月，考古人员在刘贺的内棺中发现了一枚玉印。玉印被放在墓主的腰部位置，约一寸见方，上刻"刘贺"二字，这也是判断墓主身份最重要的证据。

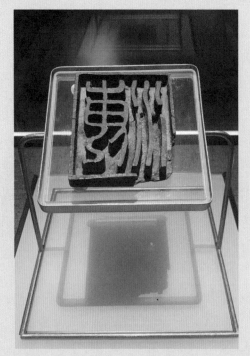

图 231 "海"字铜印，其特殊的造型让人很难猜测它的用途

图 232 刘贺玉印刚出土的时候被厚厚的淤泥所包裹

玉印出土时被淤泥包裹，难辨真容。专家推测，这应是龟纽玉印，因为龟纽是汉代官员和列侯常用的印纽形式。但经过清洗后发现，印纽根本不是龟，而是一只不知名的怪兽。

印纽上具体是什么动物，专家们莫衷一是。它先后被判定为凤纽、螭虎纽、蟾蜍纽，但又都不像。后经过三维图像扫描后发现，印纽上刻的是一只怪鸟。它有一对高低不对称的翅膀，看上去既像凤鸟，又和一般的鸟类有很大区别，似乎结合了多种动物的形态，在场的专家以前从没见过。

经过将近两年的清理、辨识和研究后发现，这只怪鸟匍身回首，圆眼睛、鹰钩嘴、短尾巴，还有眉毛和耳朵，这正是古文中记载的鸱鸮，俗称猫头鹰。枭纽的玉印此前在汉代考古中从未发现过，虽然这只鸱鸮做工精美，生动鲜活，但以枭为纽的情况闻所未闻，难道刘贺此举别有深意？刘贺私章上的造型真的是猫头鹰吗？

从远古时期直到商代，鸱鸮算是一种神鸟。很多出土的商代青铜器、玉器上都有猫头鹰的形象，它在商代以前扮演着重要角色。猫头鹰是一种猛禽，在商代军事领域被视为图腾和吉祥物。但是，这么重要的神鸟在商灭后形象开始"黑化"。从周代开始，文献中对它的评价就很坏。《诗经·鸱鸮》中对鸱鸮抓走幼鸟的"丑恶嘴脸"进行了描写："鸱鸮鸱鸮，既取我子，无毁我室。"由于鸱鸮的叫声凄厉难听，所以古人把它称为恶鸟、不祥之鸟，认为它会给人带来灾难。

据《史记》记载，汉代著名文学家贾谊在被贬到长沙期间，看到有鸱鸮飞入自己屋中，认为其会给自己带来折寿的厄运而悲痛伤感，于是作《鵩鸟赋》来安慰自己。由此可见，鸱鸮在汉代已被视为不祥的凶鸟，受到大家的厌恶。

汉朝人对鸱鸮的"不孝"行为更是深恶痛绝。《史记》《汉书》《说文解字》等相关的记载很多。比如"枭，不孝鸟也"，再比如"鸱鸮，羽翼既成，食母而飞"。传说猫头鹰在羽翼长成后要吃掉自己的母亲才能高飞，是大逆不孝之鸟。在以儒家思想立国、忠义孝道治国的西汉来说，这是一种让人不能容忍的动物。所以汉代皇帝每年五月五日把鸱鸮烹制成肉羹，赐给百官，以此表明国家对不孝恶鸟的憎恨和不容。可见。当时人们对鸱鸮的厌恶和憎恨已深入骨髓。

图233 怪兽印纽。刘贺印纽上的怪兽究竟是鸱鸮还是鹰隼？无论是何答案，都寄托着一个不安的灵魂

西汉人对鸱鸮避而远之，不屑与此物为伍，鸱鸮已被剔出汉代人的日常生活。所以，印章上印纽的形象应该是吉祥、美好的，有谁会用公认的不祥恶鸟做印纽呢？这是刘贺本人卓尔不群的创意还是他人的贬损呢？刘贺到底和猫头鹰有着什么样的情缘或割舍不清的关系呢？

其实刘贺和猫头鹰在历史上有过一次交集，而且还被记录在史书上。《汉书·武五子传》中记载，刘贺被废黜回老家昌邑后，山阳太守张敞奉命探访刘贺。为了套出他的真心话，张敞采取了打击自信、直击软肋、触及灵魂、击垮内心防线这四种策略，以观察他内心的变化。他用鸱鸮的隐喻讽刺他说："昌邑这个地方是不是猫头鹰很多啊？"寓意刘贺也是猫头鹰中的一只，但刘贺的回答显然不是张敞想要的。他说："是啊，以前我去长安，一路上都看不到猫头鹰；但是等我被遣送回家途经济阳的时候，才又听到猫头鹰的叫声了。"这是刘贺绝妙的反击。

上述史实说明，刘贺知道鸱鸮对他来说代表着讽刺和侮辱，但刘贺已无力回天，在经历了人生的大起大落后，性格变得越来越谨小慎微。难道他自惭形秽，接受了皇帝和朝廷给他确定的罪名，并如张敞所愿，自嘲为猫头鹰，并把它刻在自己的贴身私章上了吗？这种说法无论如何也不能让人信服，从他的"大刘记印"上就看得非常清楚，刘贺绝不可能以猫头鹰为纽，只能说专家对印纽怪兽的解读仍然有误。

从印纽的造型特征上看，它的羽毛明显，应属于禽鸟类。但它的头上没有翎羽，尾巴也非常短，所以肯定不是凤凰或朱雀。但因为翅膀特别发达，可以肯定是猛禽。猛禽有很多种，可以是鸱鸮，也可以是鹰、隼、雕。有一次专家意外地发现，如果把印章水平放好，然后从上往下俯视而不是从侧面平视的话，会发现"新大陆"："怪兽"的头是转过来的，它长着尖嘴，两目圆睁，是一只鹰隼或雕的形象。

鹰隼、雕这类猛禽的形象正好和刘贺期待的重返政治高空、一展雄才大略的抱负相吻合。虎落平阳被犬欺，重返山林才是鹰隼的"鸿鹄之志"。从刘贺的"大刘记印"中也能窥探到这种心理。所以，刘贺印的印纽是一只鹰隼，印是生前所用而后随葬。这种解释最符合刘贺的身份与性格，而且也比鸱鸮说更符合常理。当然，这种说法仍有很多学者质疑。

很快，海昏侯墓的第四枚印章出土。这是一枚龟纽的玉印，它的神奇之处在于印上竟然空无一字，是一枚无字印章。这恰恰表明，刘贺在声讨和控诉那个没有给自己应得名分的朝代，梦想自己在死后到另外一个世界，重新定位他的身份、评估他的价值，所以留下无字印，待后人评说，期来世新生。

10. 东汉黄金的消失之谜

古代文献显示，西汉之后，中国历史上再也没有一个像西汉那样"金光灿灿"的朝代了。那个时候赏赐用金子，商品交易用金子，甚至连交罚款用的都是黄金。黄金动辄以斤、论吨计数。西汉的"多金"是历代史学家的定论，更有历史文献的佐证。据《汉书》记载，仅在西汉开国，刘邦用来贿赂楚军的黄金一次就有 4

图 234　位于陕西咸阳的汉高祖长陵遗址。建造规模宏大的长陵耗费了大量的人力和财力，但汉廷有大把的黄金做支撑

万斤，重量相当于今天的 10 吨。

　　再来看看西汉时期大汉帝国的"黄金储备"。据王仲荦《魏晋南北朝史》，西汉初期的黄金总量在 100 万斤以上。按西汉一斤折合 250 克来计算，100 万斤就是今天的 250 吨。而 2001 年中国的黄金储备为 500 吨，就是说西汉时期的黄金储备，已经达到我国 21 世纪初的一半。其数额之巨，在中国古代历史上实属罕见，可称为历代之最。

　　不过，必须指出的是，西汉的黄金虽多，但高度集中。黄金只在高层贵族间流通，这只是极少数的人群；而中下层的贵族、官僚很少能见到黄金，只有皇帝赏赐时才有机会获得；至于普通的平民百姓，则基本和黄金无缘，主要使用铜钱

进行流通和交换。因此，西汉时期的黄金表现量虽然巨大，但在帝国的流通领域仍是贵重之物。

翻开《汉书》，我们会发现西汉帝王赏赐臣下黄金的事例数不胜数，数量动辄千斤、万斤。例如，汉惠帝即位后，大肆犒赏为其父汉高祖办理丧事的人员，尤其是亲自参与挖墓穴的人。将军一级的赏 40 斤黄金，年俸 2000 石的大员赏 20 斤黄金，年俸 600 石的官员赏 6 斤黄金，600 石以下的基层官员赏两斤黄金。即使是基层官员所得的"两斤"，也相当于今天的黄金 500 克左右，价值人民币约 20 万元。按此推算，将军一级获赏的金额相当于今天的约 400 万元人民币。可以想象，巨大的帝陵必然需要大量人员的参与，因此黄金的赏赐数量将十分惊人。

这样的例子还有许多：公元前 124 年，汉武帝赏赐击败匈奴的大将军卫青及其部下共 20 万斤黄金，合今天的 50 吨以上；汉文帝刘恒即位后，用大额黄金封赏灭吕的功臣，赏周勃 5000 斤，陈平、灌婴各 2000 斤，刘章、刘揭各 1000 斤，放在今天都是价值上亿的巨资；梁孝王刘武在临死前派人清点府库，发现库里还藏有黄金 40 多万斤，合今天的 100 吨，价值人民币 200 亿元，他算得上当时无可争议的超级富豪；即使在王莽败亡时，他宫中的库存黄金至少还有 60 万斤❶。

那么，是什么原因导致大量的黄金出现在西汉王朝呢？西汉的黄金之巨首先得益于前朝几百年的积累。春秋以前，黄金就被人们喜爱并收藏，到了战国，各国诸侯都视金为宝、尽力搜刮。《管子·轻重甲》记载，楚国的汝汉地区盛产黄金，于是楚王便把黄金制成流通货币，形似砖块的郢爰就是常用的一种。当时秦、楚两国势力最大，黄金储备也最多。秦统一天下后，各国的钱财珠宝和大量黄金都堆聚在秦王的宝库，而这些历代积累的黄金又被西汉全盘继承。而且，西汉的采金业发展迅速，更多的黄金被源源不断地开采出来，这就让西汉国库里的黄金多到令人咋舌的地步。

---

❶ 出自《汉书·王莽传》。

图 235　海昏侯墓中的金饼。海昏侯刘贺为应付酎金制准备了大量的黄金，其中绝大多数为金饼

除此之外，汉帝国通过对外贸易流入的黄金数量也十分可观。当时的罗马帝国花费巨额黄金购买中国的丝绸，也让汉廷赚得盆满钵满。例如有一种制作服装用的名贵丝织品，当时国内的价格是 400～600 枚铜钱一匹，但在罗马市场却与黄金同价，即"一两❶黄金一两绢"，一匹重 25 两的绢可以卖 25 两黄金，这相当于今天花 15 万元人民币买一条长 10 米、宽 1 米的丝绸，其利润在 50 倍以上。根据古罗马史学家普林尼的统计，罗马帝国每年有超过 5 吨的黄金流入西汉，这是个惊人的数字。甚至有史学家说，无节制地用黄金兑换西汉的丝绸，是导致罗

❶　西汉的一斤为 16 两，约合 250 克。

马帝国经济衰退的主要原因。

巨额黄金的第三个来源是西汉的酎金制度。从汉武帝开始，王侯一级的高级贵族都会储备大量黄金，用来应付酎金制。汉武帝规定，有封地的诸侯必须每年按封地人口的多寡来缴纳黄金，标准是每千口人上缴 4 两黄金。当时最大的诸侯国中山国，每年要交 1500 两黄金。仅酎金一项的收入，西汉政府每年可得黄金半吨以上。诸侯进献的黄金不仅数量要足，含量也要足，否则他们可能会被削去爵位和封地，所以每年半吨的酎金都是成色最好的黄金，比世面上流通的黄金的价值要高很多。至于其他的财政收入，比如赋税、市场租金、征金、关税，甚至赎罪金、卖官鬻爵的收入，就更是一笔巨资。

但是到了东汉时期，大额的黄金货币突然消失，几乎退出了流通领域，而且黄金赏赐也不多见了。文献记载的皇帝颁赐黄金的数量，也从几万斤、几十万斤突然锐减到了几百斤、几十斤，西汉时的大富豪到东汉却穷成破落户。东汉之后，人们同样也看不到帝王将相挥金如土的记载，只看到一个个惜金如命的守财奴形象，即使是王侯将相，他们手中持有的黄金数量也已今非昔比。宋代之后，黄金更是稀缺，白银逐渐取代了黄金的流通地位，这一点我们在古代的文学作品如《水浒传》中能够看到。

黄金在西汉时的储量如此丰富，为何在短短 200 年的时间里突然大幅减少？众所周知，黄金是一种惰性金属，稳定性很高，即使年代久远也不会被轻易分解。既然不能凭空消失，那么，西汉时期积累下来的巨额黄金去了哪里？一时间众说纷纭，成为史学界的待解谜团。但是，海昏侯墓这座"地下金库"似乎为解开东汉黄金消失之谜提供了有力证据，并给出了答案。

在海昏侯墓被发掘之前，历史学者对西汉巨额黄金的消失有三种解释。第一种解释是被用于佛事。他们认为，佛教自东汉进入中国后，佛寺发展迅猛，连穷乡僻壤都建有很多寺庙，而当时的寺庙都崇尚给佛像涂金、用金粉写经，这就消耗了大量的黄金。而这两种消耗是不可回收的，因此使存世的黄金锐减。但是，这种说法有违史实。佛教传入中国是在东汉初年，而大量黄金的消失在东汉刚建国时就发生了，当时佛教还没有传入中国。而且，佛教的兴盛不是在东汉而是在南北朝。东汉时佛教刚刚传入，不存在大规模给佛像涂金的现象，即使有少数寺庙这样做，使用量也微乎其微，不能成为西汉巨量黄金消失的主要原因。

第二种说法认为，史书上所说的西汉黄金并非真金，而是黄铜，所以数量才会如此巨大。他们认为，人们习惯用"金"来称呼钱财，所以把当时流通的铜币称为"金"。但是，汉代时金、铜的区分非常明确。金的开采由金官管理，铜的开采由铜官管理，从未有把铜称为金的例子。当时，黄金、铜钱都是流通货币，黄金是上币，叫"金"，铜钱是下币，叫"钱"；黄金的计量单位是"斤"，铜钱的计量单位是"铢"；黄金主要用于赏赐和馈赠，而铜主要用于铸钱和造物。因此，黄铜和黄金泾渭分明，根本不可能被混淆。

第三种说法认为，东汉对外贸易的逆差导致了黄金的大量外流。这种说法更是无稽之谈。西汉时期，中国是世界上少有的经济、文化都很发达的国家。到了东汉，中国在世界上的贸易优势没有变化，仍然是商品输出国，进口的商品很少，因此黄金极少外流。唯一可能的花费就是向西域、南海各国购买一些奇珍异宝，例如珍珠、琉璃等，但这些仅作为皇室用品或礼品，数量并不大，而其中很大一部分还是周边小国纳的贡。相反，汉帝国向西方输出了大量的丝绸和布帛，换回了巨量的黄金。

其实，答案就在刘贺的墓中。刘贺本拥有丰厚的家产，但下葬时的刘贺已被"除国绝嗣"，他的后代因成为平民而无权继承他的财产。而且刘贺在死前只是一个小小的千户侯，还是戴罪之身，显然没有资格享有如此丰厚的陪葬，他的遗产尤其是黄金理应悉数上缴。但是，刘贺丰厚的家资之所以最终被埋进土里，根源在于西汉的厚葬传统。汉代讲究"事死如事生"，死者生前拥有的财富、享用过的用品都要随死者一起被埋进坟墓，即使是皇帝也不好破坏这个惯例。

在西汉时期，死者如果不能得到厚葬，他的后人还会被贴上"不孝"的标签。"不孝"到底有多严重？西汉确定了"以孝治天下"的基本国策，孝道成为全面衡量一个人的基本准则，而"不孝之人"几乎寸步难行。比如要走仕途，"孝"就是第一道门槛，如果一个人有不孝的记录或口碑，那么他一辈子就和"官"无缘了。所以再穷苦的家庭，就算卖房卖地，甚至不惜破产也要为长辈准备几件像样的陪葬品；而王公贵族之家，陪葬品的数量就更是多得惊人。因此，很多人为了给后代减轻负担，在生前就开始积攒金银。

从海昏侯墓中丰富的陪葬品，我们能隐约看到西汉巨量黄金的去向：随葬。从西汉开始，人们争相攀比，大量的黄金随死者一起被埋入地下，长年累月，200年间不断有黄金被埋入深土而踪迹难寻，因此流通中的黄金数量锐减。那么，这个数量究竟有多大呢？

西汉时期的厚葬之风，也推动汉末盗墓活动盛行。据记载，历史上被盗次数最多的墓是汉武帝的茂陵（位于今陕西兴平东北）。其中，赤眉军、董卓和黄巢对茂陵的三次盗墓规模最大，而其他小规模的盗墓则无法计数。但是，这三次动用军队、大费周章的盗墓，挖走的黄金却连茂陵所藏的一半都没到。可想而知，汉代有多少黄金被埋到了地下。海昏侯墓只是西汉盛行厚葬之风的一个缩影。那么，两汉成千上万的王公贵族，其陪葬黄金加起来会是什么样的数量呢？目前发现和挖出的仅仅是西汉"地下金库"中的沧海一粟。

不仅如此，汉武帝时国力达到鼎盛，厚葬之风也最甚。除了用黄金做陪葬外，很多达官显贵也储存黄金，以备不时之需。由于汉代黄金有强大的购买力和稳定的价值，再加上便于携带，所以上至皇帝、下到平民，都对储存黄金有极大的热情。为了避免财物被盗，或应付意外变故如政治风险、民变战乱等，一些王公贵族会将黄金埋入地下窖藏。

到了东汉末年，政局动荡、财政匮乏，黄金窖藏就更为普遍，后世考古出土的大量汉代金窖就证明了这一点。之所以储存的黄金始终没有被使用，是因为西汉末年爆发了农民大起义。当时战乱四起，窖藏了大量黄金的富豪、官吏们或死或逃，从而使窖藏黄金遗落地下，至今无从查找。

王莽战败后，长安城内的豪强大族和平民百姓都惦记上了他国库里的巨款。十月，这支本被视为"乌合之众"的力量共同发难，一边攻城、一边放火，并趁乱攻进了宫内。结果王莽被杀，他的60多万斤黄金也被哄抢一空，从此散落民间，并没有留给东汉王朝。1999年，在西安市未央区谭家乡出土了一处埋有219枚西汉金饼的窖藏，这很可能就是当年散落民间的黄金的遗存。

图 236　1999 年出土于西安东北郊的窖藏金饼（部分）

　　因此，陪葬、窖藏、战乱等诸多因素，导致东汉之后流通中的黄金数量急剧减少。如此看来，古代黄金自山泽开采而来，又归到尘土中去，就如同朝代的更迭和历史的循环。巨量的黄金其实并未消失，只是以另一种方式，回归它的自然本源。

参 考 文 献

第一章
殷墟之下：走进商朝历史

[1]（周）左丘明.传世藏书·杂史·国语 [M].海口：海南国际新闻出版中心，1996.

[2]（晋）郭璞.四库全书·子部·小说家类二·山海经注 [M].长春：吉林大学出版社，2011.

[3]（唐）孔颖达等.传世藏书·经库·尚书正义 [M].海口：海南国际新闻出版中心，1996.

[4]（唐）司马贞.史记索隐 [M].西安：陕西师范大学出版社，2018.

[5]（宋）洪兴祖.传世藏书·总集·楚辞补注 [M].海口：海南国际新闻出版中心，1996.

[6]（宋）李昉、李穆、徐铉等.太平御览 [M].北京：中华书局，1983.

[7]中国社会科学院考古研究所.中国考古学·夏商卷 [M].北京：中国社会科学出版社，2003.

[8]郭沫若，胡厚宣等.甲骨文合集 [M].北京：中华书局，1999.

[9]王国维.观堂集林·殷卜辞中所见先公先王考 [M].石家庄：河北教育出版社，2003.

[10]陈梦家.殷墟卜辞综述 [M].北京：中国书局，1988.

[11]杨希枚.杨希枚集·卅年来关于殷墟头骨及殷代民族种系的研究 [M].北京：中国社会科学出版社，2006.

[12]郑振香.殷墟妇好墓 [M].北京：文物出版社，1980.

[13]中国社科院考古研究所.安阳殷墟花园庄东地商代墓葬 [M].北京：科学出版社，2007.

[14]曹定云.殷墟妇好墓铭文研究 [M].北京：中国社会科学出版社，1980.

[15]董作宾.甲骨文断代研究例 [M].台北：艺文印书馆，1965.

[16]杨升南.殷墟花东 H3 卜辞"子"的主人是武丁太子孝己·夏商周文明

研究六·2004 年安阳殷商文明国际学术研讨会论文集 [C].北京：社会科学文献出版社，2004.

[17] 曹定云.武丁以前卜辞新探 [J].中国历史研究院集刊，2021 第 2 辑.

[18] 韩江苏.殷墟花东 H3 卜辞主人"子"研究·中国语言文字研究丛刊第二辑 [M].北京：线装书局，2007.

[19] 李雪山.商代分封制度研究 [M].北京：中国社会科学出版社，2004.

[20] 刘一曼，郭鹏.1991 年安阳花园庄东地、南地发掘报告 [J].考古，1993 第 6 期.

[21] 朱乃诚.甲骨文与随葬品中的商代王后妇好 [J].大众考古，2016 第 5 期.

[22] 唐际根.关于殷墟人骨 DNA 和殷墟人种问题我想说几句 [J].中国社会科学院考古研究所中国考古，2020 年 6 月 23 日.

[23] 刘一曼.殷墟商代族宗庙的发现与研究 [J].考古与文物，2019 年第 6 期.

[24] 唐际根，荆志淳.殷墟考古九十年回眸，从"大邑商"到世界文化遗产 [J].考古，2018 年第 10 期.

[25] 张银运，吴秀杰，刘武.中国西北地区古代人群头骨的欧洲人种特征 [J].人类学学报，2013 年第 3 期.

[26] 马得志，周有珍，张云鹏.一九五三年安阳大司空村北地殷代墓葬发掘报告 [J].考古学报，1955 年第 9 册.

[27] 郑振香.1962 年安阳大司空村发掘简报 [J].考古，1964 年第 8 期.

[28] 谷飞.1984—1988 年安阳大司空村发掘报告 [J].考古学报，1994 年第 4 期.

[29] 杨锡璋.1980 年河南安阳大司空村 M539 发掘简报 [J].考古，1992 年第 6 期.

[30] 严志斌.关于殷墟的"族邑"问题与"工坊区模式" [J].中国国家博物馆馆刊，2022 年第 10 期.

[31] 安志敏，江秉信，陈志达.1958—1959 年殷墟发掘简报 [J].考古，1961 年第 2 期.

[32] 吉姆·海耶斯，芦力军.关于中国安阳殷墟墓葬人种的推测 [J].中原文物，2011 年第 3 期.

[33] 中国社会科学院考古研究所体质人类学组.安阳殷墟祭祀坑人骨的性别年龄鉴定 [J].考古，1977 年第 3 期.

[34] 杨希枚.河南安阳殷墟头骨的测

量和形态观察 [J]. 中国东亚学术研究计划委员会报告，1970 年第 5 期.

[35] 杨希枚. 河南安阳殷墟墓葬中人体骨骼的整理和研究 [J]. 历史语言研究所集刊，1970 年第 42 本第二分册.

[36] 张桦. 生物 - 文化视角下的人类骨骼考古学研究 [R]. 中国社会科学院考古研究所中国考古网，2019 年 4 月 26 日.

[37] 陈致勇. 再论丝绸之路古代种族的起源与迁徙 [J]. 现代人类学通讯，2007 年第 1 卷.

[38] 韩康信，潘其风. 殷代人种问题考察 [J]. 历史研究，1980 年第 2 期.

[39] 唐季根. 埋藏在地下的商王朝 [R]. 网易公开课，2018 年.

[40] 唐际根. 洛阳铲下的商王朝 [R]. 河南省人民政府网实地版中国历史专题，2009 年.

[41] 李济. 安阳发掘与中国古史问题 [J]. 历史语言研究所集刊，1969 年总第 40 期.

[42] 李济. 安阳侯家庄商代颅骨的某些测量特征 [J]. 中央研究院院刊，1954 年第一辑.

[43] 高去寻. 1001 号大墓 [J]. 中国考古报告集，1962 年总第 3 期.

第二章
重启三星堆：揭秘古蜀文明

[1]（汉）刘向. 传世藏书·杂史·战国策 [M]. 海口：海南国际新闻出版中心，1996.

[2]（汉）司马迁. 传世藏书·史库·史记 [M]. 海口：海南国际新闻出版中心，1996.

[3]（东晋）常璩. 传世藏书·杂史·华阳国志 [M]. 海口：海南国际新闻出版中心，1996.

[4] 四川省文物考古研究所，三星堆博物馆. 三星堆出土文物全记录 [M]. 北京：天地出版社，2009.

[5] 四川省文物考古研究所. 三星堆祭祀坑 [M]. 北京：文物出版社，1999.

[6] 陈显丹. 三星堆祭祀坑发掘记 [M]. 北京：文物出版社，2016.

[7] 刘兴诗. 三星堆的故事 -- 古蜀文明探秘之旅 [M]. 成都：四川辞书出版社，2021.

[8] 三星堆祭祀区考古工作队. 四川广汉市三星堆遗址祭祀区 [J]. 考古，

2022 年第 7 期.

[9] 陈德安, 陈显丹. 广汉三星堆遗址一号祭祀坑发掘报告 [J]. 文物, 1987 年第 10 期.

[10] 陈德安, 陈显丹. 广汉三星堆遗址二号祭祀坑发掘简报 [J]. 文物, 1989 年第 5 期.

[11] 陈德安. 三星堆遗址的发掘与研究 [J]. 中华文化论坛, 1998 年第 2 期.

[12] 四川省文物管理委员会, 四川省博物馆, 广汉县文化馆. 广汉三星堆遗址 [J]. 考古学报, 1987 年第 2 期.

[13] 林向. 《蜀王本纪》与考古发现 [J]. 四川大学学报, 2011 年第 5 期.

[14] 段渝. 巴蜀古文字的两系及其起源 [J]. 成都文物, 1991 年第 3 期.

[15] 孙华, 彭思宇. 三星堆埋葬坑的新发现与新认识 [J]. 中华文化论坛, 2002 年第 6 期.

第三章
《竹书纪年》：重读先秦史

[1]（唐）房玄龄等. 传世藏书·史库·晋书 [M]. 海口: 海南国际新闻出版中心, 1996.

[2]（唐）刘知几. 史通 [M]. 上海: 上海古籍出版社, 2015.

[3]（唐）司马贞. 史记索隐 [M]. 西安: 陕西师范大学出版社, 2018.

[4]（宋）司马光. 传世藏书·史库·资治通鉴 [M]. 海口: 海南国际新闻出版中心, 1996.

[5]（宋）佚名. 传世藏书·杂史·竹书纪年 [M]. 海口: 海南国际新闻出版中心, 1996.

[6]（宋）罗泌. 路史 [M]. 北京: 北京图书馆出版社, 2003.

[7]（晋）范宁注,（唐）杨士勋疏. 春秋谷梁传注疏 [M]. 上海: 上海古籍出版社, 2017.

[8]（晋）郭璞注. 穆天子传汇校集释 [M]. 北京: 中华书局, 2019.

[9]（北魏）郦道元. 水经注 [M]. 北京: 华夏出版社, 2006.

[10]（清）朱右曾. 汲冢纪年存真 [M]. 北京: 新兴书局, 1959.

[11]（清）永瑢, 纪昀. 四库全书总目提要 [M]. 石家庄: 河北人民出版社, 2000.

[12] 王国维. 古本竹书纪年辑校、今本竹书纪年疏证 [M]. 北京: 国家图

书馆出版社，2021.

[13] 倪德卫. 今本竹书纪年论集 [M]. 唐山：唐山出版社，2002.

[14] 方诗铭，王修龄. 古本竹书纪年辑证 [M]. 上海：上海古籍出版社，2005.

[15] 古本整理. 中国古代文化丛书·竹书纪年 [M]. 长春：时代文艺出版社，2009.

[16] 范祥雍，王修龄. 古本竹书纪年辑校订补 [M]. 上海：上海古籍出版社，2011.

第四章

云梦遗书：回望秦的兴亡

[1]（宋）司马光. 传世藏书·史库·资治通鉴 [M]. 海口：海南国际新闻出版中心，1996.

[2] 云梦县文物工作组. 湖北云梦睡虎地秦汉墓发掘简报 [J]. 考古，1981年第1期.

[3] 季勋. 云梦睡虎地秦简概述 [J]. 文物，1976年第9期.

[4] 孝感地区第二期文物考古训练班. 湖北云梦睡虎地十一号秦墓发掘

简报 [J]. 文物，1976年第6期.

[5] 孝感地区第二期文物考古训练班. 湖北云梦睡虎地十一座秦墓发掘简报 [J]. 文物，1976年第9期.

[6] 云梦秦简整理小组. 云梦秦简释文（一）[J]. 文物，1976年第6期.

[7] 云梦秦简整理小组. 云梦秦简释文（二）[J]. 文物，1976年第7期.

[8] 云梦秦简整理小组. 云梦秦简释文（三）[J]. 文物，1976年第8期.

[9] 睡虎地秦墓竹简整理小组. 睡虎地秦墓竹简 [M]. 文物出版社，1978.

[10] 云梦县文化馆. 云梦睡虎地秦墓出土陶量——秦斗 [J]. 文物，1978年第7期.

[11] 云梦睡虎地秦墓编写组. 云梦睡虎地秦墓 [M]. 文物出版社，1981.

第五章

马王堆传奇：解密西汉贵族生活

[1]（周）孟轲. 孟子 [M]. 上海：上海财经大学出版社，2018.

[2]（周）列御寇. 传世藏书·子库·列子 [M]. 海口：海南国际新闻

出版中心，1996.

[3]（周）韩非. 传世藏书·子库·韩非子 [M]. 海口：海南国际新闻出版中心，1996.

[4]（秦）吕不韦等. 传世藏书·子库·吕氏春秋 [M]. 海口：海南国际新闻出版中心，1996.

[5]（汉）韩婴. 传世藏书·经库·韩诗外传 [M]. 海口：海南国际新闻出版中心，1996.

[6]（汉）刘安. 传世藏书·子库·淮南子 [M]. 海口：海南国际新闻出版中心，1996.

[7]（汉）班固. 传世藏书·史库·汉书 [M]. 海口：海南国际新闻出版中心，1996.

[8]（唐）欧阳修等. 传世藏书·史库·新唐书 [M]. 海口：海南国际新闻出版中心，1996.

[9]（唐）乐史. 太平寰宇记 [M]. 北京：中华书局，2006.

[10]（明）张鼎思. 琅琊代醉编 [M]. 丹阳：汲古书院，1990.

[11]（明）杨升庵. 艺林伐山 [M]. 北京：中华书局，1985.

[12] 钱穆. 先秦诸子系年 [M]. 北京：商务印书馆，2018.

[13] 湖南省博物馆，中国科学院考古研究所，文物编辑委员会. 长沙马王堆一号汉墓发掘简报 [M]. 北京：文物出版社，1972.

[14] 湖南省博物馆，中国科学院考古研究所. 长沙马王堆一号汉墓 [M]. 北京：文物出版社，1973.

[15] 湖南省博物馆，湖南省文物考古研究所. 长沙马王堆二、三号汉墓 [M]. 北京：文物出版社，2004.

[16] 复旦大学出土文献研究中心. 长沙马王堆汉墓简帛集成 [M]. 北京：中华书局，2014.

[17] 钟泰. 中国哲学史 [M]. 上海：商务印书馆，1929.

[18] 唐兰. 司马迁所没有见过的珍贵史料 [M]. 北京：文物出版社，1976.

[19] 杨宽. 帛书战国纵横家书的史料价值 [M]. 北京：文物出版社，1976.

[20] 马雍. 帛书战国纵横家书各篇年代和历史背景 [M]. 北京：文物出版社，1976.

[21] 马王堆汉墓帛书整理小组. 战国纵横家书 [M]. 北京：文物出版社，1976.

[22] 杨家骆.四库大词典·庶斋老学丛谈 [M].长春:吉林大学出版社,1996.

[23] 陈禄仕.尸体变化图鉴 [M].贵阳:贵州科技出版社,2017.

[24] 曹定云.武威雷台奔马铜雕应是"天马逮乌" [J].考古与文物,2014年第 4 期.

[25] 张永明,张东辉.武威雷台东汉铜马命名问题探讨 [J].考古,1987年第 4 期.

[26] 周鹏飞.苏秦张仪年辈问题考辨 [J].人文杂志,1985年第 6 期.

[27] 姜安.战国说客双雄 [R].百家讲坛,2009年.

[28] 韩庆伟.苏秦史料研究 [D].南昌大学,2009年12月.

[29] 潘定武.苏秦行年试说 [J].黄山学院学报,2009年第 4 期.

[30] 孙作云.马王堆一号汉墓漆棺画考释 [J].考古,1973年第 4 期.

[31] 傅举有.长沙马王堆汉墓研究综述 [J].求索,1989年第 2 期.

第六章

黄金冢物语:勘破海昏侯起伏人生

[1] (周)管仲.传世藏书·子库·管子 [M].海口:海南国际新闻出版中心,1996.

[2] (汉)何休.传世藏书·经库·春秋公羊传注疏 [M].海口:海南国际新闻出版中心,1996.

[3] (汉)应劭.传世藏书·子库·风俗通义 [M].海口:海南国际新闻出版中心,1996.

[4] (汉)许慎.说文解字 [M].北京:中华书局,1963.

[5] (汉)王充.论衡 [M].杭州:浙江人民出版社,2017.

[6] (汉)赵晔.传世藏书·史库·吴越春秋 [M].海口:海南国际新闻出版中心,1996.

[7] (魏)王肃注.传世藏书·子库·孔子家语 [M].海口:海南国际新闻出版中心,1996.

[8] (魏)何晏,(宋)邢昺.传世藏书·经库·论语注疏 [M].海口:海南国际新闻出版中心,1996.

[9] (晋)郭璞.传世藏书·经库·尔

雅注疏 [M]. 海口：海南国际新闻出版中心，1996.

[10]（南朝）范晔. 传世藏书·史库·后汉书 [M]. 海口：海南国际新闻出版中心，1996.

[11]（南朝）刘敬叔. 传世藏书·子库·异苑 [M]. 海口：海南国际新闻出版中心，1996.

[12]（唐）杜佑. 传世藏书·史库·通典 [M]. 海口：海南国际新闻出版中心，1996.

[13]（唐）孙思邈. 千金方 [M]. 天津：天津科学技术出版社，2020.

[14]（宋）邢昺. 传世藏书·经库·孝经注疏 [M]. 海口：海南国际新闻出版中心，1996.

[15]（宋）李昉. 太平御览 [M]. 石家庄：河北教育出版社，1994.

[16]（宋）沈括. 传世藏书·子库·梦溪笔谈 [M]. 海口：海南国际新闻出版中心，1996.

[17]（明）解缙等. 永乐大典 [M]. 北京：北京图书馆出版社，2004.

[18] 崔适. 史记探源 [M]. 南昌：江西教育出版社，2018.

[19] 葛剑雄. 中国人口史 [M]. 北京：人民出版社，2005.

[20] 葛剑雄. 西汉人口地理 [M]. 北京：商务印书馆，2014.

[21] A.T. 奥姆斯特德. 波斯帝国史 [M]. 上海：上海三联出版社，2010.

[22] 安徽省文物考古研究所，巢湖市文物管理所. 巢湖汉墓 [M]. 北京：文物出版社，2007.

[23] 李存信. 江西南昌西汉海昏侯刘贺墓主棺实验室考古发掘 [J]. 文物，2020 年第 6 期.

[24] 中国社会科学院考古研究所. 西汉王侯陵墓考古视野下海昏侯刘贺墓的观察 [J]. 南方文物，2016 年第 3 期.

[25] 苗凌毅. 西汉海昏侯墓与马王堆汉墓比较研究 [J]. 秦汉研究，第 14 辑.

[26] 陈立柱. 巢湖放王岗一号汉墓主人吕柯即扬州刺史柯 [J]. 巢湖学院学报，2016 年第 4 期.

[27] 余雯晶. 巢湖汉墓骆驼形席镇与凸瓣纹银盒初探 [J]. 文物研究，第 20 辑.

图书在版编目（CIP）数据

遗迹里的中国史 / 曲长涛著 . -- 北京：新世界出
版社，2024.4
ISBN 978-7-5104-7806-2

Ⅰ . ①遗… Ⅱ . ①曲… Ⅲ . ①中国历史 - 古代史 - 通
俗读物 Ⅳ . ① K 220.9

中国国家版本馆 CIP 数据核字 (2023) 第 241953 号

遗迹里的中国史

作　　者：曲长涛
责任编辑：刘　颖
责任校对：宣　慧　张杰楠
责任印制：王宝根
出　　版：新世界出版社
网　　址：http：//www.nwp.com.cn
社　　址：北京西城区百万庄大街 24 号（100037）
发 行 部：（010）6899 5968（电话）（010）6899 0635（电话）
总 编 室：（010）6899 5424（电话）（010）6832 6679（电话）
版 权 部：+8610 6899 6306（电话）nwpcd@sina.com（电邮）
印　　刷：天津旭丰源印刷有限公司
经　　销：新华书店
开　　本：710mm×1000mm　1/16　尺寸：170mm×240mm
字　　数：431 千字　　　　印张：26.5
版　　次：2024 年 4 月第 1 版　　2024 年 4 月第 1 次印刷
书　　号：ISBN 978-7-5104-7806-2
定　　价：99.00 元